Klassische Reisen

Johann Jacob Grümbke

Streifzüge durch das Rügenland

Herausgegeben
von Albert Burkhardt

Edition Leipzig

Reproduktionen von Peter Koepke, Bergen (2); Lutz Körner, Berlin (5); Erika
Woldeck, Stralsund (10); Berliner Stadtbibliothek (2); Deutsche Staatsbiblio-
thek (15); Museum Greifswald (3); Stadtarchiv Stralsund (8); Staatliche
Museen zu Berlin, Kupferstichkabinett (6); Staatliche Museen zu Berlin,
Sammlung der Zeichnungen in der Nationalgalerie (2)

Das Frontispiz zeigt:
Königsstuhl. Gemälde von Max Roman, um 1880. Kupferstich von A. Cloß

ISBN 3-361-00990-1

1. Auflage
© *Edition Leipzig, DDR, 1988*
Lizenz-Nr. 455/150/11/88, LSV 5009
Buchgestaltung: Hans-Jörg Sittauer
Lichtsatz: Karl-Marx-Werk Pößneck V 15/30
Druck und buchbinderische Verarbeitung:
Grafische Werke Zwickau
Printed in the German Democratic Republic
Redaktionsschluß: 16. 3. 1987
Bestell-Nr. 587 292 9
01350

Inhalt

Seit einigen Jahren ist auch die Insel Rügen ein Gegenstand der Aufmerksamkeit und Neugier der Fremden geworden, und Reisende aus nahen und entfernten Gegenden haben sie, die vor einigen Dezennien selbst in Deutschland fast noch eine Terra incognita war, nicht nur eines Besuches würdig geachtet, sondern auch mit der Erklärung verlassen, daß das Land ihre Erwartungen übertroffen habe; ja einige derselben haben die Bilder und Erinnerungen der dort angenehm verlebten Tage sowie ihre gemachten Erfahrungen und Bemerkungen gesammelt, zu einem Ganzen geordnet und dieses dem Publikum in Reisebeschreibungen vorgelegt. Dergleichen sind: Rellstabs Ausflucht nach der Insel Rügen, Zöllners Reise und Nernsts Wanderungen durch die Insel Rügen.

Beinahe jeder Reisende hat aber seine eigene Weise, die Dinge anzuschauen, seinen eigenen Maßstab, wonach er sie mißt. Sein Urteil hängt nicht selten von manchen Zufälligkeiten ab und wird bestochen von der augenblicklichen Stimmung, die ihn beherrscht, von der Gesellschaft, die ihn begleitet, von der Aufnahme, die er findet, von der Witterung endlich, die ihn anlächelt oder anfeindet. Dazu kommt, daß mancher, von Ununterrichteten schlecht belehrt, nur oberflächliche, halbwahre Nachrichten von einem Land einsammelt, die er so dürftig wiedergibt, wie er sie empfing, woraus denn eine große Verschiedenheit in den Schilderungen, Bemerkungen und Angaben entsteht.

Einige dieser Fehler hoffe ich wenigstens vermieden zu haben, da ich mehrere Monate in dem herrlichen Inselland verweilt und, was mir sehens- und merkwürdig schien, mit eigenen Augen betrachtet, auch, soweit meine Verhältnisse reichten, von allem die genaueste Erkundigung eingezogen habe, überzeugt, daß ein Haupterfordernis guter Reisebeschreibungen Wahrheit sei. Von dieser Überzeugung geleitet, habe ich mir für erlaubt gehalten, mitunter auch gehässige und schlimme Dinge zu berühren, z.B. die Bettelei, die Schiffsstrandungen, die Leibeigenschaft, das Forstwesen, den Hirschwildschaden und dergleichen. Die historischen Nachrichten, die ich zur Erläuterung der Materien, von denen ich erzähle, hin und wieder eingeschaltet habe, sind aus Wackenroders Altem und Neuem Rügen, Schwartz' Diplomatischer Geschichte vom Ursprunge der Städte in Pommern und Rügen und aus dessen Lehnshistorie, desgleichen aus Dähnerts Sammlungen der Landes-Urkunden entlehnt und bei statistischen Anzeigen die Werke von Gadebusch und Pachelbel benutzt. Zugleich habe ich die drei obengenannten Reisebeschreibungen gelesen, sie mit meinen eigenen Wahrnehmungen verglichen und folgendes Resultat gefunden:

Herrn Rellstabs Beschreibung ist die kürzeste und unzuverlässigste. Der Mann hat gleichsam nur im Durchfluge gesehen, obenhin bemerkt, und daher ist sein Urteil einseitig, oft unwahr, und nicht minder sind viele seiner Angaben und Ansichten unzulänglich, auch enthält seine ganze Beschreibung von Rügen nur 16 Blätter und eine Seite. Rechnet man davon noch die sieben Seiten ab, die Kosegartens Ode »Stubbenkammer« einnimmt, so bleibt wenig übrig. Hinten ist zwar eine kleine Beilage angefügt, allein auch sie enthält außer einer etwas genaueren Beschreibung des Lokalen von Stubbenkammer nur dürftige geographische Notizen über Rügen, und wenn nun ein Geograph dies Werkchen zu Berichtigungen benutzen wollte? – Man kann Herrn Rellstab überhaupt nachrechnen, daß er höchstens vier bis fünf Tage auf der Insel zugebracht habe, und wie wenig konnte er da sehen, hören und lernen!

Bei weitem vorzüglicher und brauchbarer ist das Werk des Herrn Nernst. Dieser hat einen großen Teil des Landes, unter anderem auch das Mönchguter Land, durchwandert, welches Herr Zöllner gar nicht bereist und Herr Rellstab sehr kurz und zuweilen unrichtig abgefertigt hat. Hintenan schließt sich ein Anhang, der eine Geschichte der alten Rügier, eine kurzgefaßte Nachricht von der Verehrung der Hertha, dem wendischen Götzendienst auf Rügen und seinem Umsturz enthält und am Ende eine geographisch-statistische (wiewohl nur fragmentarische) Übersicht über Rügen gibt. Man folgt ihm mit Vergnügen auf seinen Wanderungen, die er mit vielem Interesse beschreibt, wenngleich hie und da aus der Wärme seiner Schilderungen sich die Wahrheit ein wenig zurückzieht, auch bisweilen die Angaben nicht sicher sind. Am besten ist die Beschreibung des Herrn Oberkonsistorialrats Zöllner und an einigen Stellen wirklich recht brav gearbeitet. Der Verfasser schildert treu und mit Empfindung, bemerkt fein und wahr und behandelt oder übergeht manches mit schonender Güte, nur hin und wieder lobt er ein wenig zu sehr. Wer aber so reist wie er, der überall die beste Aufnahme in den besten Häusern fand, dem wird es schwer werden, etwas anderes als Liebes und Gutes von einem Land zu sagen. – Den nach meiner Meinung interessantesten Teil der Insel hat er indessen doch nicht gesehen, da er nur 10 Tage auf derselben verweilte, auch bedürfen einige seiner Angaben einer Erläuterung und Berichtigung. Auf diese kleinen Unrichtigkeiten werde ich zuweilen hinweisen und die Mängel zu verbessern suchen, und eine schmeichelhafte Belohnung würde es für mich sein, wenn ich durch diese Zusätze – denn bloß dafür darf ich die folgenden Briefe halten – seinem Werke einen reicheren Gehalt zu geben vermöchte.

Erster Brief

Stralsund – Grahler Fähre – Rambin – Gingst – Venz – Bergen

Gingst, den 26. Juli 1803

Da bin ich denn endlich! Ich sehe meinen Traum in Wirklichkeit verwandelt, und mein Fuß ruht wieder auf dem Boden der Insel, die ich vor mehr als zwölf Jahren schon einmal, wiewohl nur auf kurze Zeit, erblickte und wovon ich Dir im Tone der Begeisterung oft das Wenige erzählte, was mir davon noch lebendig im Gedächtnis war, dieser ultima Thule, am Saum des nördlichsten germanischen Gebietes, worüber ich vor einigen Jahren im südlichen Deutschland von einer übrigens gebildeten Dame in vollem Ernst befragt ward, ob denn die hiesige Landessprache die Schwedische sei und ob Rügen überhaupt noch zum Deutschen Reiche gehöre.

Jetzt, mein Lieber, etwas Ausführlicheres von dieser Insel und von den Begegnissen Deines Freundes auf derselben. Damit Du mir auf meinen Streifereien desto besser folgen mögest, will ich Dich zuvörderst bitten, die von dem ehemaligen Professor Mayer in Greifswald entworfene und von Lotter in Augsburg gestochene Karte von Schwedisch-Pommern und Rügen – aber ja nicht die alte äußerst unrichtige Homannsche – zur Hand zu nehmen; der großen ziemlich richtigen Lubinischen Karte wirst

Rugia insula ac ducatus accuratissime descripta. Karte von Eilhard Lubin, 1608

Du wohl schwerlich habhaft werden, da sie selbst hier im Lande eine Seltenheit ist.

Suche zunächst den Namen *Gingst* auf, denn so heißt der Ort, von welchem her ich Dir heute schreibe und wo ich im Genuß der edlen Gastfreundschaft es mir recht wohl sein lasse.

Nachdem ich alle Angelegenheiten in Stralsund besorgt, meinen Koffer mit einer Adresse versehen und dem Berger Postillion überliefert hatte, eilte ich der Fährbrücke zu, um in einem gewöhnlichen Ruderboot nach Rügen überzuziehen. Weil aber der Wind stark wehte, so wollten die Fährleute die Überfahrt nicht wagen. Im Hafen erfuhr ich indes, daß ein Boot von der Grahlschen Fähre segelfertig liege und eben abgehen wolle. Diese Gelegenheit zu benutzen gesellte ich mich eilig zu den übrigen Passagieren. Das Gepäck ward eingetragen, der Wind schwellte die Segel, und im Sause- und Brausewetter flogen wir dem Dänholm vorüber, einer kleinen, an der westlichen Seite mit ziemlich hervorragenden Ufern versehenen Insel, worauf aus vormaligen Kriegszeiten her noch mehrere Schanzen befindlich sind. In weniger denn einer halben Stunde war die Meerenge, die hier eine halbe Meile breit ist, durchschifft, und ich stand am Inselgestade.

Die Grahler Fähre liegt – den Blick nach Rügen gerichtet – zur Rechten der Alten Fähre, besteht nur aus wenigen Häusern und gehört der Marienkirche zu Stralsund. – Am hiesigen Strand findet man sehr reines Quellwasser, dessen sich manche Bewohner Stralsunds im Sommer, wenn das dortige Wasser schlecht ist, zum Trinkwasser bedienen. Das Grahlsche Fährboot übrigens darf bloß Segel gebrauchen, Ruderboote zu halten ist nicht erlaubt, so wie hingegen auf der Alten Fähre bloß Ruder-, aber keine Segelboote gefunden werden. – Außer diesen beiden eben genannten sind zwischen Pommern und Rügen noch mehrere Fähren vorhanden, namentlich die Wamper Fähre auf dem Drigge, einer kleinen Halbinsel, die ich links von Grahl vor mir liegen sah, die neue sowie die Goldberger Fähre, dem zierlichen, auf der pommerschen Küste schimmernden Landsitz Niederhoff [Niederhof] gegenüber, und die Glewitzer Fähre. Die letzte unter diesen ist am meisten gebräuchlich, die übrigen sind unbedeutend, wenigstens wird der *fremde* Reisende selten in den Fall kommen, sich ihrer bedienen zu müssen. Von Grahl wanderte ich in Begleitung eines Führers, der mein kleines Gepäck trug, nach der

Alten Fähre, die ich in einer halben Stunde erreichte. Der Weg ging an dem Strand hin, wo das Ufer anfangs flach ist, sich aber allmählich erhebt. Es besteht aus gelbem, stark mit Sand vermischtem Ton, und seine Höhe beträgt über 10 Ellen beim Fährdorf. Hier mietete ich ein Fuhrwerk, das ein Fremder leicht erhalten kann, und so ging es landeinwärts.

Eine halbe Meile von der Fähre liegt das Kirchdorf Rambien [Rambin], dessen Pfarrer ein Edelmann und zugleich Besitzer eines in der Nähe liegenden Landgutes ist. Vor einigen Wohnungen des Dorfes fand ich junge Bohnenbäume (Cytisus Laburnum) gepflanzt, die hier im Lande selten zu sein scheinen. Der Krug ist schmutzig und schlecht. Von demselben erstreckt sich zur Linken am Fahrweg ein mutig aufgeschossener Fichtenhain, an dessen Ende ein Hospital liegt, das Kloster St. Jürgen genannt. Dies wird von alten Leuten bewohnt, die sich hier eingekauft haben und monatlich gewisse Einkünfte an barem Geld und einigen Naturalien erhalten. Die Stiftung ist aus dem 14. Jahrhundert und gehört der Stadt Stralsund. Vorn hart am Weg steht eine alte Kapelle, worin der Rambiensche Pfarrer zuweilen Gottesdienst halten soll. Auch ist ein Konferenzzimmer darin befindlich. Die Fenster waren mit Laden verschlossen, und die Ranken eines Weinstocks zogen sich über ein Lattenwerk die Wände hinan. Hinter diesem Gebäude liegen die Wohnungen der Pröwener, wie man sie nennt. Das Ganze ist mit einem Stakentenwerk eingefaßt. Das Spittel besitzt verschiedene Dörfer und Ackerwerke auf der Insel, auch gehört ihm der Fichtenhain.

Am besten nimmt sich das Sacellum von einer kleinen Anhöhe bei dem zum Kloster gehörigen Dorf Rothenkirchen aus, wo es vor den Tannen zu liegen scheint, gegen deren dunkles Grün seine helle Farbe stark absticht. – Hier teilt sich der Weg. Zur Rechten führt die Hauptland- und Poststraße nach Bergen, das in der Ferne dämmerte, und linker Hand längs dem Dorf hin die nach Gingst. Seitwärts zur Rechten erblickte ich die Gätemitzer [Götemitzer] Berge, deren ich neun zählte und von denen ein alter einheimischer Schriftsteller meint, »es sei möglich, daß darunter eine gute Anzahl heidnischer Aschtöpfe oder Urnen zu finden wäre«, ein Gedanke, dessen Richtigkeit die Erfahrung bestätigt hat, da in neuern Zeiten mehrere solcher Hügel ausgegraben und untersucht worden sind.

Etwas weiterhin stellt sich dem Blick eine nicht unfreundliche

Seelandschaft dar. Das Meer bildet in dieser Gegend einen Busen, woran einzelne Höfe und Dörfer liegen, im Hintergrund vor mir lag die Landower Kirche mit ihrem Turm, und zur Linken ward die Bucht durch das pommersche Vorgebirge Borhöft [Barhöft] begrenzt, welches seitwärts in der Entfernung hervor-

Altefähr. Blick von der Landungsbrücke nach Stralsund

trat. Sonst ist das Land umher ganz flach, scheint aber, nach den Saaten zu urzeilen, die hier in trefflichem Wuchs standen, recht guter Acker zu sein. Noch niedriger wird es an der linken Seite gegen die Seeküste zu, die hier nicht weit entfernt ist, und besonders zeigt sich hinter dem Hof Drammdorf [Drammendorf] eine beträchtliche Pläne, die als Salzweide benutzt wird. Bei dem Gut Neuendorf näherten wir uns immer mehr dem Strand und fuhren endlich eine ziemliche Strecke durch eine kleine Bucht oder In-

wiek, welche die Priebrowsche Wedde genannt wird. Das Meer tritt rechts noch etwas tiefer in das Land und empfängt den Ausfluß des Serower [Sehrower] oder Negaster Baches, der aus dem Kniepower See entspringen soll.

Nicht lange, so erblickte ich einen zweiten Meerbusen, an Umfang und Breite dem ähnlich, durch welchen ich eben gefahren war, ihn aber in landschaftlicher Hinsicht noch übertreffend. Hart an demselben liegt das kleine Kirchdorf Landow und seitwärts linker Hand hinter vorgewölbten Bäumen der Landsitz Ralow, welcher in der ältesten Landesgeschichte berüchtigt und Dir aus Kosegartens Gedichten bekannt ist. Das alte Ralow war nämlich eine Burg des wendischen Seeräubers Ralunk oder Rolvink und wurde von dem Rügenfürsten Jaromar I. zerstört. Im vorigen Jahrhundert sah man dort noch die Reste alter Wälle.

Wir kamen durch Landow, eine der kleinsten Pfarreien auf Rügen, und hinter diesem Dorf mußte ich mir eine zweite Wasserfahrt durch die sogenannte Landower Wedde gefallen lassen.

In der Mitte derselben, wo ein starker Lauf (oder Strom, wie man sagt) geht, sind zwei Reihen von Pfählen als Wahrzeichen für die durchpassierenden Wagen befestigt. Diese Einrichtung ist nun zwar ganz löblich und Fremden, vorzüglich zur Nachtzeit, nützlich, allein sie ist doch nur unsicher, da von dem Meer, das bei Stürmen gerade in solche Buchten am heftigsten eindringt, und vom Treibeis im Frühling diese Stangen (Pricken genannt) vermutlich oft weggerissen werden, wo dann der Fuhrmann genötigt ist, sein Heil aufs Geratewohl zu versuchen. Überhaupt scheint mir, daß durch das Anschwellen der See bei Nordwestwinden eine Fahrt durch diese beiden Wedden Unkundigen sogar gefährlich werden könnte, wenn sie des rechten Weges verfehlen, der Unannehmlichkeit nicht einmal zu erwähnen, daß bei hoher Flut das Wasser bis in den Wagen dringt und das Gepäck des Reisenden naß macht. Am schlimmsten ist der Fußgänger daran. Bei Landow ist freilich eine kleine Holzbrücke oder ein Steg, wo der Lauf der Wedde schmaler wird. Vielleicht wird aber auch diese von dem Andrang des Wassers überschwemmt, und mancher weiß nicht einmal etwas von ihrem Dasein. Noch übler ist es bei der Priebrowschen Wedde. Am Ende derselben liegen einige Wohnungen, deren Besitzer zwar einen elenden Kahn haben, um Passagiere überzusetzen, allein zuweilen steht das zunächst an die Wedde grenzende Wiesenland ganz unter Wasser, und der Wanderer muß – was nicht jedermanns Sache ist – bis zu der Stelle waten, wo das Polt (der Kahn) liegt, oft sind die Leute nicht bei der Hand, und dann muß er warten, bis etwa ein Wagen kommt, der ihn auf- und mit hinüber nehmen will. Wegen dieser Beschwerlichkeiten beider Passagen wäre daher wohl zu wünschen, daß hier ein Paar feste, den Wogen trotzende Brücken angelegt würden, zumal da die Gingster Heerstraße sehr stark befahren werden soll, wofern nicht lokale Hindernisse die Aufführung derselben unmöglich machen.

Auch die Strecke von Landow bis Gingst, welche eine gute halbe Meile beträgt, enthält flaches Land, wie denn überhaupt die ganze Westküste der Insel nur wenig über dem Wasserspiegel erhoben ist. Aber Du erblickst hier überall wohlangebaute Felder und umher eine Menge von Landgütern und Dörfern. Ich selbst kam durch einige derselben, bevor ich meinen Einzug in Gingst hielt.

In dem Hause des hiesigen Propstes, Herrn P[icht], fand ich eine freundliche Aufnahme. Da es schon zu dunkel war, um von dem Flecken selbst noch etwas in Augenschein zu nehmen, überließ ich mich der Ruhe und kann Dir nicht genug rühmen, wie sehr man sich allgemein befliß, den fremden Gast zu unterhalten. Die Töchter des Hauses, talentvolle und geschickte Frauenzimmer, waren sämtlich musikalisch, und so verkürzte der Gesang mit abwechselnder Begleitung des Pianoforte und der Harfe die Zeit, bis uns die Abendtafel zu einem andern Genuß einlud. Nach Tisch erzählte der Vater, ein geborener Preuße, mir einige sehr merkwürdige Auftritte aus seinen Jünglingsjahren, und die Einmischung mancher interessanter, zum Teil sehr witziger Anekdoten gab dieser Unterhaltung einen noch höheren Reiz.

Mein erster Gang am folgenden Morgen geschah in Begleitung des Präpositus und seines Sohnes, eines wackeren jungen Mannes, der seinen Vater als Diakon unterstützt, nach der Kirche. Ihr Äußeres verspricht das nicht, was das Innere dem Anblick gewährt. Hier ist Einfachheit mit Eleganz verbunden, und Du wirst nicht leicht eine Landkirche finden, wo so viel Licht, Sauberkeit und Symmetrie beisammen sind, wie in dieser, welche überhaupt die zierlichste im Lande sein soll. Zwei vorzügliche Zierden sind der Altar, den ein von dem verstorbenen Künstler Rode in Berlin verfertigtes, Christi Himmelfahrt vorstellendes Gemälde schmückt, und die Orgel, welche vor wenigen Jahren von dem geschickten Instrumentenmacher Kindt in Stralsund gebaut ist. Die Stelle des Organisten ist mit dem Küsteramt vereinigt.

Unter den heiligen Geräten besitzt die Kirche einen Kelch von vorzüglicher Arbeit, den in vormaligen Zeiten ein Offizier aus einer adeligen Familie des Landes aus irgendeinem polnischen Kloster als Beute mitgebracht und hierher geschenkt hat. Die sogenannte Garbenkammer, ein kleines Angebäude der Kirche, das, wie der Name vermuten läßt, ehedessen zur Aufbewahrung des Meßkorns bestimmt war oder vielleicht auch als Sakristei diente, ist von dem Präpositus gegenwärtig als Schulzimmer eingerichtet, worin der geschickte und tätige Kantor und Organist die Jugend des Fleckens und der Nachbarschaft im Sommer unterrichtet. An der Ostseite des Kirchhofes hat der Propst für sich und seine Familie einen Begräbnisplatz erworben und mit einer artigen Einfassung verziert.

Hierauf durchwanderte ich den Flecken, der weiter nichts Merkwürdiges enthält und nur das Ansehen eines großen Dorfes hat. Er liegt auf einer weiten Ebene, enthält nicht viel über 100 Häuser und ist zwei starke Meilen von der Alten Fähre entfernt. Nur einige Straßen deckt ein schlechter Damm, die Häuser sind klein und mit Stroh gedeckt, drei bis vier ausgenommen, zu denen der Pfarrhof gehört. Dieser gleicht mit seinen Wirtschaftsgebäuden und seinem Garten einem wohleingerichteten Landsitz, und der Anblick des Äußeren zeigt den Geist der Ordnung seines Besitzers. Der grüne Rasenplatz vor dem Haus, die hohen Lindenreihen, die es beschatten und noch mit ihrer Blüte umdusten, die Menge der Bäume des Gartens, der üppige Gemüsewuchs, das hoch sich hinanziehende Rebengeländer, die niedliche Laube am Teich in demselben und die rote Staketeneinfassung umher – das alles gibt ein liebliches Bild nutzbarer Tätigkeit, häuslichen Wohlstandes, frohen Mutes, ländlicher Ruhe. Diesem Bild entspricht auch das Innere des Hauses, denn hier findest Du Bequemlichkeit und Reinlichkeit, Nettigkeit ohne Prunk, Geschmack ohne Ziererei, Ordnung ohne pedantischen Zwang in schönem Verein, kurz, wenn ich ein Geistlicher wäre, so würde ohne Zweifel der Besitz eines solchen Pfarrhofes zu meinen Wünschen gehören. Die Gingster Propstei oder, nach dem Landesgebrauche zu reden, die Präpositur wird aber auch für eine der einträglichsten Pfründen gehalten, denn außer den soeben geschilderten Vorteilen ist nicht nur ein beträchtliches und sehr fruchtbares Ackerwerk nebst einer Weide und einem Torfmoor, welche an der nordöstlichen Seite des Fleckens gelegen sind, dabei befindlich, sondern es sind hier auch viele zum Teil sehr einträgliche adelige Höfe und Dörfer eingepfarrt, deren man an 40 zählt. Überhaupt ist die Gemeinde die zahlreichste im Lande, und zu der Präpositur gehören acht Pfarren.

Der Flecken Gingst – oder Gynxst, wie er auch in alten Dokumenten genannt wird – hat ungefähr 540 Einwohner. Diese, welche vormals allzumal teils dem Domanium, teils dem Pastorat untertänig waren und von denen einige auf dem benachbarten Domanialgute Gagern Frondienste verrichten mußten, sind schon seit mehreren Jahren sowohl vom Präpositus als auch vom Königlichen Amt von der Leibeigenschaft befreit, nur die Jurisdiktionsherrschaft haben sich beide über sie vorbehalten.

Die durch den Flecken führende Landstraße macht die Scheide zwischen den Amtseinwohnern und den Pastoratseinwohnern, deren Häuserzahl die größere ist – ein Beweis für das Sprichwort, daß unter dem Krummstab gut wohnen sei, aber auch überhaupt hat der Ort seit Aufhebung der Leibeigenschaft an Wohlstand zugenommen. Zur Besorgung kleiner Angelegenheiten, die sich auf das öffentliche Interesse des Ortes, auf die Jurisdiktion usw. beziehen, sind vier Quartiermeister vom Amt und Pastorat angenommen. Als die Einwohner frei wurden,

Marktplatz in Gingst

glaubten sie zugleich auf gewisse Äcker und Grundstücke, welche teils zu benachbarten Gütern, teils zum Pastorat gehören, Ansprüche machen zu können, und dieser Wahn, aus welchem viele Zwistigkeiten entstanden sind, hat sich auf ihre Nachkommen fortgepflanzt, welche dermalen noch immer jene Ansprüche erneuern und von einem Jahr zum andern ihr vermeintes Eldorado aufsuchen, ohne es je zu finden; viele der Einwohner leben nämlich bloß vom Ackerbau. Doch triffst Du hier auch die gewöhnlichsten Handwerker, von denen einige eine förmliche Zunft ausmachen. So ist durch die patriotische Betriebsamkeit des Präpositus, den Flecken in Aufnahme zu bringen, unter andern ein Weberamt errichtet, das gegenwärtig aus sieben Meistern besteht. Einige derselben, insonderheit die sogenannten Damastweber, sind als vorzüglich geschickte Arbeiter im ganzen Land und auch in Pommern berühmt, sollen sich ihre Kunst aber auch ein wenig teuer bezahlen lassen. Sie verfertigen die feinsten Tafelgedecke in Damast und Drell, wozu ihnen gewöhnlich das Garn geliefert wird, und keine Zeichnung von Ranken, Kanten, Blumenbuketts, Arabesken und anderen Schnörkeleien, wie sie der herrschende Geschmack nur immer verlangen mag, ist ihnen zu künstlich und schwierig, sie wissen sie mit der größten Genauigkeit der Leinwand einzuweben. Diese Nachricht wird besonders Deine Mutter interessieren. Du magst ihr aber zugleich sagen, daß Tischtücher von der Breite, wie etwa die sächsischen oder westfälischen Fabriken sie liefern, hier doch nicht verfertigt werden können, woran indeß mehr die Kleinheit der Arbeitsstuben, in denen zuweilen zwei bis drei Webstühle sehr eng nebeneinander stehen, als die Unfähigkeit der Arbeiter schuld ist. Am Nachmittag besuchte ich mit einem Teil der Familie einen dieser Meister, und die nähere Betrachtung des Webstuhls und seines Mechanismus gewährte mir viel Vergnügen.

Darauf ward eine Promenade nach dem Mühlenberg am westlichen Ende des Fleckens gemacht, von dem man eine gute Übersicht der ganzen Gegend hat. Diese stellt ein fortlaufendes, in höchster Fruchtbarkeit prangendes Getreidefeld dar, welches von einer außerordentlichen Menge, ich möchte sagen, einer Saat von Landgütern und Dörfern oft unterbrochen wird und dadurch sowie durch die Einschnitte des benachbarten Binnenwassers noch mehr Leben erhält. An den Grenzen des Gesichtskreises ragen die Städte Stralsund und Bergen und insonderheit Jasmund und die Insel Hiddensee hervor. Dieser Mannigfaltigkeit gebricht es aber an einer landschaftlichen Hauptzierde, an Holz, woran die ganze Gingster Gegend Mangel leidet, denn der kleine Rattelvitzer Tannenkamp ist unbedeutend und das Pansewitzer [Pansevitzer] Holz dem Blick zu entlegen. Sonst ist diese Gegend in Beziehung auf ihre große Fruchtbarkeit des Beinamens eines Paradieses wohl würdig, welchen Herr Zöllner ihr mit Recht gibt und nur darin irrt, wenn er sagt, daß der Bezirk um Gingst wirklich so benannt werde. Auch ist das, was er vom *Prahlkorn* an den Wegen sagt, nicht ernst zu nehmen, denn soviel ich bemerkt habe, wendet der Gutsbesitzer auf alle Äcker gleichen Fleiß, und man findet mitten auf dem Felde oder auf abgelegenen Äckern ebenso gutes und mitunter besseres Getreide als an den Landwegen.

Zuletzt wurde noch eine holländische Mühle in Augenschein genommen, die vor einigen Jahren am nördlichen Ende des Ortes erbaut wurde. Ihre Flügel erinnerten mich an die Mühlen der Gradierwerke bei Greifswald, und dabei fiel mir ein, daß, wie man in alten Urkunden gefunden haben will, auch bei Gingst ein Salzwerk gewesen sein soll, von dem aber jetzt keine Spur mehr vorhanden ist.

Am dritten Tag meines Hierseins hatte sich beim Propst nachmittags eine kleine Gesellschaft zu einer ländlichen Partie versammelt. Meine Absicht war eigentlich, diese Zeit zu einem Besuch der benachbarten Insel Ummanz anzuwenden. Da man dieselbe mir aber als nicht besonders merkwürdig beschrieb und einstimmig bezeugte, Herr Zöllner habe dies Eiland ausführlich und der Wahrheit getreu geschildert, begnügte ich mich mit dessen Beschreibung (in der jedoch die besondere schwarze Tracht der Bauersleute, die mit der mönchgutschen Ähnlichkeit hat, nicht erwähnt ist) und nahm eine Einladung zu der Lustfahrt nach dem Wall an.

Wir kamen durch Venz, welches seit Jahrhunderten von der Familie von Platen bewohnt wird und durch seine gotische Bauart sich als ein Rittersitz der Vorzeit andeutet. Nicht weit hinter demselben erschien das Ziel unserer Fahrt, der Wall, eine Besitzung, welche zu dem nahe bei Gingst gelegenen Landgut Teschvitz gehört und noch nicht eine Meile von da entfernt ist. Man erblickt hier wirklich einen alten viereckigen Erdwall, der auf dem oberen Gang und hie und da an der inneren und äußeren Böschung mit mächtigen Eschen, Eichen, Haseln und anderem Gesträuch bewachsen ist und dessen beträchtliche Höhe dadurch noch mehr imponiert. Am höchsten ist seine Nordseite, an welcher noch unverkennbare Spuren einer Einfahrt vorhanden sind. Etwas weiter südlich wird eben diese Seite noch einmal durch eine zweite, bis an den Fuß des Walls reichende Kluft unterbrochen, die gleichfalls das Ansehen eines Eingangs hat. Am niedrigsten ist die Westseite, welche abgetragen zu sein scheint. Hier verliert sich der Wall in eine sumpfige, mit Gebüsch bedeckte Niederung.

Auf dem oberen Wallgang, wo ein breiter Fußsteig durch das Gebüsch gehauen und an einigen gut ausgewählten Stellen mit Ruhebänken besetzt ist, genießt man heitere Ansichten durch die grünen Laubumhüllungen. Indessen eilte ich, den sie noch nicht befriedigten, mit einigen jungen Männern weiter, um das ganze Viereck zu umgehen, das von bedeutendem Umfang ist, aber keine ganz regelmäßige Gestalt hat und in einer weiten Ebene liegt. Von einem umherlaufenden Graben konnte ich nichts entdecken. Das Ganze hatte um so mehr viel Überraschendes für mich, da man mir gar nichts davon gesagt und ich auch nicht geglaubt hatte, hier eine so reizende und zugleich antiquarisch merkwürdige Stelle vorzufinden.

Von der vormaligen Bestimmung dieses Werkes des Altertums weiß man nichts mehr. Mutmaßlich aber hat hier zu den Zeiten der Wenden oder noch früher ein Raubschloß gelegen, denn es geht die Sage, daß vor alters sich eine schmale Inwiek bis an den Fuß des Walls erstreckt habe, so daß kleine Fahrzeuge bis hierher hätten kommen können. Unwahrscheinlich ist dies auch nicht, wenn man das äußerst flache Sumpfland an der Westseite betrachtet und damit den Umstand verbindet, daß eine Inwiek der See nicht fern von hier ist. Demnach hat dieser Wall immer ein sogenannter Wikingar oder Seeräubersitz sein können, wenn nur jene Sage historisch erweislich wäre.

Der innere von der Schanze eingeschlossene Platz war, wenn ich nicht irre, in ein Getreidefeld verwandelt, und überhaupt gehören zu diesem Wall mehrere Äcker und Wiesen, da hier sonst ein Bauernwesen gelegen haben soll. Seitwärts hinter dem Wall hat der jetzige Besitzer ein artiges Sommerhäuschen erbauen lassen, worin Tee und andere Erfrischungen von uns eingenommen wurden. Vom reizendsten Wetter begünstigt und von der mut-

Schloß Boldevitz

willigsten Laune beseelt, überließ sich die Gesellschaft den frohesten Genüssen, bis uns der Abend die Rückfahrt gebot.

Bergen, den 28. Juli

Aus der Hauptstadt des Landes erhältst Du die Fortsetzung und den Schluß dieses Briefes. Ich habe mich hier auf dem Rathaus einquartiert, welches zugleich als Gasthof dient, finde gute Bedienung und einen ebenso gefälligen wie billigen Wirt, welcher mir meinen Koffer unversehrt überlieferte. Schon habe ich kleine Streifereien in der Gegend umher, von denen sowie von der Stadt selbst Du künftig hören sollst, unternommen, ein paar Besuche gemacht und mehrere wackere und biederherzige Menschen kennengelernt. Überhaupt scheint hier ein stilles, gutmütiges und dienstfertiges Völkchen zu wohnen. Jetzt aber ein Wort von meiner Wallfahrt hierher. Die zwei Tage, welche ich in Gingst verlebt hatte, waren mir fast zu schnell verstrichen, und das gütige, gastfreundschaftliche Benehmen jener Familie hatte mich dort bald so einheimisch gemacht, daß ich am Morgen meiner Abreise Gingst wirklich ungern verließ und mit dankerfülltem Herzen das traurige Scheidewort aussprach.

Bergen liegt von Gingst eine starke Meile, und diese wanderte ich. Der Boden ist fortdauernd eben und fruchtbar, und ringsumher trifft das Auge auf Getreidefluren, Kleefelder, Höfe, Dörfer, kleines Gehölz und einige Grabhügel hinter dem alten Rittersitz Pansevitz.

Des Weges Hälfte ist bei der an der Landstraße stehenden Windmühle, welche nach Boldewitz [Boldevitz] gehört, einem stattlichen, nahe dabei gelegenen Edelhof, der mir in einer gewissen Hinsicht sehr merkwürdig geworden ist. Ein vormaliger Besitzer dieses Landgutes, der verstorbene Regierungsrat von O[l-thof], hatte nämlich hierher einen jungen Menschen von Berlin mitgebracht, an dem er dort zufälligerweise ganz vorzügliche Anlagen zur Malerei entdeckt hatte, und dieser entsprach bald den Erwartungen seines liberalen Mäzenaten, welcher das sich entwickelnde Talent des jungen Mannes noch mehr aufmunterte und denselben fast ein paar Jahre bei sich behielt.

Du wirst Dich wundern, wenn Du den Namen dieses Künstlers hörst. Es war kein anderer als der nachmals so berühmt gewordene Philipp Hackert, welcher jetzt unter den größten und bekanntesten Landschaftsmalern eine so ehrenvolle Stelle einnimmt. Mit Recht kann also die Insel Rügen sich das Verdienst zueignen, durch ihre landschaftlichen Reize den malerischen Ge-

---

Küste von Rügen mit Feuerbake

Fischerhütte auf Rügen

nius dieses Mannes geweckt und gebildet und ihm also gleichsam die erste Weihe der Kunst erteilt zu haben. Hackert hat auch einige rügianische Gegenden in Kupfer gestochen, unter anderem eine Ansicht der Stadt Bergen von Boldewitz aus, die sich in der Sammlung seiner radierten Blätter befindet. Außerdem findet man in einem Saal des Boldewitzer Hauses ein großes Wandgemälde in Öl von ihm, welches die berühmte Stubbenkammer vorstellt, aber unvollendet geblieben ist. Übrigens ist bei Boldewitz auch eine kleine Kapelle, ein Filial der Gingster Mutterkirche, befindlich, worin der Präpositus oder dessen Diakonus alle vierzehn Tage eine Nachmittagspredigt zu halten hat. Dieses Gebäude ist von der Familie von Rotermund, welche Boldewitz in älteren Zeiten besaß, nunmehr aber ausgestorben ist, an die Stelle einer weiland zu Maschenholz befindlich gewesenen kleinen Kirche errichtet worden.

Hinter der erwähnten Boldewitzer Windmühle verwandelt sich die Gegend in eine traurige Heide, die teils zu Boldewitz, teils dem Königlichen Domanium gehört. Sie hängt mit mehreren Heiden zusammen, erstreckt sich bis an das Dorf Gademow und trägt von demselben den Namen. Von dem Boldewitzer Anteil ist schon vieles aufgerissen und urbar gemacht, der größere

Teil liegt noch da in seiner ursprünglichen unfruchtbaren Öde. Jenseits des Dorfes hebt sich das Land ein wenig, und man erblickt wieder Fruchtfelder.

Jetzt schicke ich mich zu einer größeren Reise an und denke Hiddensee, Wittow und das romantische Jasmund zu besuchen, sobald der Himmel, der ein paar Tage hindurch viel Regen herabgesandt hat, nur etwas freundlicher wird. Bis Du von dieser Wallfahrt Weiteres vernimmst, leb wohl.

Zweiter Brief

Bergen – Trent – Schaprode – Öhe – Hiddensee – Wiek – Arkona Lanckensburg

Lankensburg [Lanckensburg] auf Wittow, den 4. August
Einen beträchtlichen Teil der Insel und sicher den fruchtbarsten gesehen, die nördlichste Spitze Deutschlands betreten und den majestätischen Anblick des Meeres von verschiedenen Stand-

Rügenlandschaft mit Kreideküste

Ansicht von Bergen

punkten genossen zu haben, dies, mein Bester, gibt mir reichen Stoff zu einem neuen Brief an Dich.

Ich war willens, geradezu nach Wittow und von da nach Hiddensee und so weiter meinen Weg zu nehmen, als ein hiesiger Apotheker, ein jovialischer Mann, mir das Anerbieten machte, mit ihm nach der kleinen Insel Öhe zu reisen, von wo aus ich leicht nach Hiddensee kommen könne. Dies änderte meinen Plan, und sobald der Himmel sich aufgeklärt hatte, machte ich mit dem Chemiker Gesellschaft.

Der Weg, den wir fuhren, ist bis zum Kirchdorf Trent eine Heerstraße nach Wittow, die mitten durch das Land zuerst bei dem Dorf Ramitz vorbei führt, wo ich zur Linken im Feld drei bis vier alte Grabhügel liegen sah, und dann neben den Gütern Gagern, Silenz und Ganskevitz [Ganschvitz] hinstreift. Auch hier ist der Boden größtenteils trefflich angebaut, und Fluren von Weizen, Roggen, Gerste, Hafer und Erbsen rollten in frischem Farbenwechsel an meinem Auge vorüber. Das Land bleibt überall noch flach und fern, und nahe ragen Menschenwohnungen hervor. Eine Strecke vor Trent jedoch kamen wir durch eine öde Heidegegend, in welcher eine Mühle einsiedlerisch lag. Auch das Kirchdorf selbst ist an dieser Seite von einer sehr niedrig liegen-

den, etwas sumpfigen Weide eingeschlossen, die einen unfreund-
lichen Anblick gibt, wiewohl Trents Lage sonst nicht übel ist,
auch die Kirche nebst ihrem mit Kupfer gedeckten Turm sich
gut ausnimmt. Der Weg von Bergen bis Trent beträgt zwei Meilen. Von hier fuhren wir gerade gegen Westen, das Kirchdorf
Schaprode und die Insel Hiddensee im Hintergrund vor uns ha-
bend, durch einen fruchtbaren Strich Landes, der beinahe für
sich eine kleine Halbinsel ausmacht. Zu beiden Seiten liegen die
Edelhöfe Subzow [Zubzow], Granschwitz [Granskevitz], Dorn-
hoff [Dornhof] und Udars, lauter ansehnliche Besitzungen, unter denen die letzte sich am stattlichsten zeigt, auch wohl die
größte ist. Granschwitz, das von einem Wall umgeben ist, gleicht
mit seinem Turm noch einer alten Ritterburg.

Nach Verfluß einer Stunde erreichten wir Schaprode. Vor
demselben steht am Weg ein alter Stein, worauf ein Kruzifix ausgehauen ist. Ich erkundigte mich näher nach der Geschichte dieses grauen Monuments, allein man wußte mir darüber keine
Auskunft zu geben. Das Kirchdorf selbst liegt am Wasser und ist
ziemlich gut gebaut, denn es wohnen hier manche freien Leute
und unter diesen mehrere wohlhabende Schiffer, die an dem
zwangvollen Aufenthalt in den Städten kein Behagen gefunden
haben. Vor alters hat dies Dorf ein ansehnliches Gebiet, wozu
auch die Insel Hiddensee gehörte, und seine eigenen Herren gehabt. Jetzt ist es unter einige benachbarte Edelhöfe verteilt, das
Patronat der Pfarre steht aber dem König zu. – Die Küste ist hier
äußerst flach, und die ganze Strandgegend hat etwas Ödes, das
nur durch den Anblick vorübersegelnder Schuten und Boote zuweilen belebt wird, auch treibt Schaprode selbst einige Schiffahrt
nach Stralsund, wohin oft Transportfahrzeuge oder Schuten abgehen.

Dem Dorf gegenüber liegt die Insel Öhe, welche nur durch
eine sehr schmale, aber tiefe Meerenge, über die wir in einer Art
von Fähre oder Prahm gesetzt wurden, von der rügianischen Küste getrennt ist. Sie ist das Lehnseigentum eines uralten adeligen
Geschlechts gleichen Namens, dessen in der Landesgeschichte
schon um das Jahr 1340 Erwähnung geschieht, und wird jetzt
von einem Pächter bewohnt. Bei diesem Mann fanden wir eine
gastfreie Aufnahme. Unser Wirt führte uns umher und unterhielt
uns bei Tisch mit interessanten Erzählungen aus dem amerikani-
schen Freiheitskrieg, dem er mit beigewohnt hatte.

Die Öhe ist nicht groß, in weniger denn einer Stunde läßt sie sich recht gut umgehen. Der Boden ist flach und steigt nur ein wenig an der Westseite, wo die Natur ein starkes Bollwerk von großen Steinen gegen den Andrang der Fluten hingelegt hat. Ihre freie niedrige Lage setzt sie ganz besonders den Frühlings- und Herbststürmen aus, die sie, so zu reden, recht aus der ersten Hand empfängt. Deshalb wird hier auch schwerlich ein Baum recht gedeihen. Wenigstens hatten die im Garten sparsam stehenden Fruchtbäume sowie einige Weiden nur ein trauriges, verkrüppeltes Ansehen. Ringsumher am Gestade des Eilands traf ich Salzweide, in der Mitte lag das in acht Haupt- und drei Nebenschläge geteilte Fruchtfeld. Der Boden ist im ganzen ergiebig, aber von ungleicher Güte, und die Ernte unsicher, welches hauptsächlich den rauhen Winden zugeschrieben wird, obwohl die Nähe des Meeres und die daraus aufsteigenden Salzteilchen, welche das Erdreich einsaugt, nach der Meinung der Physiker und Ökonomen zur Fruchtbarkeit der Strandgegenden vorzüglich beitragen sollen. In diesem Jahr stehen hier die Saaten durchaus trefflich, und ich fand daneben viele wilde Kräuter, unter anderen die Strand- und echte Kamille in unendlicher Menge, wovon der Apotheker eine reiche Lese hielt. Nahe beim Hof hat sich noch das ehemalige herrschaftliche Wohnhaus erhalten, ein altes Gebäude, das jetzt nur zu einem Vorrats- und Wirtschaftshaus gebraucht wird. Außerdem steht nur noch eine Menschenwohnung auf der Insel.

Am folgenden Vormittag reiste mein Gefährte nach Bergen zurück, und ich bekam einen neuen an dem Pächter, welcher gerade auch eine Reise nach Hiddensee vorhatte, wo eine Auktion über gestrandetes Schiffsgut gehalten werden sollte, und so gütig war, mir einen Platz in seinem Boot anzubieten. Ein Knecht handhabe Segel und Steuerruder, und so verließ ich die Öhe. Die Fahrt ging bei gelindem Wind längs der flachen rügianischen Küste hin bis an den sogenannten Haken, eine Landspitze, wo die Überfahrt nach Hiddensee ist. Zwischen dieser Spitze und der gegenüberliegenden kleinen Fährinsel, die mit ihren wenigen Häusern einen kahlen, traurigen Anblick gibt, liegt eine kleine, höchstens acht bis zwölf Fuß tiefe Meerenge, welche der Trog genannt wird. Überhaupt fand ich das ganze Fahrwasser stellenweise so seicht, daß es nicht leicht ein großes Schiff tragen kann.

Das gegenüberliegende Hiddensee soll ehemals mit Rügen

verbunden gewesen, in einem ungeheuren Orkan aber, welcher im Jahre 1304 auch in anderen Teilen der Insel große Verheerungen anrichtete, davon abgerissen worden sein, und vermutlich ist die Trennung in dieser Gegend geschehen. Mir ward eine Volkslegende über den Ursprung der Insel Hiddensee erzählt,

Ostseeküste (Hiddensee)

die ein wenig anders als jene Nachricht der Chronikanten lautet, welche ich aber ohne Übertretung der epistolarischen Dezenz preiszugeben kaum wagen darf.

Zu jener Zeit, heißt es, als die Heiden auf Rügen bekehrt werden sollten, wanderte ein christlicher Missionar auch nach Hiddensee und kam eines Abends spät in einem Fischerdorf an. Dort klopft er an die Tür der ersten besten Hütte und bittet um Abendkost und Nachtlager für Gotteslohn. Der Hütte Bewohne-

rin, ein Fischerweib, führt ihn aber schnöde ab und weist ihn an ihre Nachbarin, eine dürftige Witwe, die den heiligen Mann mit Speise und Trank erquickt, so gut die Armut es zu geben hat, und eine warme Lagerstatt ihm zubereitet. Am Morgen darauf verläßt der Gast die Hütte mit den Worten: »Dir deine Mühe zu vergelten gebricht es mir an Gold und Silber, allein das Geschäft, das du heute zuerst beginnen wirst, soll dir gesegnet sein.« – Nachdem er fort ist, fängt die Witwe, nicht weiter seiner Worte eingedenk, ein Stückchen Leinwand zu messen an, das ihr Fleiß gesponnen und gewoben hat. Aber, o Wunder, sie mißt und mißt den ganzen Tag und noch die lange Nacht dazu, wohl über tausend Ellen, ehe sie des Leilachs Ende finden kann. Von ihrem plötzlichen Überfluß legt sie mit Vorteil einen Handel an und wird durch ihres Gastes Segnungen bald eine reiche Frau, zu großem Neide ihrer Nachbarin, die ihr das Geheimnis und die vermutliche Ursache ihres Reichtums abzulocken sucht und sich den Spruch des Heiligen hinters Ohr schreibt. Nach Jahresfrist erscheint der Apostel wieder, klopft an dieselbe Hüttentür, wo er so schnöde abgewiesen, und wiederholt die Bitte um Atzung und Herberge, um Gotteswillen. Die eigennützige Fischerin läßt ihn nicht zweimal bitten, setzt ihm das Beste vor und weist ihm eine weiche Lagerstelle an. Beim Anbeginn des Morgens verläßt er sie mit dem ihr schon bekannten Spruch: Das Geschäft, das du heute zuerst beginnst, soll dir gesegnet sein. Die Gierige, dazu schon vorbereitet, hat einen Spartopf aus der Lade geholt und will zuvor nur noch eine gewisse Notsache abmachen, deren Aufschub dem berühmten Tycho Brahe das Leben kostete, um darauf ihren Mammon desto ungestörter nachzuzählen, als – o Wunder! –, doch Du errätst dasselbe schon. Kurz, der Spruch des Heiligen hat einen so wirksamen Ein- und Ausfluß, daß der Wassersegen das Land überschwemmt und Hiddensee von Rügen sondert.

Als wir den Trog durchschifft waren, steuerte der Pächter, der eine Flinte mitgenommen hatte, einem kleinen Werder zu, wo er sich gute Jagd von wildem Geflügel versprach. In einer halben Stunde landeten wir an demselben. Er heißt der Kleine Beßien [Bessin] und ist ein kahles, flaches, Hiddensee gegenüber an der Spitze des Wittower Buges liegendes und von diesem entweder abgerissenes oder von der See angeschwemmtes Sandfleckchen, das man in einer Viertelstunde umwandert. Hie und da war der

Boden mit Sandsegge (Carex arenaria) und anderen Gräsern bewachsen, die einigen Kühen des Besitzers des gegenüberliegenden Posthauses zur notdürftigen Weide dienten. Außerdem fand ich an einigen Stellen verkrüppeltes Gesträuch des Seedorns und Rosenpappeln (Malva alcea) in außerordentlicher Menge.

Das Gestade war mit Vogeleiern mannigfacher Art wie besät. Strandläufer, eine Art kleiner Schnepfen, und andere Wasservögel, insonderheit eine Menge großer und kleiner Möwen, flogen, aus dem Asyl, das sie hier zu finden geglaubt haben mochten, aufgescheucht, mit heftigem Geschrei um die Köpfe ihrer Ruhestörer, bis der Pächter eine der größten Möwen niederschoß, die mit ihren ausgebreiteten Flügeln eine Länge von beinahe drei Ellen maß. Hin und wieder wird man auch einzelne Lagen bunten Sandes, welcher Eisenteile enthält und auch auf der Insel Rüden [Ruden] und Hiddensee gefunden wird, an diesem Strand gewahr. – Heißer begann die Sonne auf dem dürren Sand zu brennen. Der Mittag eilte heran, wir stachen also wieder in See und erreichten bald das Ziel unserer Fahrt, das Hütteneiland.

Auf dem herrschaftlichen Hof *Kloster*, dessen Besitzer uns gütig aufnahm, fanden wir ein großes Menschengewühl, den Kapitän und Steuermann des gescheiterten Schiffs, Kommissare und Schiffsbesucher aus Stralsund, einen Notar und mehrere Fremde. – Da die Auktion aber erst auf den folgenden Tag angesetzt war, segelte mein Geleitsmann von der Öhe nachmittags wieder zurück nach seiner Insel und war so glücklich, einem plötzlich entstehenden Sturm- und Wirbelwind, dem Vorläufer eines starken Regengusses und heftigen Gewitters, zu entkommen, das recht über Hiddensee hinzog und furchtbar wütete. Jeder Schlag brach sich hundertfach an den hohen Ufern und Bergen und ward durch diesen Widerhall so verlängert, daß er mit den folgenden Schlägen in einen unaufhörlichen Donner zusammenfloß.

Nach ein paar Stunden ward der Aufruhr der Elemente gestillt, und Himmel und Erde gaben einem schönen Abend Raum, den ich mit mehreren von der Gesellschaft dazu benutzte, das an der Nordwestküste liegende Wrack des Schiffs in Augenschein zu nehmen. Es war eine preußische, nach des Schiffers Aussage noch ganz neue Brigantine, welche von Danzig oder Königsberg abgegangen und mit Weizen und Leinsamen beladen war. Schon bei der Insel Möen war der Notstand des Schiffs so groß gewesen, daß man es dort hatte auf den Strand setzen wollen, allein vom Sturm gegen die rügianische Küste getrieben, ward es hier von den Fluten tief in den Sand eingewellt und lag nicht weit vom Gestade. Die Mannschaft, die sich in einem Boot sämtlich gerettet hatte, half den hiddenseeischen Untertanen das Schiffsgut bergen und war frohen Mutes, als ob sich gar kein Unfall ereignet hätte. Von der Ladung war der größte Teil geborgen und nur der Rest der See zum Raub geworden, die ihn aber wieder ausgespien hatte, denn es lag eine Menge von Leinsamen, mit grobem Seesand und Meergras vermischt, gleich einem Saum längs dem Strand.

In der Nacht erhob sich ein starker Wind, der das Meer aufwühlte, und dies hatte ich gewünscht. Die am folgenden Vormittag beginnende Versteigerung des Segelwerks, der Takelage und anderer Schiffsteile, welche eine Menge von Schiffern und Fischern aus der Nachbarschaft herbeigeführt hatte, war mir nicht unterhaltend genug, um ihretwegen die Beaugenscheinigung des Landes länger zu verschieben. Ich machte mich daher mit ein paar des Weges kundigen Herren auf, um den Baakenberg [Bakenberg], den höchsten der Insel, zu besteigen, welcher nordwestlich vom Hof hinter dem Dorf Grieben liegt und seinen Namen von einer sogenannten Feuerbake, einer auf einem hohen, starken Pfahl befestigten Teertonne, führt, die in den Kriegszeiten dort stand, um bei einer etwaigen feindlichen Landung in Brand gesteckt zu werden und als Signal zu dienen, jetzt aber nicht mehr existiert.

Wir kamen durch das genannte, nicht weit von Kloster entfernte Dorf Grieben. Der Weg dahin ist eben und mit einer doppelten Reihe von Weiden eingefaßt. Hier wohnen einige Vollbauern, welche unter dem vorigen Besitzer der Insel alle Tage der Woche mit Wagen, Pferden und zwei Knechten zu Hofe dienten, von der gegenwärtigen Herrschaft aber auf Pacht gesetzt sind. Ihre Häuser und Wirtschaftsgebäude, obgleich nicht vorzüglich, waren doch immer noch stattlich zu nennen gegen die, welche ich nachmittags darauf erblickte.

Von Grieben aus begann die Bergwanderung. Die Berge sind weder steil noch spitz zulaufend, sondern schwingen sich, von Süden gegen Norden steigend, wellen- oder glockenförmig gegen die Meeresufer hinan. Der Boden ist sandig, steril, und man geht über eine Narbe von kurzem, halb versengtem Gras hin.

Nach einer halben Stunde standen wir auf dem Gipfel des nicht fern vom Ufer gelegenen Baakenberges und genossen von diesem erhabenen Standpunkt eine weite, reiche Umsicht. Zu unseren Füßen das Inselland mit der Erdzunge Ollen-Bessin [Altbessin], die den Bauern in Grieben zur Viehweide dient und wie ein schmaler, grüner Bandstreif über das Binnenwasser ausgespannt zu sein schien, dahinter ein scheinbar ebenso schmaler, falber, das Meer in gleicher Richtung teilender Erdstrich, der Bug; weiterhin gegen Osten und Süden die Halbinseln Wittow und Jasmund, noch südlicher Rügen mit seinen Krümmungen, Buchten, Bergen, Wäldern, Fluren, Kirchtürmen und Dörfern – und nun auf der Nordwestseite das weite, schäumende Meer – welch ein ausgedehnter Gesichtskreis! – Unstet glitt das Auge fort auf der hochwallenden Wassermasse und fand endlich am Abschnitt des Horizonts einen Ruhepunkt, die dänische Insel Möen, welche sieben Meilen von hier entlegen ist und doch bei der großen Klarheit der Luft so nahe schien, daß ich die Vertiefungen ihrer Kreideufer wahrnehmen konnte. Ebenso soll man auch nach Versicherung des Herrn von Bonstetten (im zweiten Band seiner vermischten Schriften) die Insel Rügen und besonders den Kirchturm von Bergen auf Möen sehr deutlich sehen können.

Vom Bakenberg wandten wir uns dem Ufer zu. Meine Begleiter gingen oben an dessen Rand fort, ich aber kletterte hinab, teils um das Gestade von unten zu betrachten, teils um das Schauspiel einer heftigen Brandung in der Nähe zu genießen. Die Ufer sind schroff, kahl, öde und wild, voll Schluchten und Einschnitten. Sie bestehen aus einem Gemisch von Sand und Ton, wo hin und wieder Feuersteinlagen durchblicken, und ihre höchste Höhe mag über hundert Ellen betragen. Unten am Strand liegen stellenweise große Erdhaufen in chaotischer Verwirrung, die von Regengüssen abgespült oder vom Wasser des schmelzenden Schnees heruntergerissen sind. Vorn am Gestade liegt eine starke Vormauer von Steinen, meistens Granitblöcken, welche, durch- und übereinander geworfen, hier den Wellen seit Jahrhunderten Trotz bieten.

Anfangs, als ich sah, wie hochaufgetürmt eine Welle über die andere hinschlug, oder vielmehr, wie die ganze unabsehbare Wogenmasse gleich einem fortrollenden Berg mit donnerähnlichem Krachen gegen die steinerne Verschanzung stürzte und schäumend, spritzend und in tausend Tropfen zerstiebend sich an dem Gestein brach, bemeisterte sich meiner ein gewisses Angstgefühl, ob mich die andringende Flut auch wohl unvermutet wegspülen möchte, doch geschah mir weiter nichts, als daß ich von dem weit umher spritzenden Wasser stark benetzt ward.

Diese Donnerstimme, diese immerwährende Wiederkehr des gegen die Küste zerschellenden Wellenschlages, dieser unend-

Auf Hiddensee

lich oft und fruchtlos erneuerte Angriff auf dieselbe, dies ist es, was man Brandung nennt. Es scheint, als ob das Meer da seine letzte Kraft zusammenrafft, wo es den größten und sichersten Widerstand findet, und das Flutengetümmel ist am Ufer gewöhnlich weit heftiger noch als auf der See selbst, wo die Welle freieren Spielraum hat, sich fortzustrecken und in weiteren Schwingungen zu zerlaufen. Zugleich gewährt dieser Kampf einer ungeheuren Masse mit sich selber, dies ewige Ebben und Fluten, dies unaufhörliche Ringen nach Ruhe und Gleichgewicht

eine der lebendigsten Darstellungen des höchsten Lebens der unorganischen Natur, gegen deren ewige Gesetze, welche hier die Wut der Elemente zügeln, die Seele mit Erstaunen und Bewunderung erfüllt wird. Hier, in Deiner Gesellschaft, die Odyssee zur Hand, mit welchen Empfindungen würden wir hier jene Stelle gelesen haben, die der griechische Sänger mit so unübertrefflicher Natur schildert, ich meine, wie der schiffbrüchige Odysseus sich schwimmend an die Insel Scheria rettet! – Ich wanderte in der Wellensprenge den nördlichen Inselstrand entlang, bis ich an eine Stelle gelangte, wo eine unbedeutende Quelle durch den Lehm sickernd das Ufer hinabrinnt. Dort schwang ich mich wieder hinan und gesellte mich zu meinen Gefährten.

Nachmittags ließen wir uns an die von Kloster rechts gelegene flache Inselküste hinrudern, worauf die Dörfer Vitte, Plogshagen usw. liegen. Auf einer Weide vor Vitte war eine kleine Menschenversammlung, weil hier eine Partie Leinsamen, welche die Weiber des Dorfes am Strand aufgefischt hatten, veräußert werden sollte. Die Weiber hatten beredte Zungen, einige schalten, andere heulten, daß nicht genug geboten ward. Die Männer schwiegen, aber auch von deren Habsucht war ich Augenzeuge. Eine Quantität des verkauften Leinsamens sollte nämlich in eine Schute gebracht werden, die des flachen Wassers wegen nicht nahe ans Land kommen konnte. Der Besitzer derselben akkordierte daher mit einem hiddenseeischen Fischer, daß dieser in seinem Boot den Samen für einen gewissen Preis nach dem Fahrzeug bringen sollte. Der Insulaner kratzte sich hinter den Ohren und wußte nicht, was er dafür fordern sollte. Endlich, nachdem er sich lange und heimlich mit einem seiner Brüder besprochen

Bauernhaus auf Hiddensee

Rauchhaus auf Hiddensee

hatte, verlangte er für den Transport auf einer Strecke von höchstens 50 Schritten einen Gulden hiesigen Geldes mit dem Zusatz, es wären schwere Zeiten und sei wenig zu verdienen – wodurch er den Preis, über welchen heftige Debatten entstanden, deren Ende ich aber nicht abwartete, zu rechtfertigen suchte.

Die meisten Häuser des Dorfes Vitte, des größten und volkreichsten der Insel, sind elend gebaut, und eine Sennhütte kann kaum einen armseligeren Anblick geben als einige dieser rohen architektonischen Stümpereien. Dennoch haben die krüppelhaften Gestalten dieser Hütten mit ihren Bekleidungen von Seegras, ihrem Gemäuer von Torf oder Feldsteinen und ihren kleinen Gucklöchern, die zuweilen aus geborgenen Schiffsfenstern bestehen, zum Teil etwas Pittoreskes, wovon Du Dich einigermaßen durch die beiliegende Zeichnung überzeugen kannst, die eine vor dem Dorf isoliert liegende Menschenwohnung darstellt.

Von hier ging es nach dem dahinter gelegenen Dorf Neuendorf, welches aus dem eingegangenen vormaligen Dorf Glambeck entstanden ist, und hier war die Bauart der Katen mitunter doch etwas besser. Das letzte auf der südwestlichen Spitze der Insel liegende Dorf Plogshagen noch zu besuchen hatte für mich nichts Einladendes, sondern ich wanderte mit meinem Begleiter an dem hier äußerst flachen Außenstrand nach Kloster zurück und fand unterwegs außer zwei kleinen Bernsteinkörnern in dem Seegras eine naturhistorische Merkwürdigkeit, eine Meernadel (Syngnathus acus), die ich für Dich in einem Glas aufbewahrt habe. Noch ein anderes Geschöpf, das gewiß noch mehr zu den Seltenheiten dieser Insel gehört, habe ich für Dich gefangen. Am Abend, der sehr still und heiter war, schwirrte um die Köpfe der Gesellschaft ein großes Insekt, das ich mit dem Hut niederschlug. Es war der große Hirschkäfer (Lucanus cervus Linn.), den aber weiter niemand kannte. Dieser Waldbewohner mußte sich durch Zufall hierher verirrt haben, da außer einem Fichtenkamp, der zwei Morgen Land deckt, und den geringen Überbleibseln eines ehemaligen Eichenwaldes gar kein Gehölz auf der Insel vorhanden ist.

Am folgenden Vormittag ging es zuerst nach der Kirche, welche einem mittelmäßigen Haus gleicht und das Anschauen ihres schmutzigen Innern schlecht belohnt. Hier kehrte ich ein, da ich aber den Prediger, an den man mich von Gingst, wo er vormals Diakonus gewesen war, empfohlen hatte, nicht zu Hause traf, wandte ich mich noch einmal dem großen Strand zu, um das Schiffswrack zum letztenmal zu beschauen und Abschied vom Meer zu nehmen. – Wie hatte sich seit gestern die Szene verändert! – Das Element ruhte aus vom Kampf, das Brausen der Sturzwellen war verhallt, verschwunden der Milchschaum des Wellensprudels, der gärende Wasserschwall hatte sich beinahe zur Spiegelglätte geebnet, und ein großes Schiff schwamm nicht gar weit vom Ufer langsam auf der blauen Fläche hin. Es hatte wegen fast gänzlicher Windstille alle Segel beigesetzt und löste, ich weiß nicht, in welcher Absicht, eine Kanone, deren Knall gleich dem Widerhall eines Donners sich an den Uferwällen hinwälzte, indes der Rauch, der zuerst in mächtigen Wirbeln das Schiff umkreiste, sich allmählich ausdehnte und wie ein grauer Nebelschleier eine lange Zeit unbeweglich auf dem Gewässer ruhte. Hierauf klomm ich das Ufer hinan und setzte mich auf eine Anhöhe, von der man einen guten Überblick über einen Teil des Landes hat.

Die Insel *Hiddensee*, von fremden Schiffern *Dornbusch* genannt, liegt an der nordwestlichen Küste Rügens, das sie wie eine hohe Vormauer gegen den Andrang der Ostsee zu beschützen scheint, und dehnt sich von Norden nach Süden in einer Länge von ungefähr drittehalb Meilen aus. Ihre Breite ist sehr ungleich, die größte beträgt beinahe eine halbe Meile, die geringste vom Binnenwasser bis zum großen Strand mag kaum 300 Schritte messen.

Die Natur hat das Eiland in zwei Hälften geteilt, in die bergige nördliche und die flache südliche. Der erste oder ursprüngliche Teil ragt mit seinen noch in ziemlicher Ferne sichtbaren Bergen, welche sich von Nordwest gegen die Morgenseite des Landes herabsenken, ansehnlich über die Meeresfläche empor, und dieses Hochland hat meistens einen mageren, sandigen Boden, nur bei dem Hof und dem Dorf Grieben findet sich gutes Ackerland. Den anderen Teil, das platte Land, dessen Länge eindreiviertel Meilen beträgt, hat unstreitig die See angesetzt, denn der Grund ist Seesand, mit kurzem Rasen überdeckt, und der Boden so flach, daß er vom Meer zuweilen überschwemmt wird. Auch findet man hier nur wenig und sehr schlechtes Ackerland, aber desto bessere Wiesen. Besonders enthalten die Niederungen bei Kloster nach der Vitte zu eine kräftige Salzweide, welche auch auf dem Göllen [Gellen] von ziemlicher Güte sein soll. Dieser Göllen, welcher vor alters Yelland hieß, ist nämlich das südlichste Ende des Landes, und auf der äußersten Ecke desselben soll vormals eine Kirche, desgleichen ein Leuchtturm gestanden haben, daher die Landspitze noch jetzt die Luchte genannt wird. Von beiden Gebäuden sind aber alle Spuren verschwunden.

In der Gegend zwischen Vitte und Neuendorf befindet sich ein ergiebiger Torfstich, der von der ganzen Insel, welcher es an Brennholz völlig mangelt, benutzt wird. Es ist aber nur Rasen- oder Sodentorf, welcher unerträglich stinkt und wovon alle Dorfwohnungen durchräuchert sind. Arme Leute brennen außerdem noch wohl getrockneten Kuhmist, der so wenig imstande ist, den Torfgeruch zu mildern, daß, wie man im Sprichwort sagt, der Teufel hier durch Beelzebub ausgetrieben wird. Gleichwohl ist diese Naturgabe des Torfes für die Bewohner von der höchsten Wichtigkeit. Sie ist nicht nur ihr Hauptmaterial zur Feuerung, sondern dient ihnen auch statt der Backsteine und Mauerspeise.

Der Hof Kloster hat eine ganz artige Lage nahe am Binnenstrand und ist neu und fest gebaut. Ein viereckiger, mit Kirschbäumen eingefaßter Rasenplatz liegt vor dem Wohnhaus und diesem gegenüber ein sogenanntes Logierhaus für Gäste. Seinen Namen führt dieses Gut von dem ehemaligen Feldkloster, welches hier von dem Rügenfürsten Wizlaw III. am Ende des 13. Jahrhunderts angelegt ward, zu welcher Stiftung ihn der Abt des Zisterzienserklosters zu Neuenkamp (Franzburg in Pommern) bewogen, auch zuerst Mönche seines Ordens dahin gesandt haben soll. Das Kloster war dem heiligen Nikolaus, dem Schutzpatron der Seefahrer, gewidmet und hieß in dem Stiftungsbrief »Abbatia Scti Nicolai«. Der Abt desselben stand, so wie ganz Rügen, unter dem Bischof von Roskilde. Eine bedeutende Rolle muß es in den 240 Jahren seiner Existenz wohl nicht gespielt haben, da in der Landesgeschichte nur sein Ende erwähnt wird. Im Jahre 1536 ward es nämlich säkularisiert, zu großem Verdruß der Mönche, welche, wie aus der alten Kirchenmatrikel erhellt, die zahlreichen silbernen Kirchengeräte ungern ausliefern wollten. Seit der Reformation verfiel das Gebäude, im Dreißigjährigen Krieg ward es fast ganz zerstört, und jetzt ist nur noch eine schwache Ruine davon übrig, nämlich eine dicke, von Süden nach Norden längs dem herrschaftlichen Garten hinlaufende, an einigen Stellen bogenförmig ausgeschweifte Mauer mit einem großen, einem Tor ähnlichen Eingang in der Mitte, und dieses Gemäuer war vermutlich eine der äußeren Umgebungen des Klosters.

Beinahe hätte ich vergessen, Dir von der Bevölkerung sowie von den Verhältnissen und dem Charakter der Eingeborenen etwas zu melden. Die Zahl der Einwohner beläuft sich auf mehr denn 800, worunter die der Mannspersonen die überlegenere ist, da in anderen Gegenden oft das Verhältnis umgekehrt ist. Von diesen steht die größere Hälfte unter der Leibeigenschaft, und diejenigen, denen ihre Torfkaten eigentümlich gehören, bezahlen der Herrschaft jährlich ein gewisses Grundgeld.

In den Dörfern Plogshagen und Neuendorf wohnen lauter Freie, unter denen einige für das dortige Feld und die auf dem Göllen zu benutzende Weide, desgleichen für die Erlaubnis, Bernstein am Strand zu suchen, der Herrschaft eine festgesetzte jährliche Pacht entrichten und im Frühling gewisse Pfunde Lachs liefern müssen, derselben aber weiter keine Frondienste leisten.

In dem Dorf Vitte wohnen meistens Kossäten und Einlieger. Die Kätner dienen, wenn es verlangt wird, drei Tage in der Woche zu Fuß, indessen werden nicht alle gebraucht, sondern gewöhnlich verrichten nur sechs bis acht den Hofdienst, die übrigen erlegen jährlich etwas Gewisses an Geld. Doch müssen diese dienstfreien Leute in der Heu- und Getreideernte zwölf Tage, wo ich nicht irre, zu Hofe dienen und außerdem noch einige andere kleine Handdienste, wie das Unkraut im Flachsland auszureuten und dergleichen, verrichten. Überdem müssen alle Kätner in Vitte, auf Verlangen und wenn sie die Reihe trifft, bei eigener Beköstigung das herrschaftliche Getreide in der Hofjacht nach Stralsund bringen, daneben auch mit ihren eigenen Booten gewisse Reisen für den Hof machen, von dem ihnen alsdann für das Boot 24 Schilling, sonst aber weiter nichts zugestanden wird. Der Einlieger endlich, die unterste Klasse der Leibeigenen, dient zwei Tage in der Woche zu Hofe oder zahlt für die Fron jährlich 4 Reichstaler. Auch sind die Einlieger verpflichtet, 7 Pfund Flachs oder 14 Pfund Hede für die Herrschaft zu spinnen, können aber diese Arbeit mit 28 Schilling abkaufen. Einige Häuser hat jedoch schon ein altes Herkommen von dieser Obliegenheit befreit. – Die auf dem Fährinselchen wohnenden Fährleute endlich bezahlen gleichfalls der Herrschaft etwas Gewisses an barem Geld, sind aber von allen Diensten frei.

Fast alle Einwohner sind groß, etwas gelb von Angesicht, blauäugig, blondhaarig, schlank von Wuchs, aber träge in ihrem Gang und ihren Verrichtungen, und man will sie der Faulheit und des Eigennutzes beschuldigen. Die Kleidung der Männer besteht in einer Matrosenjacke, gewöhnlich von eigengemachtem, gestreiftem Zeug, welches Warp und Ziegöth genannt und auch überall auf Rügen vom geringen Mann getragen wird, und weiten leinenen Schifferhosen. Im Sommer gehen sie meistens barfuß oder tragen plumpe Pantoffeln mit hölzernen Sohlen. Da der Ackerbau ihnen wenig einträgt, treiben sie den Fischfang als ihr vorzügliches Gewerbe, und auch diese mühselige Beschäftigung bringt ihnen selten Reichtum. Einige hat indes die Schiffahrt wohlhabend gemacht. Die meisten aber derer, die zur See gehen (für die Erlaubnis dazu müssen die untertänigen Burschen jährlich 4 Reichstaler bezahlen), bleiben nur ein Jahr aus und leben den Winter über in den Dörfern lustig, bis der im Sommer erworbene Lohn vertan ist, worauf sie sich aufs neue als Matrosen vermieten, doch sollen sie von ihren Schiffskameraden wegen ihrer Sprache und mancher Eigenheiten sehr verspottet werden. Ihre Sprache hat auch wirklich etwas Widerliches, sie ist ein gedehntes singendes, ich möchte sagen, beinahe weinerliches Plattdeutsch, mit vielen Schiffer- und Fischerausdrücken vermischt, das aus dem Mund der Männer noch schleppender klingt als der Weiber, die überhaupt redseliger zu sein scheinen.

Das Trinklied, welches Herr Zöllner auf Seite 348 anführt, ist schwerlich echt hiddenseeischen Ursprungs, auch habe ich es in meinen Knabenjahren in Pommern als Volkslied singen hören, wo es vollständig so lautet:

Einer. Hans Naber, ick hebb et ju togebröcht,
    Sett gi man den Duhmen un Finger torecht.
    Hei, kuk enmal drin!
    Hei, kuk enmal drin!
    Noch Öle, noch Öle, veel Öl noch darin!
    Bist'n Super, sup ut, du Lumpenhund,
    Bist'n Super, sup ut bett up den Grund!
Der andere. Hei, kuk he mal drin!
    Hei, kuk he mal drin!
    Nicks Öle, nicks Öle, nicks Öl meer darin.

Ein auffallendes, wenngleich bekanntes Phänomen ist es, daß alle Insulaner eine besondere Anhänglichkeit an ihr Heimatland haben. Bei den Hiddenseern zeigt sich aber diese Vorliebe für ihr süßes Ländchen in einem so hohen Grad, daß sie es nirgendwo aushalten können, sondern immer wieder nach ihrer, wie sie wähnen, von Gott hochbegnadigten Insel zurückkehren, und man hat Beispiele, daß alte Seeleute nach vielen Jahren sich wieder einfanden, um in die väterliche räucherige Torfhütte einzukriechen.

Doch genug von diesem Fischervolk. Den Rest des Vormittags verweilte ich am Binnenstrand, der an einer Stelle links vom Hof ein hohes, oben mit Dorngebüsch und wilden Birnbäumen bekleidetes Ufer hat. Unten am Wasser fand ich, indem ich Seeflammen (Medusa cruciata) zu haschen suchte, den Fucus vesiculosus in außerordentlicher Menge, und einige dieser Seepflanzen waren an den Steinen so fest gewachsen, daß ich sie davon abzureißen nicht vermochte. Auch der Giftsalat (Lactuca virosa) wächst häufig an diesem Ufer, das weiter gegen Osten auch wilden Spargel hervorbringt.

Gleich nach Mittag fuhr ich von Hiddensee ab, und zwar in einem sogenannten Zeesenkahn, welcher eben nach Wittow zurück wollte. Ein solches Fischerfahrzeug hat die Länge einer Jacht und bedient sich der Segel. In seiner Mitte ist ein Wasserbehälter für die gefangenen Fische, das Raumloch genannt. Die Planken des Kahns sind daher an beiden Seiten durchlöchert, damit das Meerwasser immer durchströmen kann. Seinen Namen führt es von der Zeese, einem zwischen zwei Stangen ausgebreiteten Netz, das am Hinterteil befestigt ist und ehemals wegen seiner beutelförmigen Gestalt der Mönchssack hieß. Weil teils ein matter Segelwind wehte, teils der Zeesener in einem langweiligen Zickzack durch das Schar oder die häufigen seichten Stellen, die in diesem Meerbusen die Schiffahrt beschwerlich machen, sich durchwinden mußte, vergingen drei Stunden, bis er vor Wieck [Wiek] landete.

Sogleich ging ich zu dem dortigen Propst, Herrn S[chwarz], der mich seiner Familie vorstellte, welche, von einer Gesellschaft von Freunden umgeben, sich im Garten befand, wo man gerade mit Teetrinken in einer niedlichen Laube an einem kleinen Teich beschäftigt war. Unter andern machte ich auch die Bekanntschaft des Dichters H[agemeiste]r, eines höchst genialischen Mannes, den Du aus seinen dramatischen und historischen Schriften schon kennst. Er war eine Zeitlang Lehrer in dem Haus des Propstes und ist jetzt Konrektor in Anklam. Ein Freund der Unterhaltung, teilt er sich gern mit, und ebenso gern hört man ihm zu, da er der deutschen Sprache außerordentlich mächtig ist und nicht nur durch diese Wohlredenheit, sondern auch durch die Fülle und Kühnheit seiner Gedanken und durch die Neuheit seiner Ansichten ein anhaltendes Interesse über den Gegenstand des Gesprächs zu verbreiten weiß, so daß man fast sagen möchte, er rede noch besser, als er schreibt.

In dem Pfarrhaus richteten einige Gemälde von Matthieu und seinem Freund Hackert meine Aufmerksamkeit auf sich. Besonders anziehend aber war für mich eine Sammlung aller Kupferwerke, welche die Gebrüder Hackert gestochen und radiert haben. Sie sind alle landschaftlichen Inhalts, und das größte darunter stellt eine mit äußerstem Fleiß gearbeitete Ansicht Roms dar. Noch ein anderes Werk des älteren Hackert, ein großes transparentes Mondscheingemälde (eine bekanntlich ganz eigentümliche Erfindung dieses Künstlers), das über der Tür eines Saals angebracht ist, wurde am Abend zur Belustigung der Augen und des Gemüts erleuchtet. So groß indessen auch die Täuschung im allgemeinen ist, so wird sie doch, wie mich dünkt, durch das Lampenlicht gestört, das mit einem zu roten Schein die sonst sehr schöne italienische Gegend anstrahlt. Diese Gemälde sowie die gedachte Kupfersammlung sind Geschenke, welche Hackert, der sich noch mit Vergnügen seines Aufenthalts auf Rügen erinnern soll, aus Dankbarkeit der Gattin des Propstes, einer nahen Verwandten jenes Regierungsrats von O[lthof], welcher, wie ich Dir erzählt, den ersten Künstlerfunken weckte, aus Neapel zugesandt hat.

Das Kirchdorf Wieck, vor alters Medou [Medow], liegt auf der Westküste von Wittow, fast eine Meile von der Hauptfähre, an einer durch den Bug gebildeten Inwiek (daher wohl sein Name) und ist das größte Dorf auf der Halbinsel, wo nicht des ganzen Rügenlandes, denn es enthält 120 Feuerstellen und 580 Einwohner. Diese bestehen aus Ackersleuten, Schutenfahrern und Fischern, doch findet man auch die gewöhnlichsten Handwerker unter ihnen. Die meisten sind Untertanen teils des Domaniums, teils einiger benachbarter Edelleute, auch stehen einige Bauern unter der Kirche. Diese ist nur klein, ohne Turm und ihr Inneres unmerkwürdig. Sie ist dem heiligen Georg gewidmet. Zu der Präpositur gehört ein ansehnliches Ackerwerk.

Am folgenden Morgen verließ ich Wieck und wanderte nach dem eine halbe Stunde von da gelegenen Lankensburg, einem Rittersitz des Herrn v[on der] L[ancken], wo ich bei meinem biederen A[rndt], gegenwärtigem Pensionär dieses Guts, im Arme der Freundschaft zwei sehr angenehme Tage verlebt habe. Gleich am Nachmittag besah ich in seiner Gesellschaft ein zwischen den Höfen Nunevitz [Nonnevitz] und Schwarbe in einer Heide befindliches, von Steinen aufgeführtes Hünengrab. Dann ging es nach der berühmten Arkona.

Bis zu dem Dorf Putgard [Putgarten], dem letzten auf dem Norderende des Landes, fuhren wir auf einer gestreckten Ebene durch die üppigsten Getreidefluren. Kaum aber hatten wir das Dorf hinter uns, so fing das Land an, sich zu heben, die Kornfelder verschwanden allgemach, und die grünen Wallhügel des Vorgebirges stiegen nebst einem Teil seines kreidigen Uferrandes im Hintergrund empor. Nach einer Viertelstunde, die meine Ungeduld mir sehr lang machte, hielt der Wagen auf einer Weide vor dem Eingang des Burgrings. Schnell schwang ich mich die Höhe hinan und lehnte mich gegen die hier stehende Feuerbake, um auf der höchsten Spitze dieses deutschen Nordkaps auszuruhen. Aber wie war da an Ruhe zu denken, wo alle Gegenstände umher das Auge zum Genuß aufforderten? Vor allem groß zeigte sich hier das baltische Meer, das die Farbe des grauen Himmels angenommen hatte und die Hälfte des Gesichtskreises gegen Norden umspannte, seitwärts zur Rechten Jasmunds überwaldete Uferhöhen, links das Hiddenseer Hochland und in der Ferne die Insel Möen, die mir jedoch kleiner und entlegener erschien als auf dem Baakenberg; dann die Ansicht landeinwärts über Wittow nach Rügen hin – welch ein weiter Schauplatz!

Bei ruhigerer Betrachtung konnte ich mir jedoch nicht bergen, daß der Prospekt von dem Hiddenseer Berggipfel eine noch größere Mannigfaltigkeit enthalte. Ich stieg mit meinem Freund hinab, um die beiden Uferseiten zu beschauen. Die östliche, von den Fluten des Tromper Meerbusens bespült, ist die interessanteste. Hier siehst Du eine aus einer schiefen Abdachung des Vorufers emporstarrende nackte Wand von unreiner, mit Lehm und Erde vermischter Kreide, welche mit ihren unzähligen Spalten, Borsten und Feuersteinschichten in einer Höhe von etwa hundert Ellen senkrecht bis zu einer mäßigen Vertiefung hinläuft, wo ein kleiner, aus reinerer Kreide bestehender Flözrücken sich vorschiebt, bis weiterhin der Wall (so nennen hier die Fischer und Schiffer ein grünes, hohes Ufer) mit einer Erdlage überdeckt

Arkona

wird und die Vegetation wieder beginnt. Der flache Vorderstrand ist mit grobem Seesand, Kieseln und Steinen besät, deren einige von beträchtlicher Größe sind. Aus diesem Steinlager drängt sich der Seekohl (Crambe maritima), die Mannestreu (Eryngium maritimum) und das Salzkraut (Salsola kali L.) hervor.

Die linke oder nordwestliche Seite gewährt einen unlieblichen Anblick. Da zeigt sich weder Baum noch Strauch, sondern alles liegt nackt, in grauenvoller Öde. Das aus Sand und Ton bestehende Ufer bleibt, wenngleich schräg ablaufend, noch immer sehr hoch, ist aber überall zerrissen, voll tiefer Einschnitte und Regenbetten, die herabstürzende Wassergüsse in dem Lehm ausgehöhlt haben, und unten liegen große, vom Ufer hinabgerollte Massen, wie Trümmer einer kleinen Welt! Diese Seite ist es, von der Du im zweiten Band der Kosegartenschen Gedichte (große Ausgabe von 1798) auf der Titelvignette eine Darstellung findest. Ich sende Dir hier statt aller weiteren Beschreibung eine nach der Natur gezeichnete Ansicht der entgegengesetzten Morgenseite, so wie ich Dich in Rücksicht des Historischen, d. h. dessen, was von der ehemaligen vermeinten Seestadt Arkona, dem dortigen Tempel mit dem Götzenbild des Swantevit und seiner Zerstörung verlautet, auf Zöllner und Nernst verweise, die die aus den ältesten Historikern entlehnten Materialien dieser Geschichte gut zusammengestellt und ausführlich vorgetragen haben. Bloß das laß mich Dir nur noch melden, daß Arkona gewöhnlich Uhrtkona, auch Ollkona und Akona von dem gemeinen Mann auf Wittow genannt wird, bei dem sich zugleich noch die Sage erhält, daß oben auf der Pläne rings um den Wall, wo man jetzt nur kahle Weide erblickt, sich vor Jahrhunderten ein stolzer Buchenwald bis an des Ufers Rand ausgebreitet habe.

Gegen Abend verließen wir das meerbeherrschende Arkona mit einem lauten Abschied, der an den Wänden dieses erhabenen Doms der Natur widertönte, und fuhren von Putgard längs dem östlichen hohen Ufer an den Seedörfern Gören [Goor] und Nobbin vorbei, nahmen das in der Nähe des letzteren liegende Denkmal – ein langes, mit großen Steinen umsetztes Viereck, das Kosegarten und Zöllner genau beschrieben haben – flüchtig in Augenschein, und dann ging es in raschem Trab über Presenzke [Presenske] durch Altenkirchen nach Lankensburg, wo ich Dir dieses schreibe.

Dritter Brief

Lanckensburg – Altenkirchen – Juliusruh – Vieregge – Hochhilgor – Patzig
Bergen

Bergen, den 10. August

Mein letzter Brief mag seiner Korpulenz wegen vielleicht noch nicht bei Dir, bester Freund, angelangt sein. Demungeachtet fühle ich mich durch die Reminiszenz des Gesehenen und Geschehenen, das mich in frischen, lieblichen Bildern noch umflattert, schon zur Fertigung eines neuen hingezogen, dessen Inhalt sich unmittelbar an jenen schließen und Dich von dem Verfolg meiner wittowschen Begebenheiten nebst meiner Rückreise hierher benachrichtigen soll.

Am nächsten Morgen machte ich eine Promenade nach Altenkirchen, das nur einige hundert Schritte von Lankensburg gelegen ist und wohin eine schnurgerade mit jungen italienischen oder kanadischen Pappeln besetzte Allee führt, um dem Doktor und jetzigen Konsistorialrat Kosegarten einen Besuch zu machen.

Berühmte Männer und besonders Gelehrte haben oft etwas Kaltes und Abstoßendes, so daß der Fremde, der sie von Angesicht kennenlernen will, wegen der ungünstigen Aufnahme, die er bei ihnen fand, sie unbefriedigt und mit getäuschter Erwartung verläßt, wie Du wohl selber weißt. Hier erfuhr ich das Gegenteil. Ein langer Mann von mittleren Jahren, mit blassem Antlitz, schwarzem, feurigem Auge und dunklem, abgeschnittenem Haar hieß mich so gütig, und ich kann wohl sagen, herzlich willkommen, daß mir in seiner Nähe gleich wohl ums Herz ward, und die Humanität seines Betragens sowie seine geistreiche und herzgewinnende Unterhaltung vertilgten auch den kleinsten Rest einer gewissen Furchtsamkeit, die ich von Lankensburg mit hergetragen hatte. – Kosegarten spricht schnell, mit Energie, in gewählten Ausdrücken, und schon sein Äußeres verrät die Genialität seines Geistes, der einen großen Teil seiner Bildung sich selbst verdankt.

Sein Studierzimmer ist der Sitz der Eleganz und Reinlichkeit, und dies ist auch so in der Ordnung, sintemal die Musen und Grazien ja das Schöne nur lieben, obgleich sie sich in den Wohnungen ihrer Befreundeten nicht gar selten Unordnung und Unsauberkeit gefallen lassen müssen. Daß in diesem Museum eine auserlesene Büchersammlung in allen Fächern der Gelehrsamkeit alter und neuerer Nationen den größten Raum einnimmt und täglich benutzt wird, darf ich wohl kaum erwähnen. Als Busenfreund der Musen liebt er auch die übrigen schönen Künste (in seiner Jugend hat er die Flöte geblasen, sie aber wegen seiner schwachen Brust aufgegeben), und in dem Wohnzimmer fand ich Harfe und Klavier, für welches letztere viele seiner Lieder, besonders glücklich von Zumsteg, komponiert sind.

Als ein warmer Verehrer der plastischen Künste besitzt er einen wahren Schatz von Zeichnungen und Kupferwerken, mit deren einigen er seine Zimmer dekoriert hat, andere aber, und zwar die größeren und selteneren Blätter, in Mappen aufbewahrt. Unter den Kupfern nimmt eine vollständige Sammlung von Raffaels sogenannten Logen und Stanzen den ersten Platz ein. Hieran schließen sich andere treffliche Werke der Kunst von Deutschen und Ausländern, z. B. die vorzüglichsten Blätter der Chalkographischen Gesellschaft in Dessau, die besten Landschaften von Hackert, das große, so berühmt gewordene Abendmahl von Morghen, manche Porträts von Lips, Bause und anderen, viele Sachen von englischen Künstlern, unter denen der bekannte Ugolino und der Schiffbruch des Halsewell mich am meisten fesselten, ein paar Blätter von Piranesi, Herkules und die Gruppe von Amor und Psyche vorstellend, an denen der Stich besonders dadurch imponiert, daß Form und Umriß, Licht und Schatten bloß durch horizontale Parallelstriche ausgedrückt sind, und dergleichen mehr. Dazu gesellt sich eine niedliche Sammlung kleiner Kupferstiche und Vignetten aus deutschen belletristischen Werken. Unter den Zeichnungen haben drei oder vier mit ebenso viel Geist als Fleiß ausgeführte Ansichten von Arkona und Stubbenkammer – Werke eines jungen Künstlers aus Greifswald namens Friedrich – einen entschiedenen Vorrang. Eine hübsche, doch mehr seinen Kindern zum Gebrauch bestimmte Camera clara und obscura rechne ich noch zu diesen Kunstwerken.

So lebt er täglich im Anschauen und Genuß des Geistig-Schönen, Großen und Edeln, und daß diese Kalokagathie auf das Gemüt, auf die ganze Denk- und Handlungsweise dieses schon von der Natur mit vieler Geisteskraft und einer reichen Phantasie

Die Wohnung des Dichters Kosegarten

ausgerüsteten Mannes einen mächtigen Einfluß haben müsse, ist nicht zu verkennen. Dennoch besitzt er die für das Dichtergenie gewiß sehr schwere Kunst, sich herabzulassen. Obgleich ein geborener Mecklenburger, hegt er doch eine entschiedene Vorliebe für Rügen, das er sehr genau kennt und nun seit länger als zwölf Jahren bewohnt. Er empfahl meiner Aufmerksamkeit vornehmlich einige Gegenden von Mönchgut und der Putbusser Herrschaft.

Übrigens ist er ein fleißiger, arbeitsamer Gelehrter, ein liebreicher Vater, ein uneigennütziger Freund, ein rechtschaffener Seelsorger seiner Gemeinde und ein in hohem Grade wohltätiger Mann. Mit Recht besitzt er daher seine Pfründe, die für die einträglichste im ganzen Land gehalten wird.

Dies sind ungefähr die Hauptzüge von dem Bild des Mannes, der, wie ich höre, eine Zeitlang auf Rügen wie im Pommerland so sehr getadelt und verkleinert worden ist. Doch haben nicht beinahe alle Männer von Ruhm und Verdienst dies Schicksal, das der göttliche Rousseau den Fluch der Zelebrität nennt?

Von den von ihm vorhandenen Porträts ist das vor dem ersten Band seines »Britischen Odeums« befindliche seinem Gesicht am ähnlichsten, so wie auch seiner Wohnung das Bild ziemlich zusagt, das Du im zweiten Band seiner Gedichte findest. – Dieses Pfarrhaus liegt zwischen zwei artigen Gärten, welche rings von hohen Eschen, Haselgesträuch und Holunderstauden eingeschlossen und ohne Zweifel die schattenreichsten Plätze auf dem

holzarmen Wittow sind. Die Fruchtbäume und übrigen Pflanzungen des Gartens standen in kraftvollem Wuchs, dem Zweifler
zum Gegenbeweis, daß auf der Halbinsel die Baumzucht wohl
Gedeihen habe, wenn ihr nur Schutz gegen Winde verschafft
werden kann. Im Hintergrund des Gartens, dem dunkelsten und
schattigsten Teil desselben, zeichnet sich ein durch eine Staketeneinfassung abgesonderter Platz aus, welcher zwei von Kosegartens verstorbenen Kindern zur Grabstätte dient. Der mit einem Kreuz verzierte Eingang hat die Überschrift »Memoriae aeviternae sacrum!« –

Altenkirchen ist ein wohlgebautes Dorf von etwa 50 Häusern,
die meistens mit Stroh gedeckt sind, und 250 Einwohnern. Es
wird auch wohl ein Marktflecken genannt, da hier jährlich einmal ein kleiner Jahrmarkt gehalten wird. Ob es seinen Namen
von der alten Kirche habe, die hier nach Zerstörung des Swante-
wittempels zuerst von dem dänischen Bischof Absalon aufgeführt sein soll, wage ich nicht zu entscheiden. Diese Kirche, welche auf einer geringen Anhöhe liegt, ist nur klein und hat, gleich
der Wiecker, nur einen hölzernen Glockenturm. Ihr Inneres enthält keine Merkwürdigkeiten außer einer niedlichen, im Ton
aber etwas schwachen Orgel, welche der Konsistorialrat Kosegarten vor wenigen Jahren von Herrn Rellstab in Berlin gekauft
und durch den Orgelbauer Kindt hat reparieren oder eigentlich
nur zusammensetzen und etwas erweitern lassen.

Doch muß ich noch das auf einer Steinplatte ausgehauene vermeintliche Götzenbild erwähnen, das man in einem Vorplatz
oder Windfang an der Südseite der Kirche zur Linken der Mauer
eingefügt findet. Es ist ein elendes Steinmetzfabrikat, vermutlich
aus neueren Zeiten. Wenigstens mußte man, um es zu einem
Swantewitbild zu autorisieren, das tun, was hier geschehen ist,
denn unter der Karikatur, welche einen Mann mit einem kurzge-
schoßten Rock vorstellt, der in der rechten Hand ein Horn hält,
stehen die Worte »Sct. Vitus« mit schwarzer Farbe gemalt.

Bei der Pfarre ist ein Diakonat, das von dem Pfarrherrn besetzt
wird. Dieser ist zugleich Lehns- und Gerichtsherr über den größten Teil der Einwohner des Dorfes, der kleinere steht unter der
Jurisdiktion des Amtes. Sehr bedeutend und von vorzüglicher
Güte ist das Ackerwerk der Pfarre. Ein Teil desselben wird von
einem Pachtbauer oder sogenannten Priester-Colonus bewirtschaftet, der auf dem Predigerhof wohnt.

Der Boden um Altenkirchen ist flach und einförmig die Gegend, in der Du vergebens ein grünendes Gebüsch suchst, man müßte denn den Kapellenbrink, ein auf der Südseite des Ortes befindliches, mit etlichen wilden Birnbäumen und Dorngesträuch bewachsenes Plätzchen so nennen wollen. Überhaupt ist ganz Wittow ein vollkommenes Brachfeld, das zwar im Sommer durch das mannigfaltige Grün, den Reichtum und mutvollen Wuchs seiner wogenden Saaten das Auge des Naturfreundes und noch mehr des Ökonomen belustigen kann, im Herbst und im beginnenden Lenz mit seinen umgepflügten oder brachliegenden Äckern aber einen kahlen, unerfreulichen Anblick geben muß, und selbst der beständige, immer wieder erneute Anblick von nichts als in der Reife stehenden Getreidefeldern hat nach meinem Bedünken – wenn man nicht näher dabei interessiert ist – auf die Länge etwas Einförmiges und das Auge Ermüdendes.

Am Sonntagmorgen besah ich eine hübsche, ganz neue Anlage, die seitwärts von Altenkirchen am Anfang der Schmalen Heide von Herrn v[on der] L[ancken] gemacht ist. Sie entstand aus dem vormaligen Dorf Drewoldeke [Drewoldke] (kurz »Drewolk« gesprochen) und führt den Namen Juliusruhe [Juliusruh] nach ihrem Schöpfer, der hier wohnt. Ein geschmackvolles Wohnhaus und vor demselben mehrere symmetrisch aufgeführte Wirtschaftsgebäude, die einen durch sie zum regelmäßigen Sechseck gebildeten Platz einschließen, machen einen gefälligen Eindruck. Der Garten hinter dem Haus, ein längliches Viereck, enthält eine gute Anordnung des einzelnen, doch läßt sich von der Zeit noch etwas Besseres hoffen, da das Ganze nur erst im Werden ist. In der Mitte liegt die Hauptpartie, ein durch Kunst aufgeführter Berg, worauf ein Tempel sich erhebt. Etliche auffallende allegorische Anlagen wußte ich nicht zu deuten. Am meisten wunderte es mich, daß die Linden der Alleen so frisch und gesund dastanden, da sie doch die heftigsten Frühlings- und Herbststürme auszustehen haben, indem der in des Meeres Nähe liegende Garten ganz frei und ohne einigen Schutz ist. Indessen liegt eine Hauptursache ihrer Lebenskraft auch wohl in dem trefflichen Boden.

Nachmittags ward eine Fahrt nach dem Fischerdorf Vitt gemacht, welches von Altenkirchen eine dreiviertel Meile und von Arkona eine Viertelstunde entfernt ist. Wir nahmen den Weg durch das Land und gelangten endlich an den Rand einer

Strandpredigt auf Rügen

Schlucht, welche in sanfter Abdachung perspektivisch bis an den Strand ausläuft, wo ein Teil des Tromper Meerbusens und der jasmundischen Ufer durchblickt. In der Mündung dieser Vertiefung ruhen in stiller Verborgenheit etliche Fischerhütten, dem Auge des Spähers entzogen durch die zu beiden Seiten sich hinanziehenden grünen Höhen, die gegen das Ungestüm der Winde das Dörflein schützen.

Vor demselben liegt ein schmales, abhängiges, begrastes Tal, und dies ist der Platz, wo einem alten Herkommen zufolge das Wort des Herrn in den auf Wittow und Rügen bekannten Uferpredigten verkündigt wird. Bei schlechtem Wetter versammelt sich aber die Gemeinde in einer Scheune. Der Predigten sind überhaupt acht, welche während der ganzen Ernte abwechselnd vom Konsistorialrat Kosegarten und dessen Diakonus, und zwar immer am Sonntagnachmittag, gehalten werden. Nach geendigtem Gottesdienst wird der Prediger mit einem Mahl bewirtet, das hauptsächlich aus Fischen mancherlei Art besteht, die auf verschiedene Weise gesotten und gebraten sind, und diese Beköstigung lassen sich die Familien des Dorfs umgehn. Schade, daß ich nicht einen Sonntag später kam, wo die erste Uferpredigt beginnen sollte, ich hätte Dir dann ein Detail dieser einfachen, prunklosen Gottesverehrung liefern können.

Wir traten an den Tromper Golf. Auch hier ist ein Lager von unzähligen großen und kleinen Steinen, mit Haffsand (grobem Seesand) vermischt. Soeben begann die Flut anzuschwellen, mit jeder Minute ward das Meer lebendiger und die Brandung lauter, indem die letzten Wogen eine Menge abgerundeter Kiesel gegen den Strand aufschleuderten und wieder mit sich zurückrissen. Ein erhabenes Seitenperspektiv bildete hier zur Linken das vorspringende grüne Ufer mit dem weißen Kap von Arkona, welches ruhig auf des Meeres Wallungen hinabblickte. So steht ein Held mit silberweißem Haar und frischem Jünglingsmut fest auf dem Kampfplatz und spricht der Gefahr Hohn, die ihn ringsum bedroht!

Nachdem wir eine Weile den geschäftigen Fischern zugesehen hatten, die, von einem Zuge zurückgekommen, ihre Boote auf den Strand zogen, die Netze zum Trocknen ausbreiteten und ihre Fische aussonderten, unter denen sich eine große Makrele befand, die sie dem Konsistorialrat oder, wie sie sagten, ihrem Doktor bestimmten, wanderten wir den Strand entlang, um noch einmal von Arkonas Scheitel das fischwimmelnde Meer zu begrüßen, und fuhren dann den Weg auf dem östlichen Ufer zurück. Zum zweitenmal, und jetzt ein wenig genauer, betrachteten wir

Uferkirche in Vitt

das Hünengrab bei Nobbin und verweilten dann noch eine Zeitlang an der großen Liete. Das Ufer nämlich, das hier teils nackt, aus Lehm und Sand gemischt, teils mit einer Narbe von kurzem Gras bedeckt ist, worauf allenthalben die Schwalbenwurz (Asclepias vincetoxicum) in unzählbarer Menge steht, bildet an mehreren Stellen tiefe Einschnitte, und diese Klüfte werden auf Wittow »Lieten« genannt. Als wir Lankensburg erreichten, war leise schon der Tag in die Umarmung der Dämmerung gesunken.

Mit Anbeginn des folgenden Morgens rüstete ich mich zur Abreise. Zwei Wege nach Rügen lagen vor mir, von denen der eine durch Wieck nach der großen, der andere nach der kleinen Fähre quer durch das Land führt. Ich wählte den letzteren nicht nur als den kürzeren, sondern für mich auch interessanteren, weil er mir einen ganz neuen Teil Rügens zeigte, ward von Freund A[rndt] bis hinter Altenkirchen begleitet und, um nicht die rechte Bahn zu verfehlen, mit einem Geleitsmann versehen. Nach einem herzlichen Abschied setzte ich meinen Weg rasch fort, ließ das Fischerdorf Breege links und die Höfe Lobkevitz und Schmantvitz [Schwantevitz] rechts und kam durch das Dörfchen Steinkoppel, von wo ein Fußsteig über eine etwas sumpfige Weide nach dem Fischerdorf Camin [Kammin] führt, welches an dem Binnenwasser liegt, worüber die Fähre geht.

Doch bevor ich Wittow verlasse, muß ich Dir noch im allgemeinen etwas über dieses Land sagen. Die Halbinsel Wittow, der nördlichste Teil Rügens, ist etwa zweieinhalb Meilen lang, höchstens anderthalb Meilen breit und enthält an fünf Meilen im Umkreis. Sie dehnt sich von Südwest nach Nordost aus und ist ein ziemlich über das Meer erhobenes, aber sonst ganz flaches Land, das nur nach Arkona hin steigt. Ihre Gestalt gleicht einem an zwei Seilen befestigten Kahn oder vielmehr einem auf dem Wasser ruhenden grünen Blatt, das von zwei schwachen Ranken oder Armen gehalten wird. Der eine dieser Arme, eine magere öde Sandsteppe, führt den Namen der Wittower Schmalen Heide und klammert, indem er sich um das Meer krümmt, mit dürrer Hand sich fest an das blühende Jasmund; der andere, nicht minder sandig, doch etwas Grasung enthaltend, taucht seine Spitze gegen Hiddensee in das Meer, an dessen Grund er gefesselt ist, und wird der Bug genannt. Auf seiner Spitze, wo die nach Schweden abgehenden Post- und Paketjachten zuweilen anzulegen pflegen, wohnt ein Posthausinspektor, der aber mit seiner Familie und dem Gesinde nach Hiddensee eingepfarrt ist. Sonst ist dieser durch Schiffbrüche in üblen Ruf gekommene Bug unbewohnt und dient den Wittowern nur zur Viehweide, die solche vormals für neun Schilling auf das Jahr genossen, jetzt aber 24 Schilling dafür bezahlen.

Weiden und Wiesen gibt es auf der Halbinsel überhaupt wenig, daher es auch an Gras und Heu mangelt. Nur hin und wieder am Strand wie auch vor Wieck und um Altenkirchen trifft man einen einzelnen Anger an, wo Rindvieh grast oder ein Pferd im Tüder steht, doch wird seit einigen Jahren auf mehreren Gütern Kleeheu geworben, auch sät man Wicken, die zum grünen Futter dienen. An Waldung gebricht es dem Land ebenfalls. Ceres hat den alten Sylvan mit allen Dryaden und Hamadryaden längst verdrängt, und wenngleich die Pächter in ihren Kontrakten gewöhnlich angewiesen sind, Paten (Setzweiden) und Obstbäume zu pflanzen, so bezahlen sie doch lieber die auf den Unterlassungsfall gesetzte Summe, weil hier beinahe allgemein behauptet wird, daß die schutzlose Lage des Landes, die Rauheit der Luft und die Wut der Orkane jeden Versuch einer Holzpflanzung vereitle. Der Ungrund dieser Behauptung läßt sich indes leicht durch die Erfahrung dartun, wie ich oben bei Altenkirchen und Juliusruhe, wo die Baumpflanzungen recht gut gedeihen, schon angegeben habe; auch existiert fast kein Hof oder Dorf auf Wittow, wo nicht einige Eschen, Weiden und Obstbäume zu finden wären, und sollte der Ungläubige von seiner Meinung, daß auf diesem Land kein Baum fortkomme, nicht zurückgebracht werden, wenn er den Platz bei Lanken [Lancken] erblickt, wo wirklich ein aus Fauleschen, Haseln, Bruchweiden und Dorngebüsch bestehendes Hölzchen befindlich ist?

Aber wer so leicht zu Brennholz gelangen kann wie die Bewohner von Wittow, der wird leicht Gegengründe gegen die Ausführung eines Unternehmens finden, das, ich [ver]berge es nicht, mit Mühe und Schwierigkeiten verknüpft ist. Die Prediger nämlich sowie die Höfe und Dorfschaften genießen hier, zufolge einer alten Einrichtung, das Recht, jährlich gewisse Fuhren Freiholz aus der Jasmunder Stubbenitz [Stubnitz] zu holen. Die adeligen Höfe liefern jährlich dafür ein gewisses Quantum an sogenanntem Waldhafer, welcher zum Unterhalt der Artilleriepferde in Stralsund bestimmt ist, an das Amt nach Bergen, und die Bauern bekommen dort für jedes zu holende Fuder ein Zeichen, das sie mit sechs Schilling einlösen müssen. – Demnächst verlangt auch der Holzbau eine Reihe von Jahren, bis das ihm gewidmete Land den erzielten Vorteil bringt, dahingegen derselbe Boden alljährlich erwirbt, wenn er als Getreidefeld benutzt wird – Ursachen genug für die Gewinnsucht, den Ackerbau dem Forstwesen vorzuziehen.

Daher ist denn auch der erstere das Geschäft des Wittower Landmanns, worauf vorzugsweise seine ganze Tätigkeit gerichtet wird, und, um nicht ungerecht zu sein, der schwere, fette Lehmboden des Landes ist diesem Erwerbszweig auch ganz vor-

Vitt

züglich günstig. Denn wenn Du von der Fruchtbarkeit eines Kornlandes einen recht vorteilhaften, anschaulichen Begriff erlangen willst, mußt Du Wittow sehen. Das Getreide hat hier einen in der Tat stolzen Wuchs, und ich erstaunte nicht minder über die Länge und Dicke der Weizenhalme und die Reichhaltigkeit ihrer Ähren als über die unförmig aufgeschossene Hafersaat, die an manchen Stellen wie ein dichter Rohrplan stand. Fast ebenso war es auch mit den übrigen Getreidearten. Aber der natürlichen Fruchtbarkeit des Landes kommen hier auch zwei Dinge sehr zu Hilfe, nämlich eine gute Düngung und sehr sorgfältige Bearbeitung des Erdreichs und dann die Einwirkung der Seeluft, die dem Boden viele Salzteilchen zuführt.

Man baut alle Arten des Getreides, vorzüglich aber Weizen, und gewinnt im Durchschnitt das achte bis zwölfte Korn. Zum

Scherz habe ich selbst in ganz verschiedenen Gegenden der Halbinsel einen mehrmaligen Versuch gemacht, einzelne Fruchtkörner zu zählen, und beständig in jeder Ähre 40, 50 oder 60 Körner gefunden. Nehme ich von diesen drei Angaben die mittlere Zahl, so muß sich jeder ausgesäte Scheffel fünfzigfach vermehren. Jedoch muß nach meinem Bedünken von diesen 50 Scheffeln ein dreifacher Abzug gemacht werden: 1. ein Viertel der Saat, das entweder unreif war und nicht aufkeimte oder von Vögeln gefressen ward, dies gibt ein Minus von 12 1/2 Scheffel; 2. ein Viertel, das beim Abmähen ausfällt und im Feld liegen bleibt, gibt auch ein Minus von 12 1/2 Scheffel; 3. ein Viertel, das beim Aufladen und Einfahren in die Scheune verlorengeht, gibt ebenfalls ein Minus von 12 1/2 Scheffel. Folglich bleibt das letzte Viertel, d. h. 12 1/2 Scheffel, als reine Ausbeute übrig, oder, wie man sagt, von der Saat wird das zwölfte Korn gedroschen.

In fruchtbaren Jahren ist der Ertrag unfehlbar noch reicher, daher denn über tausend Lasten jährlich versandt werden. Der Transport nach Stralsund geschieht gewöhnlich zu Wasser, wozu in Wieck, Breege, Lanken und Starvitz [Starrvitz] Schuten vorhanden sind, im Winter aber zu Lande. Die Äcker auf Wittow liegen gewöhnlich in sechs, seltener in sieben Schlägen, und nur das Lankensburger Feld ist gegenwärtig in elf Schläge geteilt. Bei der sechsschlägigen Wirtschaft ist die Saatenfolge diese: Im ersten Schlag wird Winterkorn, d. h. Weizen oder Roggen, gesät, im zweiten Gerste, im dritten Erbsen, im vierten wieder Gerste, im fünften Hafer, und der sechste liegt brach. Ein in sieben Schlägen liegendes Ackerwerk wird auf folgende Art bewirtschaftet: Im ersten Schlag sät man Winterkorn, im zweiten Gerste, im dritten Erbsen, im vierten wieder Gerste, im fünften Hafer und Klee darunter, im sechsten Klee, der zu Heu gemacht oder abgeweidet wird, und der siebente liegt brach. Überhaupt wäre hier noch ein Wörtchen von dem Ackerbau des Wittower Landes und der Art seines Betriebs zu reden, wenn ich nicht als Laie in der Landwirtschaft schon genug davon gesagt zu haben glaubte.

Die meisten Besitzungen auf Wittow gehören Adeligen, doch hat das Domanium hier auch einige Güter, und sieben Höfe und Dörfer, die sämtlich verpachtet sind, gehören dem St. Annen- und Brigittenkloster in Stralsund und stehen daher unter dem Stralsunder Kommissariat. Das ganze Land enthält etwa 3000 Einwohner, die in zwei Kaspeln (Kirchspielen) eingepfarrt sind und unter denen sich die Leibeigenen zu den Freien fast wie 100 zu 1 verhalten. Die ersteren sind zu den landesüblichen Frondiensten verpflichtet, doch nehmen die jungen Leute, wenn sie von ihrer Grundherrschaft Erlaubnis erhalten, auch oft Matrosendienste, wozu das Beispiel ihrer Freunde, der Fischfang und die Schutenfahrt und überhaupt die Nähe des Meeres sie häufig reizen, und mancher hat auf diese Weise sein Glück gemacht. Auffallende Eigenheiten habe ich an dem Landvolk nicht bemerkt. Der größere Verkehr untereinander, die Reisen nach den Städten, der Zusammenhang mit Jasmund, freundschaftliche oder verwandtschaftliche Verbindungen auf Rügen, Besuche von Fremden usw. haben dies Völkchen ungleich mehr humanisiert, als ihre Hiddenseer Nachbarn es sind.

Was endlich den Namen *Wittow* betrifft, so herrschen über den Ursprung desselben mehrere Meinungen. Einige leiten die Benennung von St. Vitus ab und behaupten, sie bedeute soviel wie Vitus' Land. In alten Urkunden kommen die Namen Vythuy, Wittowy, Wittowey und Witou vor, auch soll vorzeiten die ganze Halbinsel den Namen Arkona geführt haben. Im 17. Jahrhundert hieß sie in der plattdeutschen Sprache Wittau, welches soviel wie weiße Aue anzeigen und entweder auf die zur Zeit der Reife hell schimmernden Kornfelder oder auf die in der See weiß erscheinenden Landesufer zielen soll. Fremde Schiffer aber nennen das Land noch heutigentags Wittmund, eine Benennung, die nicht übel paßt, wenn man dabei an Arkona denkt.

Die Camminsche Fähre verließ ich um sieben Uhr. Sie ist etwa halb so breit wie die stralsundische Meerenge, stellenweise sehr seicht, weniger im Gange als die große Fähre, und die Anstalten sind auch schlecht, wenigstens ist an Bequemlichkeit nicht zu denken. Ein kleines Boot, das nach Beschaffenheit des Windes bald segelt, bald rudert, wird hier von einem Mann regiert, und daher geht es ein wenig langsam. Die Überfahrt meiner geringen Person dauerte beinahe eine Stunde, doch konnte dies auch wohl eine Folge meines Begehrens sein, indem ich mich nicht da, wo sonst der gewöhnliche Landungsplatz ist, sondern gleich bei dem schräg gegenüberliegenden Dorf Vieregge ansetzen ließ. Der Fährmann ist zugleich der Postbote des Wittower Landes und geht wöchentlich einmal nach Bergen, um Briefe zu bringen und zu holen, doch ist dies, gleich wie seine Fähreinrichtung, nur ein Privatunternehmen.

In Vieregge übergab ich mich und mein Reisebündel einem Wegweiser und wanderte auf Neuenkirchen zu, das sich hinter einer Kette von Hügeln verbirgt. Die Straße führte auf diese Höhen zu und ein Hohlweg durch dieselben. Die höchste Hügelspitze, welche mein dienstbarer Geist Hoch-Hillworth [Hochhilgor] nannte, bestieg ich und ward von einer Aussicht überrascht, welche mit der vom Bakenberg um den Vorzug streitet. Die entlegene Ferne, die dort fast wie ein Luftbild zerfließt, wird hier dem Auge näher gebracht, und der veränderte Standpunkt zeigt Hiddensee, Wittow, Jasmund und Rügen mit seinen Buchten und Wasserwindungen in ganz neuen Gestalten. An Hoch-Hillworths Mittagseite und fast an seinem Fuße breitet sich in der Tiefe das Dorf Neuenkirchen aus, seitwärts gegen Nordost teilt eine Inwiek das Land und bildet eine Halbinsel, worauf der Landsitz Liddow mit seinem Wald sich in dem Wasser spiegelt und den einsam gegenüberliegenden Hof Lebbin begrüßt. Nach Süden und Westen wird der Blick anfänglich ganz verwirrt von dem Reichtum der Mittelgründe, denn hier ist ein Heer von Höfen und Dörfern aneinander gedrängt. Wiewohl die Höhe des Hügels der des Baakenberges nicht gleichkommt, so erscheint sie doch sehr beträchtlich, da sie isoliert in einer Ebene liegt und das Auge durch nichts aufgehalten wird. Sonst gleicht die Gestalt und Beschaffenheit dieser ganzen Hügelkette ziemlich den Hiddenseer Bergen. Sie besteht aus einer sandigen, mit etwas Lehm vermischten Erdart, ist mit kurzem Gras und dürrem Schorfmoos bewachsen und zieht sich wellenförmig nach Osten.

Meinen Einzug in Neuenkirchen hielt ich mit nassen Beinen, denn am Ende der Hügelkette tritt das Binnenwasser in das Land und überschwemmt die Weide nebst dem daneben laufenden Fahrweg. Eine Brücke gibt es nicht, und die für den Fußgänger hingelegte Steinreihe ist ein schlechtes, unsicheres Surrogat derselben. Ich fand sie untergetaucht, denn da der Boden so flach und niedrig liegt, verschaffen die zu beiden Seiten gezogenen Gräben dem Wasser keinen Abfluß. Neuenkirchen ruht am Fuß einer Anhöhe, worauf die kleine, turmlose Kirche einsiedlerisch steht. Es ist ein altes Dorf, dessen in Urkunden unter dem vermutlich wendischen Namen Jamnou [Jamnow] schon gedacht wird, und ziemlich volkreich. Unter anderen wohnen hier viele Schutenfahrer, denn seitwärts gegen Osten grenzt an Neuenkirchen eine Inwiek, die für die Schiffahrt bequem gelegen ist.

Der Weg hinter diesem Dorf ist anfangs ein wenig einförmig, und die kahlen Hügel zur Linken sowie die Getreidefelder zur Rechten bestechen eben nicht das Auge, das sich kurz zuvor an einer schönen Weide gelabt hat. Hinter dem Gut Tribvitz [Tribbevitz] kommt man einmal dem Binnenwasser ganz nahe, und hier wird die Landschaft ordentlich kahl und unfreundlich. Der Boden ist äußerst flach und moorig, das an vielen Stellen vorgedrungene Gewässer hat die Erde weggespült, Vertiefungen und kleine Landzungen gebildet, und man geht über eine schlechte, von Wasserläufen durchschnittene Weide hin. Dann aber schwingt sich der Weg landeinwärts, mit jedem Schritt gewinnt die Natur eine bessere Gestalt, man erblickt vor und neben sich stattliche Rittergüter, und ich gestehe, daß ich auf der Insel noch keinen fruchtbareren und besser angebauten Fleck gefunden habe als den, der zwischen den Höfen Tribvitz, Zirmoissel [Zirmoisel], Helle und Karzitz [Kartzitz] liegt.

Von Helle schlug ich den Weg ein, der nach dem Kirchdorf Rappien [Rappin] führt, um die hinter demselben emporragenden Banzelvitzer Berge zu besteigen, die von einem an ihrem Fuße liegenden Dorf so benannt werden. Von Rappien bis dahin ist es eine halbe Stunde. Unmittelbar bei Groß-Banselvitz [Groß Banzelvitz] hebt sich das Erdreich. Mutig schritt ich, ungeachtet der strengen Hitze, auf dem kurzen Rasen einer schlechten Weide diese Höhe hinan und stand plötzlich an der Grenze eines Ufers. Hier ward ich gewahr, daß ich mich eigentlich auf der Spitze eines Vorgebirges befände, und nie hat mich ein Einfall weniger gereut als der, diesen Abstecher gemacht zu haben. Vor mir dehnte sich amphitheatralisch das hohe Jasmund mit seinen Auen und Wäldern jenseits des Wassers aus, und seitwärts nach Nordwest lief, mit dem Vorgebirge zusammenhängend und gewissermaßen eine Fortsetzung desselben, eine Hügelreihe fort, an deren Ende der Edelhof Tetzitz über dem Gipfel eines Tannenhains hervorragte. Noch reicher war die Ansicht auf das Land gegen Westen, oder sie schien vielmehr unabsehbar, wenigstens konnte die Einbildungskraft sie bis ins Unendliche erweitern, weil die Sonne die Landschaft sehr stark beleuchtete, wodurch das Auge geblendet und in Ansehung der in Nebelduft zerrinnenden Hintergründe getäuscht ward. Nur das nahegelegene Kirchdorf Rappien mit seinen Baumgruppen und seinem wie Silber schimmernden Landsee konnte ich nebst dem linkerhand nicht weit vom Gestade entfernten Hof Meisselbritz [Moisselbritz] in deutlichen Umrissen erkennen.

Das Ufer gibt dem auf Hiddensee an Höhe wenig nach und hat auch gleichen Charakter, d. h. es ist ebenfalls schroff, nackt, sandig, voller Risse, Schluchten und Regenbetten. Ich fand an der Abdachung die Ackerzwiebel (Ornithogalum luteum), die Blätter des Huflattichs (Tussilago farfara) und den Seedorn (Hippophaë rhamnoides) in großer Menge. Auf der Höhe dieser Banselvitzer Sandberge ruhte ich eine Stunde, dann ging es weiter über Rappien, neben dem zierlichen Ritterhof Karzitz hin, wo ich den Weg nach Bergen einlenkte.

Hier zog eine neue Merkwürdigkeit meine Aufmerksamkeit an. Eine Menge konischer oder glockenförmiger Grabhügel schien den Weg nach Patzig zu versperren. Ich kam ihnen näher, sie teilten sich zu beiden Seiten des Weges und ließen mir einen freien Durchzug. Ich zählte ihrer achtzehn, von denen acht zur Linken und zehn zur Rechten im Felde umher zerstreut lagen. Einige sind kahl und nur mit kurzem Rasen und Wacholdergesträuch oder Heidelbeerkraut bedeckt, andere mit Haselgebüsch, Schlehdorn oder kurzem Buchen- und Eichengestrüpp bekleidet, woraus hie und da ein wilder Birnbaum oder eine Eiche hervorragt. Der erste rechter Hand steht da in abenteuerli-

Kirche zu Patzig

Gutshof Patzig

cher Form, die einem Kegel gleicht, indem er an allen Seiten abgegraben ist, und an seinem oberen Rand haben sich Tausende von Uferschwalben angebaut. Der letzte rechts ist fast ganz abgetragen und liegt wie ein Verstümmelter neben seinen Brüdern. Zwei der beträchtlichsten maß ich. Der Umkreis des Fußes des größeren betrug 112, des kleineren aber 106 Schritte, und die senkrechte Höhe des höchsten schätzte ich zu acht bis zehn Ellen. Ich wäre geneigt, diese Hügel für Phantasiestücke zu halten, die die bildungsreiche Hand der allmächtigen Natur in einem Augenblick schöpferischer Laune hierher geworfen hätte, wenn nicht die Erfahrung lehrte, daß dergleichen Erdhaufen keine Naturspiele sind. Sie führen von dem in ihrer Nähe liegenden Dorf Wohrke [Woorke] den allgemeinen Namen der Wohrker Berge, wenigstens habe ich nicht in Erfahrung bringen können, ob es für jeden von ihnen einen speziellen gebe.

Vor mir breitete sich, die Ansicht nach Bergen bedeckend, von Osten gen Norden ein Gürtel kahler Berge aus, woran sich das Dorf Patzig lehnte, dessen hochliegende Kirche mit ihrem stumpfen Turm ich schon in ziemlicher Entfernung erblickt hatte. Das Dorf gehört teils zum Domanium, teils an einen kleinen, nahe dabei liegenden Edelhof, welcher vormals Wosterow hieß. Das Andenken des vormaligen hiesigen Predigers Susemihl, eines sehr rechtschaffenen Mannes, der vor einigen Jahren nach Wien als Superintendent der Lutherischen Gemeine berufen ward, dort aber bald seinen Tod fand, scheint hier noch in lebhaftem Andenken zu sein.

In Patzig nahm ich einen neuen Führer, und da der Weg durch die Heideberge lief, erstieg ich, wie Du schon meine Weise kennst, den höchsten, worauf zwei Hügel, an Gestalt völlig den Wohrkern gleich, ruhen, die ich mir schon von jenen Grabhaufen zum Augenmerk genommen hatte. Ich wählte den höchsten zum Standpunkt und versichere Dir, daß neue, nicht geahnte Umsichten mich hier nicht minder überraschten als vom Hoch-Hillworth und dem Banzelvitzer Ufer. Aufgedeckt und frei erschien hier mit einemmal die bisher verschlossene Gegend um Bergen sowie auch die übrigen Teile.

Doch eine weitere Beschreibung erläßt Du mir wohl, da ich, trunken von aller Herrlichkeit des Gesehenen, nachgerade um Worte verlegen bin, seine mannigfaltigen Verschiedenheiten so darzustellen, daß ich nicht in Monotonie verfalle und durch Wiederholung des Einerlei Dich ermüde. Nur soviel sage ich, der Fremde, der durch diese Gegend reist, versäume nicht, die Patziger Heideberge zu besteigen.

Hinter denselben wird die Gegend einförmig und unhold. Anfangs ist zwar noch der Boden mit magerem Getreide und einem grünen Feldbusch zur Rechten, der Schlumm genannt, bekleidet, bald aber breitet sich eine öde, magere Heide aus, durch die der Weg sich hebt und senkt. Rechts grenzt bis an das Dorf Parchtitz eine sumpfige Ebene, die ein Torfmoor enthält, und einen noch düstern Anblick zeigt die linke, ebenfalls aus Moorgrund bestehende Seite, die durch eine Gruppe brauner, aufgeblähter Heideberge, worauf Ossians Geister zu schweben scheinen, geschlossen wird. Doch liegt zwischen diesen Bergen, ruhmlos und wenig gekannt, eine Antike, die nach meines Führers Erzählung einer näheren Beschauung würdig war.

Wir bogen daher vom Weg ab, waren bald eingeklemmt zwischen den dürren Hügeln und gelangten, mit Stelzenschritten über das hohe Heidekraut hinstolpernd, in ein enges Tal unfern des Dorfes Strussendorf [Strüssendorf], wo heimlich und gleich als von der Welt abgeschieden ein Denkmal der Vorzeit, doch von ganz anderer Beschaffenheit als die Wohrker Grabhügel, sich dem Blick darstellte. Es war ein etwas erhöhter Platz, eingefaßt mit grauen, zum Teil versunkenen Steinen, die zwei bis drei Fuß voneinander standen, bewachsen mit Wacholdergesträuch und hohem Heidekraut. Seine Länge beträgt mehr denn 60 Schritt und vier bis fünf seine Breite. Er läuft von Westen nach

Osten, wo er in schrägem Ablauf sich zuspitzt. Die Gestalt dieses nach der Mitte zu sich wölbenden und an beiden Seiten abgerundeten Erdrückens gleicht einer umgekehrten Mulde, und im Ganzen hat seine Lage eine etwaige Ähnlichkeit mit der des Hünengrabes bei Nobbin auf Wittow. War dies einst ein Begräbnisplatz der Altvorderen des Landes, woran ich jedoch noch zweifle, so konnten ihre Toten in der Tat keine verborgenere und ungestörtere Ruhestätte finden als in dieser Einöde.

Sowenig Einladendes die den Malsteinen gegenüberliegenden Berge auch hatten, so schritt ich doch ihre mit Heide, Flechten und kurzem Gebüsch bekräusten Lehnen hinan und ward abermals von einem frohen Erstaunen ergriffen bei dem unerwarteten Überblick über eine neue wunderschöne Landschaft! Wie traurig stach dagegen der Weg nach Bergen ab, den ich darauf aufsuchte! Die Heide dauerte fort bis zum Nonnensee, welcher sich rechts in einer Niederung ausdehnt und bis an den Fuß des Bergrückens reicht, worauf die Stadt liegt. An seinem Nordende, dem Dorf Parchtitz gegenüber, bemerkte ich eine Erhöhung in Gestalt einer Redoute oder Feldschanze, und wahrscheinlich ist sie auch ein solches Überbleibsel, vielleicht aus dem Dreißigjährigen Krieg, wiewohl man mir versichern wollte, es habe vor alters eine zum Berger Kloster (dessen Eigentum auch der See war) gehörige Kapelle auf diesem Platz gestanden.

Von nun an erschien die Gegend wieder milder durch den Anbau der Felder, lebendiger von einer Herde von Kühen, die teils auf den Ufern des Sees weideten, teils im Wasser standen, um sich abzukühlen, und frischer durch das Grün der Graskammer, eines Hölzchens, das etliche Hügel bedeckt, sich bis an den See hinabzieht und mit dem Raddas, einem anderen bei der Stadt liegenden Gebüsch, zusammenhängt. Durch beide Haine führen Hohlwege, durch welche ich, um mich zu sammeln, langsam schlenderte und dann ermüdet in Bergen anlangte.

Vierter Brief

Bergen – Rugard

Bergen, den *18. August*

Wie ich hier die Zeit ausfülle? Mein Tun und Treiben ist ein immerwährendes Umherschwärmen in der lieblichen Gegend, wenn ich nicht durch gastfreundschaftliche Einladungen davon abgehalten werde oder die in der Stadt gemachten Bekanntschaften durch Besuche erneuere. Vorzüglich interessant ist mir dann das Haus des Leibmedikus Dr. von W[illich], eines ebenso aufgeklärten, erfahrenen und auch in der gelehrten Welt bekannten Arztes wie humanen, gastfreien und dienstfertigen Mannes, welcher zugleich Stadt-Medikus, Provinzial- und Amtsphysikus, Direktor des Lazaretts, Arzt bei der Brunnenanstalt zu Sagard und Assessor des Gesundheitskollegiums zu Greifswald ist. Hierher gehe ich oft und finde immer aufgeweckte und belehrende Unterhaltung. So habe ich bei ihm außer mehreren botanischen und mineralogischen Merkwürdigkeiten eine sonderbare in Weingeist aufbewahrte Mißgeburt gesehen, von welcher er vor mehreren Jahren eine hiesige Frau entbunden hat. Es ist eigentlich ein zusammengewachsenes Zwillingspaar weiblichen Ge-

Blick von Bergen in Richtung Stralsund

schlechts mit zwei Köpfen, drei Armen, von denen der dritte, zwischen beiden Köpfen befindliche zehn Finger hat, und zwei Füßen an einem Rumpf. Das Monströse dieser Frucht zeigt sich am auffallendsten in der Art der Verbindung beider Hälften.

Nachmittags und abends besuche ich gewöhnlich einige Gärten oder lustwandle im Raddas, einem die Stadt im Nordwesten begrenzenden, aus Unterholz und Gesträpp bestehenden hügelreichen Hain, durchirre den Nesselgrund, ein schmal durchrissenes, von sanften Höhen eingeengtes, geheimes Tal, lagere mich im Schatten der Graskammer oder senke mich hinab bis an die Ufer des Nonnensees, welcher gewöhnlich das Ziel meiner Promenade ist. Ein andermal tummle ich mich auf einer anderen Seite herum, verliere mich in der Borchow oder streife bis zur Lawenitzer Quelle, steige dann die öden Heideberge hinan und ruhe aus auf dem Rugard.

Dieser Hochaltar des Landes ist allein schon würdig, daß Reisende auf ihm der Natur ein Opfer bringen, die einen Kreis von Reizen um ihn her geschaffen hat. Er ist wohl der höchste Berg auf dem eigentlichen Rügen, und da er in dessen Mittelpunkt liegt, kann man keinen besseren Stand finden, um nach allen Richtungen hin die eigentümlichen Herrlichkeiten zu übersehen, womit die Insel ausgestattet ist. Man findet sich hier von einer unbeschreiblichen Mannigfaltigkeit von Gegenständen umringt, und der Zusammenhang und die Verbindung derselben, ihr Eingreifen ineinander, ihre Trennungen und Abschnitte durch das Meer, ihre sich perspektivisch verjüngenden Lagen, ihre verblassenden Entfernungen – das alles reizt unaufhörlich das Auge, ohne es zu sättigen.

Der Rugard ruht auf einer Anhöhe, die ihm zum Fuß dient, an der Nordostseite der Stadt, von welcher er nur einige hundert Schritte entfernt ist. Den nächsten Weg dahin durch die Viesch (eine Straße, welche ehemals bloß von Fischern bewohnt worden ist und daher diesen Namen bekommen hat, eigentlich aber Fischerstraße heißen sollte) führt der Fischersteig, allein ich rate jedem Fremden, statt dessen einen anderen Weg vom Raddas aus durch die Norderheide zu nehmen, weil er dann mehr überrascht wird. Auch muß man ihn öfter und zu verschiedenen Tageszeiten besuchen, teils der Beleuchtung wegen, die die einzelnen Massen immer anders färbt und einige heraushebt, andere verschleiert, teils um sich genauer zu orientieren, denn wie vermöchte der Blick, sowie er den ersten Totaleindruck empfängt, diesen bezaubernden Wechsel landschaftlicher Gruppen mit einem Mal zu umspannen und die unsägliche Fülle und Verschiedenheit von Gebilden sogleich dem Gedächtnis treu einzuverleiben?

Fordere hier kein Gemälde von mir, Du würdest, wenn ich auch jede Himmelsgegend mit Worten noch so genau zeichnete, doch ein nicht genügendes Detail erhalten. Ich würde nur in der Zeit, d.h. nach und nach, darstellen können, was im Raum, d.h. mit einem Mal, lebendig angeschaut sein will. Nur soviel sage ich, daß dieser Reichtum von Massen und Gestalten diese unendlich vielfachen Abstufungen des Kolorits, diese bunte Mischung und Verbindung der einzelnen Teile, die das phantasievollste und erfindungsreichste Genie des Malers nicht glückli-

Aussicht vom Rugard nach Jasmund

cher anordnen und zusammenstellen könnte, für mich immer den Reiz der Neuheit behalten haben, so oft ich auch den Rugard besuchte, und wenn ein Künstler es unternehmen wollte, diese Umsicht zu einem Panorama zu benutzen, wozu sie sich aber wegen der übergroßen Menge von kleinen Gegenständen vielleicht nicht gut eignen, wenigstens dem, der treu wiedergeben wollte, viele Schwierigkeiten verursachen möchte, so würde diese Darstellung nach meiner Überzeugung eines der interessantesten unter allen bisherigen Panoramen sein.

In der Tat, die alten Rügenfürsten konnten zu ihrer Residenz auch keinen angemesseneren Platz wählen als die Scheitel dieses Berges, der die Aussicht über das ganze Inselland beherrscht, und die alte Fürstenburg Rugard oder Rügigard (in Urkunden zuweilen Rygharde geschrieben), welche einst hier stand, ist es auch, die dem Berg seinen Namen gegeben hat, welcher jetzt gewöhnlich plattdeutsch Rügord ausgesprochen wird. Der Fürst Jaromar I. war Erbauer dieses Schlosses, von dem Du aber nicht

einmal eine Spur von Ruinen mehr gewahr wirst. Öde und leer, nur mit Getreide bewachsen, ist die Oberfläche des Berges, und über die Stätte, wo einst Waffen klirrten, Hifthörner erschallten und Becher klangen, zieht jetzt der Ackersmann ruhig den Pflug hin. Überdem ist das ehrwürdige Altertum eine Zeitlang sehr entweiht dadurch worden, daß man hier eine Bierbude und Kegelbahn angelegt hatte. Dies Institut ist aber wie ein Pilz, dem es gleich war, glücklicherweise bald verschwunden.

Die Größe der Burg kann nicht unbedeutend gewesen sein, denn der Durchmesser des Burgplatzes beträgt über hundert Schritte, und eine steile Brustwehr, deren Umkreis dreihundert und einige zwanzig Schritte mißt, umgibt sie. Wie alle ähnlichen Werke der Alten ist auch dieser mit kurzem Gras und sparsamen Dornen bewachsene Erdwall, welcher ein an den Ecken abgerundetes Viereck bildet, das nur einen schmalen Eingang, der vielleicht durch eine Zugbrücke geschlossen werden konnte, an der nordwestlichen Seite gegen die Stadt zu offen läßt, hoch, stark und kolossal und zeigt eine große Ähnlichkeit mit dem oben beschriebenen Wikingar bei Venz. Dicht hinter diesem Wall und gewissermaßen mit ihm verbunden ist noch ein anderer, welcher, in Gestalt eines Halbmondes sich von Norden gen Süden krümmend, einen kleinen, etwas niedriger liegenden Platz einschließt, der etwa zu einem Garten oder Hofplatz gedient haben mag. Die Böschung, welche zweimal unterbrochen ist, enthält 250 Schritte und läuft nach Süden sanft ab, wo sie sich zugleich gegen den Hauptwall verengt, und hier mag vielleicht eine zweite Auffahrt oder ein geheimer Ausgang befindlich gewesen sein.

Vor etwa dreißig Jahren hat man ein altes großes eisernes Schloß bei zufälligem Graben auf dem Rugard gefunden, das noch vorhanden ist. Auch erzählte mir ein alter, ehrwürdiger Mann in der Stadt, er habe in seiner Jugend von einem Greis gehört, daß der schwedische Feldherr Wrangel bei Erbauung des Schlosses zu Spieker [Spyker] mehrere Ladungen großer Fundamentsteine auf dem Rugard habe ausheben und zu Wasser nach Jasmund transportieren lassen.

Zuweilen dehne ich meine Streifereien bis hinter den Rugard aus, wo sich mir beständig neue Schönheiten enthüllen. Die Hügelkette läuft nämlich bis an den Strand des Jasmunder Boddens hinab und wird teils von engen Tälern, in denen Vieh weidet, teils von Äckern unterbrochen, und diese bald nackten, bald mit

Buschwerk überzogenen Hügel öffnen mir, indem ich weiter-
gehe, plötzlich neue Durchsichten. Am interessantesten ist die
Seite nach Süden, welche zu untersuchen ich einmal einen ganzen Nachmittag hinbrachte. Die Natur ist hier zugleich wild und
lieblich, die Höhen sind bemoost oder mit Feldgebüsch umkränzt oder kahl und mit Steinen bedeckt. Auf einem dieser Hügel fand ich unvermutet sogar eine sogenannte Steinkiste, welche
aber nur klein und schlecht erhalten war. Das Fundament war
gewichen, und der Deckelstein, der ungefähr drei Ellen Länge
und anderthalb Ellen Höhe enthielt, lag schief darüber.

Daneben entdeckte ich ein anderes Hünengrab, ähnlich dem
in der Heide bei Strussendorf, aber bei weitem kleiner, denn es ist
nur 25 Schritte lang und 10 breit, aber auch mit Steinen umsetzt,
mit Wacholdergesträuch und Hasengeil (Spartium scoparium)
bewachsen, und läuft von Süden nach Norden schmal ab. Nicht
weit davon ruht ein glockenförmiger Grabhügel auf einer Anhöhe, deren Spitze er bildet.

Die Aussicht auf alle diese Hügelgruppen und auf ihre nach-
barlichen Umgüterungen ist nicht minder anziehend als die vom
Rugard. Hat man hier gleich einen niedrigeren Standpunkt und
einen beschränkteren Raum, so kann man dafür auch das, was
dem Auge näher zu liegen scheint, bestimmter erfassen. Auch
bleibt die Landschaft, ungeachtet eines kleinen Verlustes von ihrem Überfluß, noch immer reich, und das bunte Farbenspiel der
Felder im Vordergrund macht gegen den hinter mir emporstrebenden Rugard, dessen braune Rückenfalten sich südwärts in
die tiefsten Gründe hinabziehen, einen lebhaften Abstich.

Ein unangenehmer Wind, der einen Seedak über das Land
jagte, nötigte mich zum Rückweg, und als ich beim Rugard an-
kam und die Stufen hinanstieg, welche zur Zeit der Anwesenheit
des Königs von Schweden auf der Böschung des Walls beim Eingang angelegt worden sind, war das Land schon so übernebelt,
daß ich nur noch schwache Umrisse der dunkelsten Massen erkennen konnte. Die höchste Spitze des Eilandes Pulitz schwebte
wie eine Dunstgestalt abgeschnitten im Luftraum, und auf Jasmund hatte sich eine dichte Wolkenbank gelagert. Die ganze
herrliche Gegend schien in eine graue verworrene Masse zusam-
mengeflossen.

Bergen, den 23. August

Einen äußerst romantischen Erdfleck habe ich besucht, ich meine das nachbarliche Eiland Pulitz, und einen seligen Nachmittag auf demselben verlebt. Einsam und abgeschnitten von dem übrigen Land, im Mittelpunkt schöner Umgrenzungen aus einem klaren Wasserbecken empor steigend und einer grünen, stumpfen Pyramide gleichend, die auf einer Silberfläche ruht, fesselt es den Blick schon von fern. Aber dort in seinem magischen Bezirk, wo das Leben des regsamen Wassers der länglichen Ruhe weicht, wo sanfte Milde mit Wildheit sich gattet und Reiz an Reiz gekettet ist, nimmt es Herz und Sinn unwiderstehbar gefangen. Ein zwiefacher Weg, der eine zu Wasser, der andere (meist) zu Lande, führt von Bergen dahin. Ich versuchte beide, und beide hatten ihre eigenen Vorzüge.

In einem gemischten, von Lust und Leben beseelten Zirkel begann ich die Wanderung. Ein schmaler Pfad, der wie ein weißer Faden neben dem Rugard hinläuft und dann in sanften Herabneigungen sich über Hügel, Äcker und durch Gebüsch fortzieht, brachte uns in einer Stunde an das Gestade, wo schon die bestellten Fahrzeuge unserer warteten. Der Landungsplatz am Ufer, der mit Netzen und anderem Fischergerät dekoriert war, heißt die Fischer-Bootsstelle, so wie jener Pfad der Fischersteig, weil die Berger Fischer, die kraft alter Privilegien in dem Jasmunder Bodden fischen dürfen, ihn fast täglich betreten. Die Gesellschaft ward in zwei Boote verteilt, und in vollem Jubel stießen wir vom Land.

Die Überfahrt war kurz, aber sehr anmutig. Je weiter wir fortglitten auf dem klaren, ruhigen Wasserbecken, desto malerischer wurden seine Einfassungen, desto lauter ward das Jauchzen, und der Gesang zum Ruderschlag feuerte die Fischer zum Wettstreit an, sich zuvorzukommen. Bald erreichten wir das Gestade von Pulitz und ruderten im Schutz und Schatten seiner dunklen Tannen, die sich in der hellen Flut abspiegelten, eine Strecke hin, bis eine bequeme Landungsstelle gefunden war. Nun geriet alles in Bewegung, die Ungeduld treibt jeden, der erste zu sein, der Mutige sprang aus dem Boot und watete ans Land, die Furchtsamen wurden hinangetragen. Man wählt einen freien, schattenreichen Platz im Wald, wo ein großes Feuer angezündet wird, man packt aus, es wird süßes Wasser herbei geholt, und Kaffee und Tee werden bereitet.

Unterdessen verteilte die Gesellschaft sich in einzelne Gruppen. Einige lasen Erdbeeren oder pflückten Blumen, andere suchten dürres Holz zur Unterhaltung der Flamme, andere schnitten Dornstöcke. Hier sahen einige den Fischern zu, die ein gleich nach unserer Ankunft ausgeworfenes kleines Netz ans Land zogen, dort plätscherten andere ins Wasser und suchten sich zu bespritzen, andere tummelten sich unter den Bäumen umher und beeiferten sich, einander zu haschen, dort lagen andere im Schatten, ein Pfeifchen schmauchend und eine ernsthaftere Unterhaltung beginnend.

So wechselten diese Szenen des stillen und flutenden Lebens, bis man sich endlich zum Genuß der mitgenommenen Erfrischungen sammelte. Dann ward das Gerät eingepackt, das Feuer ausgegossen, und man rüstete sich zu einem Marsch nach dem hinteren Teil des Eilandes.

Jetzt ging es fort durch das mäandrische Irrgewinde eines Fußsteiges in der dunklen Bergwaldung, bald über stolze Höhen, bald durch tiefe Täler, bis zur Wohnung des Pächters der Insel, wo mittlerweile die nachbestellten Wagen angekommen waren. Hier erquickten sich die Lechzenden durch einen frischen Trunk, dann eilten wir vorwärts. Ein Tannenwald empfing uns, unter dessen Umwölbungen der Zug schweigend fortwallte, und bald standen wir an der Grenze der Insel. Hoch ragt hier das wilde Ufer empor, seine steile Abdachung ist mit ehrwürdigen Tannen bewachsen und sein Rand mit einer grünen Decke von schwellendem Moos geschmückt, woraus hie und da saftreiche Erdbeeren hervorsprossen. Zu unseren Füßen spielte das Meer heuchlerisch an den grauen Granitklumpen, die in zahlreichen Geschieben den Strand gegen seine Falschheit beschirmen, und kräuselte sich in leichten Silberwellen fort bis zu den hohen Ufern Jasmunds, das hier in seiner ganzen Länge als ein erhabener Hintergrund erscheint.

Noch ein anderes romantisches Vorgebirge, das hohe, mit Gebüsch verzierte gelbe Ufer von Thießow, einer kleinen waldigen, mit der Schmalen Heide verbundenen Halbinsel, springt Pulitz gegenüber aus der blauen Flut hervor, und seitwärts erheben sich die waldige Prora und Granitz.

Wir gingen hinab an den Strand, wo man sich, dieses und jenes beginnend, zerstreute. Einige sammelten Muscheln und bunte oder geglättete Kiesel am Gestade, andere versuchten durch geschicktes Werfen Steine auf der Oberfläche des Wassers tanzen zu lassen, welches man hier im Scherz ein Butterbrot werfen nennt. Bald begann man ein Echo auszuforschen, bald wurden Ameisenhaufen umgerührt, die es in diesem Teil der Insel in großer Menge gibt. Hier erkletterte einer eine Fichte, um welche mutwillige Knaben und Mädchen den dritten jagten, dort entstand ein Scharmützel, indem man sich mit Tannenäpfeln warf. Dieser steht im Anschauen der Gegend verloren, während jener, von hinten leise heranschleichend, ihm den Hut vom Kopf stiehlt und ihn triumphierend an einen hohen Tannenstrauch hängt. Einige der Frauen stimmten ein Lied an, andere reihten Eichenblätter zu einer Girlande kunstvoll aneinander.

Ich verließ endlich das fröhliche Gelag mit einigen anderen, um die Insel in verschiedenen Richtungen zu durchkreuzen. Mühsam klomm ich eine Höhe hinan, bald erreichte ich sie und stand auf dem Gipfel wie zugleich auf dem interessantesten Punkt der Insel. Ist hier gleich der Überblick nicht ganz frei, so enthüllen sich doch zwischen den Bäumen die lieblichsten Durchsichten: dort im Westen das anmutig liegende Stedar in der Nähe eines klaren Landsees mit seinem braunen Hintergrund von Heidebergen und der waldbekränzten Landspitze des Stedarer Hakens, im Norden Jasmund und Thießow in dem Meer sich spiegelnd, gegen Osten die Prora und einzelne Streifen der waldigen Granitz und dort südwärts der Tannenberg bei Putbus – und dies sind nur die Grenzen der Landschaft; herrliche Füllungen enthalten auch die Mittelgründe: lachende Ebenen, düstere Heidehügel, friedliche Dörfer, klare Wasser, lustige Uferumgrünungen! – Tief unter mir öffneten sich heimliche finstere Gründe, bedeckt mit hochgewipfelten, von grauem Flechtenmoos malerisch übersponnenen Tannen, und die ganze Ferne ringsumher glänzte von Abendgold und Rosenschimmer. In jene Täler uns tauchend, gelangten wir ans Ufer, umgingen es, verweilten in einigen seiner Klüfte, erstiegen die Höhen des vorderen Waldes und kamen schweißtriefend bei der Pächterwohnung an, wo alles schon zum Aufbruch geschäftig war.

Das Eiland Pulitz erstreckt sich von Süden gegen Norden in den Jasmunder Bodden in der Länge von einer guten Viertelmeile. Seine Breite ist minder beträchtlich, doch umgeht man es kaum in einer Stunde. An der Morgenseite krümmt sich ein kleiner wie eine Handhabe gestalteter Haken, auf dessen hohem Ende eine Gruppe von Tannen steht, um das Meer. Südlich liegt zwischen der Insel und dem rügenschen Gestade ein kleiner, unbewohnter, mit Buschwerk und hohem Farnkraut bewachsener Werder, der den sonderbaren Namen All-Rügen [Alt-Rügen] führt. An der Westseite, nicht fern vom Wohnhaus, hängt die Insel durch eine Sandbank mit dem übrigen Land zusammen, und das darüber fließende Wasser ist so niedrig, daß man leicht durchfahren kann. Der Pächter hält zwar ein Boot, doch eigentlich nur zum Fischfang. Wildbret hat das Land nicht, außer wenigen Hasen, auch soll es keine Schlangen enthalten.

Man kann die Insel in drei Quartiere teilen, oder vielmehr hat die Natur schon selbst diese Abteilungen gemacht. Das vordere ist hoch, bergig, an der Ostseite von Fichten eingeschlossen und auf den Höhen und gegen Westen herab mit einem Wald von Buchen, Eichen, Haselstauden und anderem Gesträuch bekleidet. Das mittlere ist flach, nur gegen die Mitte zu sanft steigend, und wird zum Getreidebau benutzt, doch schien mir der Boden sandig und das Korn nicht von sonderlicher Güte. Hier liegt schlecht und recht, hart an der Westseite des Strandes, der Pachthof, vor dem sich eine kleine Wiese, auf welcher Salzheu geworben wird, ausbreitet. Er ist die einzige Wohnung auf der Insel, die zu den Königlichen Domänen gehört. Die Höhen und Täler des hinteren Quartiers deckt wieder ein Fichtenwald.

So ist die Beschaffenheit dieses kleinen Insellandes, das ich zu dem Schönsten rechne, was Rügen aufzuweisen hat. Die Abgeschiedenheit seiner Lage, seine das Auge in die Ferne tragenden Berge, seine geheimen Täler, duftenden Wiesen, weit hinschattenden, von Vogelgesang tönenden Wälder, wogenden Saatfelder, seine einsamen Uferhöhen, seine wallenden Gewässer – für die beglückte wie für die trauernde Liebe zu einem köstlichen Asyl geeignet – würden vorzüglich einen Träumer meiner Art zu süßen Schwärmereien und Selbstbeschauungen oder auch zum seligen Müßiggang einladen, und selbst der Unglückliche, der sich aus dem Schiffbruch des Lebens hierher rettete, möchte aus den Trümmern seines untergegangenen Glücks auf dieser zweiten Petersinsel sich noch ein Dasein voll Ruhe und Freiheit schaffen können. Leb wohl, o mildes Uranioneneiland, nie werde ich dein vergessen, süße Phrenesie der Natur!

Daß wir ungern diese Lustgefilde verließen, bewies die allgemeine Stille beim Abzug. Wir fuhren durch die oben beschriebene Furt, bald durch Gehölz, bald über Wiesen, längs dem Ufer hin, und mit Sehnsucht ruhte der Blick auf den zur Linken gegenüberliegenden dunklen Waldhöhen, hinter welche der kleine Werder All-Rügen sich allmählich hervorschob. So kamen wir durch den alten Landsitz Stedar, ergötzten uns an der Klarheit eines daneben liegenden, vom Abendrot gefärbten und mit Gebüsch umkränzten fischreichen Landsees, der Ochse [Ossen] genannt, an welchem sich das Dörflein Sabitz freundlich die Höhen hinanzieht. Dann führte der Weg über Höhen und in Tiefen hinab, die dem Auge diese Ansichten entzogen. In der Dämmerung hielten wir unseren Einzug in das stille Städtchen.

Sechster Brief

Bergen – Ralswiek – Sagard – Saßnitz – Stubbenkammer – Nipmerow
Sagard – Prora – Bergen

Bergen, den 30. August

Es ist vollbracht das genußreiche Tagewerk. Ich habe das pittoreske Jasmund gesehen, die gepriesene Stubbenkammer – anfangs das einzige Ziel meiner Reise – aufs neue begrüßt, und knüpfte jetzt die Vergangenheit an die Gegenwart, um in dem Nachgenuß des Schönen noch einmal mich zu berauschen. Ich bin gerüstet, Dich einzuführen in das reizerfüllte Land, auf, folge mir!

An einem heiteren Nachmittag fuhr ich mit einer kleinen Gesellschaft, die nach Sagard wollte, aus Bergen. Der Weg senkte sich, bald neben einer belaubten Hügelkette, die Borchow genannt, hinstreifend, bald durch beschattendes Gehölz führend. Der Stedarsche Haken mit dem Ossen und einem dunklen Strich des Binnenwassers, worüber die Waldgipfel von Pulitz hervorragten, blieben seitwärts zur Rechten, wo auch am Fuß unbedeutender Hügel ein einsames Dörfchen namens Strüssendorf (eigentlich Strußmannsdorf) lag. Ich erwähne es nur einer Eigenheit wegen, welche vielleicht einzig auf der Insel ist.

In den rügianischen Dörfern gehören sonst die einzelnen Bauernhöfe mit dem Zubehör wie deren Bewohner der Grundherrschaft. Hier ist es nicht so. Die Strüssendorfer Bauern sind zwar dem Baukasten der Berger [Bergener] Kirche untertan, geben derselben auch für den Besitz ihrer Äcker, Wiesen und Gebüsche, die der Kirche eigentümlich gehören, jährlich eine gewisse Geldabgabe, desgleichen verschiedene Rauchhühner, und müssen außerdem dem Präpositus und Diakonus in Bergen nicht nur wöchentlich zweimal Wasser anfahren, sondern noch beiden Predigern jährlich verschiedene große und kleine Fuhren leisten. Allein ihre Wohnungen, Scheunen und Ställe, Vieh und Ackerinstrumente usw. sind ihr Eigentum, daher auch Streit darüber entstanden ist, in welcher Qualität sie ihre Dorfschaft besitzen. Die Felder sind hier sandig und mager und die Anhöhen umher mit Gebüsch überzogen, das meistens der Kirche zusteht und als Sellholz benutzt wird. Einige Gehege dieses Feldgebüsches führen noch ganz wendische Namen: der Forbing, Gessink, die Wyresche, Lüssemike, Schwantelow usw.

Hinter Strüssendorf zeigt die Gegend mehr Abwechslung. Zur Seite erheben sich buschreiche Hügel, liebliche Durchsichten bald enthüllend, bald versteckend, je nachdem der Weg steigt oder sinkt. Endlich verschwindet alle Kultur, sowie man sich dem Strand nähert. Mächtige Hügel, kahl und unfruchtbar, nur mit Heidekraut und Wacholdergestrüpp bedeckt, liegen hier nebeneinander aufgeworfen. Der Weg führte über diese Hügelgruppe, die wie ein großer brauner Vorhang vor einem nicht geahnten Gemälde lag. Denn sowie wir der höchsten Anhöhe näher kamen, schienen die Hügel allgemach zu versinken, und links wand sich aus der Tiefe eine wunderschöne Landschaft hervor, die mit jedem Augenblick an Umfang, Fülle und Leben gewann. Als sie aus ihrem Schleier sich ganz entfaltet hatte, bat ich um einen kleinen Halt, um an dem reizenden Bild, das mir so süße Überraschung gewährt hatte, mein Auge eine Weile zu ergötzen.

Eine schönere Seegegend erinnerte ich mich nicht, hier gesehen, eine harmonischere Anordnung der einzelnen Partien noch nicht gefunden zu haben. Eine mit Booten, Schuten, Holzflößen und Fischergerät bedeckte Bucht, von einer Landspitze begrenzt, auf welcher ein stattliches Dorf und das rote Dach mit

Altes Propsteigebäude in Ralswiek

dem gezackten weißen Giebel eines ehrwürdigen Landsitzes aus der grünen Hülle zahlloser Weiden und Fruchtbäume nur halb hervorragten, bildete einen reichen Vorgrund, welcher westlich von krausem Laubholz und sanft anschwellenden Hügeln eingeschlossen und beschirmt ward. Hinter diesen Anhöhen streckte sich, scharf abgeschnitten, das Banzelvitzer Vorgebirge als Mittelgrund in den weiten Spiegel des Jasmunder Boddens, auf welchem die Schmale Heide wie ein langer Silberfaden schimmerte. Den fernsten Hintergrund endlich schlossen die Ufer von Wittow und die alte germanische Grenzenwächterin Arkona. Aber auch durch die übrigen Sichten wäre dieser Standort schon anziehend gewesen, hätte nicht Ralswieck [Ralswiek] – dies ist der Name des reizenden Landsitzes – den Blick immer aufs neue gefesselt.

Vor uns erhob sich das stolze Jasmund, rechts gestaltete sich das Land, von stattlichen grünen Ufern eingefaßt, zu wellenförmigen Laubhügeln, welche die Näselow genannt werden und zu dem benachbarten Landgut Jarnitz gehören, und hinter diesen ragten an der Morgenseite der Haken von Stedar, die Insel Pulitz und ein entfernter Landstreif übereinander hervor. Wir mußten endlich den Schauplatz verlassen, und das schöne, auch in der älteren Landesgeschichte und durch die Hebung des sogenannten

Bischofskorns merkwürdige Ralswieck entschwand unseren Blicken, sowie wir einen Hohlweg hinabfuhren. Vom Fuße der Hügel bis zum Strand läuft eine schmale Weide hin, über welche der Weg, der von Bergen bis zur Fähre eine gute halbe Meile beträgt, führt, und bald gelangten wir an den Fährhaken, eine Landspitze, die aus einer allmählichen Zusammenhäufung von Sand und Steinen entstanden ist, wo wir das Fährboot erwarteten.

Da der Jasmunder Charon aber lange zögert, will ich, gleich als wenn Du auf dem Kieselgewölbe bei mir säßest, Dir unterdessen noch ein weniges von Ralswieck und dem vorhin erwähnten Bischofskorn erzählen. Außer mehreren Begünstigungen, die diesem Rittersitz schon durch seine Lage am Wasser zuteil geworden sind, hat es auch den Genuß des Bischofsroggens, einer Abgabe, wozu fast die ganze Insel beitragen muß.

Hiermit hat es folgende Bewandtnis: Als der König Waldemar von Dänemark 1168 Rügen erobert hatte, ließ er durch den Bischof Absalon das Christentum hier ausbreiten, und in der Folge ward die Insel in geistlichen Sachen dem Sprengel des dänischen Bischofs zu Roskilde untergeben. Der Klerus jener Zeiten pflegte sich selbst nicht leicht zu vergessen, und so gelangte auch der Bischof zum Besitz des Hofes und Dorfes Ralswieck und mehrerer anderer Güter und Dorfschaften auf Rügen und Wittow, die ihm unter dem Namen rügianischer Tafelgüter zugesichert wurden. Nicht zufrieden damit, wußte er sich auch von allen Pfarren und Landesbesitzungen eine gewissen jährlichen Kanon an Getreide zu verschaffen, und dieser Tribut, welcher damals überhaupt in jedem Jahr 3360 Scheffel Roggen betrug, ward das Bischofskorn genannt, und der Bischof mußte dafür dem Landesherrn jährlich ein gelbes Roß verehren. Um das Getreide sicher einzusammeln, hielt er auf dem Bischofshof zu Ralswieck einen Landschreiber, der zugleich die Jurisdiktion administrierte, und einen Landpropst oder Vikarius, welcher Messe las, denn es hat zu Ralswieck eine Kapelle gestanden, von welcher in dem jetzigen Garten vor mehreren Jahren noch Überreste vorhanden gewesen sind.

Es scheint, daß der Vikarius zur Einhebung des Bischofszehnten zuweilen in Person herumgereist sei. Wenigstens trägt man sich mit der Legende, er habe auf einer solchen Reise einmal in dem vormaligen Dorf Brehn [Breen] bei Gingst ein Wagenrad zerbrochen und die Peitsche verloren. Da nun die Dorfbewohner beides sogleich wieder herbeigeschafft, wären sie von diesem Getreideschoß zwar befreit worden, hätten dafür aber jährlich ein neues Wagenrad nebst einer Peitsche an den Ralswiecker Hof liefern müssen.

Ich habe die Abgabe vorhin einen Zehnten genannt. Du mußt dabei aber nicht an den auf Rügen üblichen Schmalzzehnten und das Priesterkorn denken, die eine wirkliche Dezimation sind. Hier war die Quantität nicht so genau bestimmt, jeder gab nach seinem Vermögen, und das Quantum ward nach einem zuvor getroffenen Vergleich oder anderen uns unbekannt gewordenen Umständen festgesetzt. So soll unter anderen jeder Bewohner von Garz, welcher Acker besaß, eine mit Roggen angefüllte Ofenkachel gegeben haben.

In der Folge ward das Geschlecht der Herren von Barnekow von den dänischen Regenten mit den Ralswiecker Gütern belehnt und blieb nach Beilegung einiger zwischen Dänemark und den pommerschen Herzögen darüber entstandenen Mißhelligkeiten im Besitz derselben, bis diese Güter in einem schwedisch-dänischen Krieg 1657 als feindlich von Schweden eingezogen und dem damaligen berühmten Feldherrn Carl Gustav Wrangel zu Erbe und Lehn gegeben wurden. Dieser, welcher auf dem von ihm erbauten Schloß Spiecker wohnte, verband nun mit dem alten bisherigen Propsteigebäude ein neues Wohnhaus, welches ungefähr in demselben Geschmack aufgeführt ward wie das Schloß zu Spiecker auf Jasmund, denn auch hier offenbart sich in den dicken, massiven Mauern, dem gezackten Giebel und den hohen Zimmern der Geist des Kriegers, der weniger auf Schönheit und Zierlichkeit als auf Dauer und Festigkeit Rücksicht nahm. An dem Haus erblickt man die Jahreszahl 1666, wo der Bau desselben unternommen ward.

Die Barnekowsche Familie suchte darauf bei dem schwedischen Hof um eine Wiedereinsetzung in die Ralswiecker Güter an, erlangte sie auch endlich und ist seit dieser Zeit im ruhigen Besitz und Genuß derselben.

Der oben gedachte Kanon von den Pfarrern fiel nach der Reformation an die Akademie zu Greifswald und wird noch jährlich von 13 rügianischen Pastoraten in barem Geld an dieselbe geliefert. Allein das Bischofskorn muß noch jetzt fast von allen Höfen und Dörfern Rügens wie auch von den meisten Äckern der Berger und Garzer Feldmarken prästiert und von einigen auf den Ralswiecker Hof gebracht werden. Der gemeine Mann nennt dies kurz »den Bischop geben«. Nur wenige Güter sind frei davon, z. B. der königliche Hof auf Mönchgut, die Insel Hiddensee, einige kleinere Höfe, deren ehemaligen verarmten Besitzern die Abgabe erlassen ist, und verschiedene Dorfschaften der Herrschaft Putbus, die einer der vorigen Grafen von dieser Getreideschoß-Pflichtigkeit losgekauft hat. Die Summe der jährlichen Einnahme beträgt ungefähr 27 Last Roggen (die Last zu 96 Scheffeln gerechnet), denn eine andere Getreideart darf nicht geliefert werden. Von diesem Quantum muß aber Ralswieck jährlich an den jedesmaligen Landvogt anderthalb Last und an den Generalsuperintendenten von Pommern und Rügen 4 Last (nebst 50 Reichstaler an barem Geld) abgeben. Übrigens ist der Ralswiecker Hof, welcher in Bergen eingepfarrt ist, als ein vormaliges geistliches Besitztum von dem gewöhnlichen Priesterzehnten befreit, nach der bekannten Regel »Clericus Clericum non decimat«.

Endlich muß ich Dir auch noch sagen, daß in dem alten Ralswiecker Propsteigebäude, welches in Urkunden die »Curia principalis« genannt wird, noch ein Zimmer, das der Roskilder Vikarius bewohnt haben soll, und in demselben ein alter kupferner Scheffel vorhanden ist, der das Maß des gewöhnlichen Landesscheffels übertrifft und worin der Landpropst das gelieferte Getreide nachmaß, um sich in guten Werken zu üben.

Endlich erschien der Fährmann, um uns und unser Gepäck hinüber zu rudern, indes der Wagen hinterdrein fuhr, denn der Bodden ist hier weder tief noch breit, und in einer Viertelstunde war alles vollbracht. Die Jasmunder oder eigentlich die Litzower [Lietzower] Fähre liegt auf einem flachen Vorplatz unter dem Schutz hoher Gestade und gehört nebst den übrigen Wohnungen verschiedener Fischer, die sich hier angesiedelt haben, zur Herrschaft Spiecker. Der erste Eingang in das Jasmunder Land ist von dieser Seite nichts weniger als angenehm, denn man sieht sich anfangs von nackten Sandbergen umgeben, die vom Ufer an zu beiden Seiten aufgeschüttet liegen. Bald aber verliert sich diese Einförmigkeit, der Weg führt durch eine mit Getreide bedeckte Ebene, und umher erblickt man Gewässer, Anhöhen, Mühlen, ländliche Wohnungen und im Hintergrund Sagard. Diesen Flecken, welcher eine starke halbe Meile von der Fähre

Lietzow

entfernt ist, erreichten wir gegen Abend. Kaum hörten meine Begleiter, daß in dem dortigen Lindenhaus eine Gesellschaft zu einem Ball versammelt sei, so schmückten sie sich, um daran teil-
zunehmen. Ich aber entsagte diesem Vergnügen, um mich zu der
Wanderung des folgenden Tages zu schonen. Nur spät am
Abend besuchte ich noch einen Hügel, der, sich einsam vor Sagard erhebend, mir im Vorbeifahren schon eine merkwürdige
Erscheinung gewesen war. Er liegt ein paar tausend Schritte südlich von dem Ort mitten im Feld und ist wie die oben beschriebenen Wohrker Grabhügel von konischer Gestalt, mit niedrigem

Gebüsch wild bewachsen und mit einem Wort ein sogenanntes Hünengrab. Er führt den Namen Dobber- und Dubberworth und ist einer der höchsten Grabhügel Rügens. Ich maß seinen Umkreis, welcher 170 Schritte betrug, und seine Höhe schätzte ich auf 16 Ellen.

Das Jasmunder Landvolk erzählt von der Entstehung des Dubberworth folgendes Märchen: Es habe vor undenklichen Zeiten eine ungeheure Riesin auf Jasmund gewohnt, der das Land unterworfen gewesen sei. Diese hätte sich dem Fürsten von Rügen zur Gemahlin angetragen, welcher aber für die große Ehre gedankt habe, worauf sie beschlossen, ihn durch Gewalt der Waffen dazu zu zwingen. Um aber schnell und sicher mit einem

Heer nach Rügen hinüberzukommen, sei sie auf den Einfall geraten, den Jasmunder Bodden mit Sand zu verschütten. Allein schon mit der ersten Ladung sei sie so unglücklich gewesen, daß sie den ganzen Ausfüllungsplan aufgegeben habe. Denn schon bei Sagard sei in der Schürze oder dem Sack, den sie getragen, ein Loch entstanden, woraus ein mächtiger Sandstrom sich ergossen und den Dubberworth gebildet habe. – Kaum hätte sie die Bürde bis zur Litzower Fähre geschleppt, so sei die ganze Schürze zerrissen, und der Sand habe sich zu jenen Bergen aufgetürmt, die ich vorhin berührte. – Die Sage ist eine Ausgeburt der Phantasie, wundersam, mit Unmöglichkeiten spielend, und ganz so, wie man sie von einem rohen Volk erwartet, aber eben dadurch scheint sich ihr Alter zu bewähren – und jetzt genug von solchen altvettelischen Fabeln, wie Paulus oder vielmehr Luther sagt.

Der folgende Tag war der Stubnitz und Stubbenkammer gewidmet. Am Abend zuvor hatte ich mit einigen Fremden Abrede genommen, die Fahrt nach dem Vorgebirge zu Wasser zu machen – unstreitig die interessanteste Art, diese Gegend zu bereisen –, und so wanderten wir am frühen Morgen aus Sagard auf Sassenitz [Saßnitz] zu, nahmen aber einen Abweg, um ein Hünengrab zu besichtigen, das, wie man uns gesagt hatte, in dieser Gegend liegen und das größte auf Jasmund sein sollte. Der Weg führte über den Mühlenberg und einige andere Anhöhen durch die Dörfer Schlone [Schloon] und Krahn [Mukran], und ein nebliger Morgentau, der alle Umsicht vereitelte, lag über den Fluren.

Hinter dem letztgenannten Dorf kündigte sich das Hünengrab schon in einiger Entfernung durch mächtige Steine an. Es liegt in einer einsamen Ebene zur Rechten des Weges an der Grenze eines Waldes, erstreckt sich nicht ganz genau von Osten nach Westen und hat im allgemeinen viel Ähnlichkeit mit dem oben beschriebenen in der Strüssendorfer Heide. Zwar ist es nicht so lang wie jenes, denn es beträgt nur 36 Schritte, aber die schwarzgrauen Steine, mit denen es umsetzt ist, sind bei weitem größer, und unter allen am imposantesten ist der Eckstein am Westende des Grabes, der auf der hohen Kante, wie man hier sagt, aufgerichtet ist und dessen Länge mehr als vier Ellen beträgt. Auch eine beträchtlichere Breite hat es, denn von diesem Eckstein bis zu dem gegenüberliegenden zählte ich 12 Schritte. Sonst ist das Grab gegen die Mitte auch muldenförmig erhöht und mit Wacholder dicht überwachsen. Die Steineinfassung hat sich an der Südseite am besten erhalten. Ein kleiner, krauser, glockenförmiger Grabhügel ragt etwa 200 Schritte davon noch näher am Wald hervor.

Der Weg führte durch diese Waldung, welche sich rechts bis an das hohe Ufer der Ostsee erstreckt und zu dem benachbarten Gut Lanken [Lancken] gehört. Sie führt den Namen Dwohrside [Dwasieden] (die Querseite) und enthält weit stattlichere Buchen und Eichen, als ich nachher in der Stubnitz gewahrte. Auch durch seine erfrischenden Schatten ergötzte uns dieser Wald, und eine Stelle in demselben hatte so viel poetisch Reizendes, daß ich das Andenken an sie ewig feiern werde. Zur Seite des Weges ergoß sich in dunkler Tiefe ein von dem Gewebe der Buchenäste überschatteter Murmelbach über glatte Kiesel und bildete, zwischen überliegenden Baumstämmen sich durchdrängend, einen Wasserfall nach dem andern, bis er mit starkem Geräusch zum Strand hinabstürzte. Er führt den Namen des Tribber Baches. Ob aber die Najade, die ihn aus ihrer Urne gießt, auch in diesem Hain wohnt, weiß ich nicht. An seinem Rand liegen verschiedene Steine. Unter anderen bewunderten wir einen von ungeheurer Größe, der die Form eines Backofens hatte und mit frischem Moos überzogen war. Seine Höhe mochte wohl sechs bis acht Ellen betragen.

Wir kamen durch das Dorf Krampaz [Krampas], welches nicht weit vom Strand entlegen ist und zum Domanium gehört. Der Nebel war den Pfeilen der Sonne gewichen, die auch uns schier zu Boden zu strecken drohten. Die Luft aber behielt eine so starke Duftigkeit, daß die Landschaft davon einen grauen Ton annahm. Gleichwohl umspannte der Blick hier einen ungeheuren Raum, indem man zur Rechten den ganzen Prorer Meerbusen, um welchen sich die Schmale Heide wie ein weißes Strophium legt, bis an den Granitzer Ort übersieht. Zur Linken kräust sich die Stubnitzer Bergwaldung, wovon hier ein Teil der Lenzbusch heißt, und aus den grünen Gipfeln dampfte ein blauer Rauch von den Kohlen empor, die von den Dorfbewohnern gebrannt und im Lande abgesetzt werden. Auch verkaufen die Krampazer Bauern Fadenholz aus dem Buchenwald, den sie mit gepachtet haben.

Links vom Weg abbiegend, näherten wir uns der Waldung und sahen bald durch das Grün der Bäume eine Menschenwoh-

Kreidebruch auf Jasmund

nung schimmern. Es war die Sassenitzer Kalkbrennerei. Sie ist
königlich und liegt zur Linken hart an einem Gebirge, wo die
Kreide in einer Höhe von 6o bis 8o Ellen zutage liegt, und dieser
von der Sonne stark beleuchtete Streif stach gegen das Blätter-
grün so lebhaft ab, daß es das Auge kaum ertragen konnte. Von
dieser Masse nimmt der Brenner seine Materialien, und überhaupt besteht das Fundament des ganzen Gebirgslagers aus
Kreide, die zuweilen in Lehm übergeht. Der Kalkofen ist dicht
neben dem Haus befindlich, und zweimal im Jahre wird gebrannt. Gegenwärtig war der Meister beschäftigt, Lehmsteine zu
streichen.

Die der Kalkbrennerei gegenüberliegende Nordseite zieht sich
steil hinan und ist dicht mit Buchen bewachsen. Eigentlich befindet man sich hier in einer Kluft, die weit in die Stubnitz ein-
schneidet. Der tiefste Grund zwischen beiden Berglehnen dient
dem Steinbach zum Bett, der aus der Waldung von Westen her

herabstürzt und unter Haseln und Erlengebüsch fortrauschend nach Sassenitz eilt, wo er, nachdem seine letzte Kraft die dortige Kornmühle in Bewegung gesetzt hat, in den Strand ausfließt.

Das Dorf Sassenitz ist nur einige hundert Schritte von der Kalkbrennerei entfernt und liegt gegen Osten am Meer, oder eigentlich zieht es sich hinein in die obengedachte große Liete. Die Hütten liegen romantisch an beiden Seiten des Baches unter Baumschirmen. Der Strand ist mit mächtigen Steinen eingefaßt, und rechts in der Ferne ragen die hohen Ufer des Mönchguter Peerdes [Perds] aus dem Meer hervor. Die Bewohner des Dorfes sind größtenteils Fischer, und 16 von ihnen halten gemeinschaftlich vier Boote, auf jedes Boot vier Mann gerechnet. Sie fangen hauptsächlich Lachs, Dorsch und Heringe, die sie auch wohl einsalzen und auf Jasmund oder nach Rügen verkaufen. Der Lachs wird bisweilen auf großen Angeln gefangen, die sie in der See auswerfen.

Wir gingen zum Schulzen des Dorfes und trugen ihm unseren Wunsch vor, ein Boot zu erhalten, das uns nach Stubbenkammer bringen könnte. Der Mann war gleich bereitwillig, uns zu dienen, und während Anstalten gemacht wurden, das Fahrzeug, wofür ein Reichstaler bedungen war, ins Wasser zu schieben, nahmen wir bei ihm ein Frühstück von Spickheringen ein und bestiegen dann das Boot, das von vier tüchtigen Ruderern regiert ward.

Gleich hinter Sassenitz beginnt das Ufer kreidig zu werden und nimmt die wunderbarsten Gestalten an, je weiter man kommt. Die Kreidewände streben senkrecht empor aus einer schrägen, bald nackten, bald mit Gehölz bedeckten Lehne und werden, hier steigend, dort fallend, von schmalen Einschnitten und tiefen Klüften unterbrochen, welche gelben, mit Erdstreifen vermischten Ton enthalten. Der obere Rand ist mit stolzen Buchen eingefaßt, und die Schichtenrichtung des ganzen aufgeflöz-

Saßnitz

ten Gebirgslagers läuft fast überall horizontal. Das Bergufer ist auf das mannigfaltigste gezackt, geborsten und durchrissen, und die Imagination hat ein freies Spiel, sich diese Wundergestalten als Obelisken, Säulen, Türme, Tempel, Ruinen oder Festungsbasteien vorzustellen.

Den mächtigsten dieser Flözrücken und Vorsprünge haben die Fischer eigene Namen gegeben. So heißt der erste hinter Sassenitz der Hengst, dann folgt der Bläß [die Bläse], der Sattel, die Tribbe [Tipper Ort], die Collichow [Kollicker Ort] usw. Dieser letztgenannte hat eine höchst kühne Lage, denn die Masse springt nicht aus einem Vorufer heraus, sondern ruht wie ein ungeheurer behauener Block unmittelbar auf dem Steinlager des Strandes. Nebenher rieselte das Bächlein Collichow (der Golchabach) durch Gebüsch zum Meer hinab, und hoch in den Lüften schwebte ein Adler über dem blendenden Klumpen. Man erzählte uns, daß einmal ein oben in der Stubnitz gejagter Hirsch durch einen Sprung von dieser Collichow den Jägern zu entkommen gesucht habe, und wir waren einig, daß diese Stelle auch der verzweifelnden Liebe zu einem »Salto mortale« zu empfehlen sei. Was das Interesse der ganzen Fahrt erhöht und den Blick immer gespannt erhält, ist, daß man die Uferpartien nicht mit einem Male, sondern nur nach und nach zu Gesicht bekommt, sowie man um eine vortretende Ecke, welche die Fischer eine Huck nennen, gefahren ist. Es gibt mehrere solcher Hucken an dem von Sassenitz bis Stubbenkammer sanft gekrümmten Ufer, dessen Länge eine gute Meile beträgt.

Die Hauptunterhaltung im Boot betraf Stubbenkammer, und bald kam die Rede auch auf die beiden berüchtigten Seeräuber Clas Störtebeck [Störtebeker] und Michel Gädike [Godeke], von denen unsere gesprächigen Fischer mancherlei Sagen erzählten. Gädike soll ein untertäniger Knecht des Gutes Ruschvitz auf Jasmund und Störtebeck (Sturzbach) aus der Gegend von Barth in Pommern gebürtig gewesen sein. Beide waren entlaufen und hatten sich zu Oberbefehlshabern eines mächtigen Räuberbundes emporgeschwungen, welcher unter dem Namen der Vitalienbrüder und Lynkendeeler [Likedeeler] im 14. Jahrhundert das Meer unsicher machte. Diese Flibustiers der Ostsee sollen in der Kluft zu Stubbenkammer, von der ich bald reden werde, eine Schatzkammer ihres Raubes gehabt haben. Sie wurden aber von den verbündeten Städten verfolgt und zerstreut, Störtebeck und Gädike bei Helgoland gefangen und 1402 auf dem Grasbrock bei Hamburg enthauptet. Unsere Fährleute stimmten ein altes auf diese Begebenheit verfertigtes Volkslied an, wovon ich nur den Anfang behalten habe, welcher so lautete:

Störtebeck und Gädke Micheel,
Die raubten beide zu Lyken Deel
Zu Wasser und zu Lande;
Eine stolze Kuh aus Flandern kam
Mit ihren eisernen Höhren,
Sausend und brausend wohl durch das wilde Meer,
Das G'lag wollt' sie zerstören usw.

Von des Meeres Wildheit machten auch wir eine kleine Erfahrung, denn obgleich die Luft still und drückend schwül war, wurde das Wasser doch unruhig, und da wir höchstens hundert Faden weit vom Ufer ruderten, hatte die Brandung schon eine solche Gewalt über das Boot, daß es unaufhörlich schwankte und einer meiner Gefährten ordentlich einen Anfall von der Seekrankheit bekam. Endlich erreichten wir das Ziel unseres Strebens, stiegen ermattet aus und ruhten eine Weile auf einem breiten Steinstück.

Durch die Herfahrt schon auf die Stubbenkammer vorbereitet, wurden wir von ihrem Anblick im ersten Moment nicht so getroffen, als wenn sie auf einer Ebene plötzlich vor uns hingezaubert wäre. Aber wir mußten uns erst erholen, um die Schönheiten dieses Brillanten in dem Inselring aufzufassen und zu würdigen. Die Partien zwischen Sassenitz und Stubbenkammer haben zwar auch viel Stolzes und Erhabenes, aber hier, wo das Ende ihrer gigantischen Schöpfungen ist, hat die Natur alle Kraft vereinigt, um die kühnsten und erstaunenswürdigsten Gebäude aufzuführen. Sie hat hier Massen aus der Erde hervorgehoben und in das Ufer Klüfte gesprengt, die Schauder erregen würden, wenn sie nicht das Grausende dadurch gemildert hätte, daß sie es zugleich mit frischen Laubdecken drapierte und mit lieblichen Girlanden umwand.

Den Blick gegen das Ufer gerichtet und die Nordwestseite nach Wittow hin als die rechte, die südöstliche aber gen Sassenitz als die linke Seite bezeichnend, will ich Dir die Küste zuerst von unten beschreiben und zu dem Ende die ganze Ansicht in sechs

Abschnitte teilen: 1. Klein-Stubbenkammer, 2. die tiefe Schlucht mit dem Fußsteig, 3. der Königsstuhl, 4. die vermeintliche Störtebecks Schlucht mit den Pfeilern, 5. die dann folgende zerklüftete Wand, 6. das abschüssige Waldufer.

Groß Stubbenkammer vom Strand aus

Stubbenkammer

Zuerst heben sich die senkrecht abgeschnittenen, am oberen Rand vielfältig zerspaltenen Wände der Kleinen Stubbenkammer, welche durch eine tiefe Kluft isoliert zur Linken liegt und deren Ende am sehenswürdigsten ist. Hier, wo eine Strecke lang die Kreide in Lehm übergeht, stehen neben- und übereinander

sechs bis sieben aufgetürmte Zacken von pyramidalischer, aber höchst unregelmäßiger Gestalt. Sturzdrohend und grausenerregend stehen sie da, wie Trümmer einer anderen Welt, und sichtbar hat an ihnen die Zeit ihre Gewalt erprobt, denn so gekerbt, abgebröckelt und nach tausend Richtungen zerschnitten ist die angrenzende Wand nicht, mit der sie offenbar ehemals verbunden gewesen sind. Auch ist die Kreide sehr unrein.

Zwischen Klein-Stubbenkammer und dem folgenden Vorsprung senkt sich eine sehr ansehnliche (eigentlich wohl die größte) Vertiefung in das Ufer, und in dieser Liete, die von oben bis unten dicht in Bäumen verhüllt liegt, ist der Aufgang zur Höhe.

Dann folgt in der Mitte eine ungeheure Kreidemasse, die einer oben abgestumpften Pyramide gleicht und am meisten imponiert. Sie wird der Königsstuhl benannt, und einen glücklicheren Namen konnte man der stolzen Pyramide nicht geben, denn sie ist ein wahrhaft königlicher Sitz. Dieser Königsstuhl tritt vor den anderen Wänden etwas hinaus, wie man dies am besten von Klein-Stubbenkammer zu wahrnimmt, hat links nach der großen Kluft hin zwei Absätze, und vorn in der Mitte steht eine Zacke hervor, welche pyramidalisch an der Wand hinabläuft. Die Farbe des Königsstuhls sowie der übrigen Wände ist schmutzigweiß, ins Gelbliche fallend und grau verschattet, die Masse selbst höckerig, unendlich zerschlitzt und geborsten, aber tausend dieser Einschnitte sind so zart, daß das Auge sie wenig bemerkt. Auch mildert schon das Blendende der Farbe die Rauheit der Oberfläche.

An der rechten Seite des Königsstuhls ist wieder eine Nische oder Kluft gebildet, welche durch eine vorgezogene Mauer eingeschlossen wird, die die allmächtige Hand der Natur mitten durch von oben bis zur Basis gesprengt und zu einem gigantischen Portal gebildet hat. Es sind eigentlich zwei unförmige Zakken oder zugespitzte Pfeiler, die gleich zwei Riesen den Eingang zur Kluft zu beschützen scheinen, aber weder so groß noch so abenteuerlich geformt sind wie die vorher beschriebenen auf Klein-Stubbenkammer. Sie starren ebenfalls senkrecht empor, sind überall zersplittert und mit Feuersteinen punktiert und bandiert, stehen mehr als einen Klafter weit auseinander, und von diesem Tor an ist in der schrägen Vordachung ein tiefes Regenbett ausgehöhlt. Herr Rellstab nennt diese Kluft geradezu eine Höhle, weil eben sie es ist, worin die Sage nach die gedachten Freibeuter Störtebeck und Gädike ihren Raub verborgen haben. Vielleicht hat er von Schwartzens Erzählung gehört, welcher schreibt, man habe ein Histörchen, daß in der Kluft eine Höhle oder ein Gewölbe befindlich gewesen sei, worin man ehemals einen Missetäter an einem Strick herabgelassen, welcher Wunderdinge ausgesagt habe. Eine solche Raubniederlage setzt aber einen zur Landung bequemen Platz voraus, wozu sich dieser wegen vieler unter dem Wasser verborgener und weit fortlaufender Steinriffe schlecht schickt.

An die Kluft schließt sich rechts wieder die Kreidewand, die, von mehreren tiefen Spalten durchrissen, in steigender Höhe eine Strecke fortläuft und dann plötzlich in einem senkrechten Absturz endigt. Von hier an hört die Kreide gänzlich auf, und die Abdachung des immer noch sehr hohen Ufers ist nun fortlaufend von oben bis unten mit Buchenwaldung überkleidet, welche bis zu den Stranddörfern Korsdorf [Koosdorf] und Baldereck reicht, und dieses Waldufer, von dem verschiedene Bergquellen herabstürzen, soll außerordentlich reizende Schluchten enthalten. Diesem Waldufer gegenüber erstreckt sich rechter Hand, einige hundert Schritte von den Pfeilern weit in die See ein Steinriff, das einige mächtige Granitblöcke enthält. Den äußersten dieser Steine zu ersteigen muß jeder Fremde wagen. Der Weg dahin und das Überspringen von einem Block zum anderen ist freilich ein wenig beschwerlich. Allein wenn nicht die See zu hoch geht und das Steinlager untertaucht, scheue er die Mühe nicht, diesen Standpunkt zu erreichen, welcher unstreitig der vorteilhafteste für den Totalanblick ist, denn von hier übersieht man alle sechs Abschnitte der Partie und überhaupt eine Überlänge von mehr als einer Viertelmeile.

Ich ging von hier zurück nach den Pfeilern. Eben war ein kleines Ruderboot mit zwei Matrosen von den beiden gegenüber ziemlich weit in der See vor Anker liegenden Schiffen angelandet. Die rüstigen Seeleute, des Fußsteiges unkundig, wählten den Weg zwischen den Pfeilern hinauf und waren unseren Augen bald entschwunden. Eitelkeit und Neugier spornten mich an, ihnen nachzuklimmen, und nur aus Respekt gegen meine Lungen unterließ ich es.

Auf einem Felsstück der Störtebecks Kluft gegenüber sitzend, wurden wir zu mancherlei Betrachtungen geführt. Wenn man bedenkt, daß hier nur die Außenseite des Kreideflözes sichtbar ist und daß die Masse sich tief in das Jasmunder Land hinein erstreckt, so ist der gesamte Vorrat von Kreide wirklich unermeßlich, und ganz Deutschland könnte sich hier, wenn es ihm anders an diesem Mineral mangelte, Jahrhunderte lang damit versehen, ohne diese Kreidekammer zu erschöpfen, des Überflusses zu Arkona zu geschweigen. Die Kreide aber, so wie sie da liegt, wird wenig gebraucht. Wäre es möglich, sie in feste, zu Baumaterialien brauchbare Felswände umzuschaffen, so würde aus dieser Verwandlung die Insel einen nimmer zu berechnenden Nutzen erhalten.

Der flache Strand ist mit zahllosen Steinen von mancherlei Art, Farbe und Größe bedeckt, die, meistens geglättet und ziemlich rund abgeschliffen, das Ansehen eines Dammes haben und unter denen man verschiedene Merkwürdigkeiten findet, z. B. Seesterne (Echiniten), vorzüglich aber Judennadeln oder Hexenfinger, die hier Donnerpfeile (Dünnerpiler) genannt werden. Der Damm ist stellenweise mit einem herabgeschwemmten Gemengsel von Ton und Kreide bedeckt, und der angespülte Tang (Meergras) umsäumt das ganze Gestade, wo er nicht von den Granitblöcken abgehalten wird, die hier in großer Menge liegen, zum Teil einen ansehnlichen Umfang haben und teils vom Ufer herabgerollt, teils von der See angeschoben oder vielleicht gar Reste jener Gebirgskette sind, die vor undenklichen Zeiten den Raum der nunmehrigen Ostsee ausgefüllt haben, durch irgendeine unbekannte Revolution der Erde oder des Meeres aber verschlungen und zertrümmert sein soll, denn man findet dergleichen Granitwacken überall an dem Strand von Mecklenburg, Holstein, Fünen, Seeland und den südlichen Provinzen Schwedens.

Von dem bunten Stranddamm an bis hinauf zu den Kreidewänden zeigt das Ufer fortlaufend eine Vordachung oder einen schrägen, aus einer Mischung von Kreide, Lehm, Sand und Dammerde bestehenden Ablauf, der streifenweise mit Gras bewachsen und vom Königsstuhl hinab bis ans Ufer wie auch vor den Pfeilern mit Haselgesträuch, wilden Birn- und Kirschbäumen, Löhn (Acer platanoides), hauptsächlich aber mit Buchen dekoriert ist.

Den Kreidewänden sind überall Feuersteine eingesprengt, welche schichtenweise übereinander bald in geringerem, bald in entfernterem Abstand ziemlich parallel in horizontaler Richtung hinstreifen und das Ansehen schwarzer Punkte haben, die mit einem gewaltigen Pinsel gegen die weiße Masse gespritzt sind. – Den oberen Rand der Wände deckt eine Lage schwarzgraue, mit Lehm vermengte Holzerde zwei bis vier Ellen hoch, und ein auf diesem Diadem befestigter prächtiger Buchenwald streckt seine luftigen Wipfel teils himmelwärts, teils neigen sich seine übergelehnten Stämme und Äste herab und gleichen einem Kranz, der Himmel und Erde umschlingt.

Man kann gewaltigere Felsenmassen sehen ohne jene Empfindung, von der man hier sich ergriffen fühlt. Denn was der Stubbenkammer vor anderen Gebirgsszenen den Vorzug gibt und ihre Originalität erhöht, ist unstreitig der grelle Kontrast ihres Kolorits. Du findest hier nämlich nichts als drei Haupt-Lokalfarben, die sich in scharfen Abschnitten übereinander erheben: die blaue des Meeres im Vordergrunde, die lebhaft grüne des Buchenlaubes und der Grasung am mittleren Abhang, hinter welchem das schimmernde Weiß der Kreidewände mit ihren grünen Überhängen den erhabenen Hintergrund bildet, welcher einem von ungeheuren weißen Mauern eingeschlossenen Garten ähnlich ist.

Hierauf lenkte sich unser Gespräch auf die Benennung des Vorgebirges, und man warf die Frage auf, ob der Name *Stubbenkammer* deutschen oder wendischen Ursprungs sei und was er bedeute. Es wurden mancherlei Erklärungen und Vermutungen gewagt, denen weiter nichts als der Beweis mangelte. Einer meiner Genossen meinte, daß die mehrgedachten Seeräuber denselben erfunden hätten und daß es eigentlich Stub' und Kammer heißen müsse, indem man sich die Kluft als eine Stube und die darin befindliche Höhle als eine Kammer vorgestellt hätte. Ein anderer mutmaßte, es könne von dem plattdeutschen Verbum stuwen, d. h. staunen oder hemmen, abstammen, und da Kammer auch soviel wie eine Abteilung bedeute, könne das Wort den Sinn haben, daß der Andrang des Meeres hier durch eine vorspringende Abteilung des Ufers gehemmt würde. Ich selbst suchte das Wort von dem plattdeutschen stuuf, d. h. stumpf, abzuleiten, weil das Ufer hier stumpf abgeschnitten sei. An Gründen aber zu einer Herleitung dieses Wortes aus der plattdeutschen Sprache gebricht es, auch kommt der Name selbst in Landesdokumenten erst spät vor. In alten Zeiten kann man vielleicht Stowenkamer, d. h. die Kammer der Stubnitz, gesagt haben, weil diese Waldung noch gegenwärtig auf Jasmund »die Stowe« heißt.

Nach diesen Reflexionen gingen wir zurück zur großen Kluft jenseits des Königsstuhls, um unsere Sassenitzer Fährleute noch einmal zu begrüßen. Diese hatten aber schon die Rückreise auf ihrem Element begonnen und waren zu weit entfernt, um noch

Die Höhe von Stubbenkammer

den Nachruf unseres Valets zu vernehmen. Der Fußsteig, den wir sodann hinanklommen, ist zwar steil, allein durch eingegrabene Stufen bequemer und gangbarer gemacht, als er vor vierzehn Jahren war, da ich ihn zum erstenmal betrat. Als Führer meiner Gefährten stieg ich voran und fand auf einem Absatz eine Blindschleiche, die von einem Schlag zersprang.

Der gemeine Mann auf Jasmund nennt diese Amphibie einen Daufworm (Taubwurm), weil er den Wahn hegt, daß sie weder hören noch sehen können. Auch Schlangen gibt es hier und überall in der Stubnitz. – Zur Rechten des Pfades rieselt unter dem Gebüsch eine silberreine Quelle, die über Kreidestücke, Steine und Holzstämme sich ihren Weg gebahnt hat, zum Strand hinab. In ihres Ursprungs Nähe, etwas über die Hälfte des Weges, waren wir genötigt, zu verschnaufen und uns zugleich eines dichten Buchenüberhanges als Regenschirm gegen einen mit Donnerschlägen verbundenen Wolkenguß zu bedienen, der auf die Blätter des Waldes zu rasseln anfing, doch zog das Ungewitter bald über uns weg dem Meere zu, und vergebens horchten wir auf einen langen Widerhall des Donnergetöses an den Uferwänden. Nach oben hin verliert sich der Pfad zwischen den Bäumen auf einem kurzen Rasen des hier minder steilen Abhangs. Bald hatten wir die Höhe erreicht, die Wolkendecke war zerrissen, der träufelnde Wald erfrischt, das durch die grüne Umhüllung schimmernde Meer blauer, die ganze Natur lebendiger geworden, und ein Verlangen nach der Aussicht vom Königsstuhl als dem höchsten Punkt des Vorgebirges beflügelte unsere Schritte.

Ein schmaler Pfad führt über einen ziemlich steilen Kreiderücken weg, und gleich darauf befindet man sich auf einem kleinen, freien Rasenplatz an der Ufergrenze. Dieser Platz, ein regelloses Oval, ist nicht ganz genau gegen Osten vor den übrigen Partien hinausgeschoben und fast bis zum Rand mit Bäumen gekrönt, die aber weitläufig voneinander stehen. Auf diesem Scheitel fühlt man sich im ersten Augenblick von einer stummen Bestürzung ergriffen, eine gewisse Furcht beengt die Brust, und der Blick, unvermögend, das Ganze zu fassen, schweift unstet auf dem erweiterten Gesichtskreis umher, bald von den Prospekten der großen Schlucht und der Kleinen Stubbenkammer angezogen, bald furchtsam zur Tiefe des Strandes niedertauchend, bald über des blauen Meeres unendlichen Halbkreis hinfliegend, und umsonst nach einer dämmernden Küste des gegenüberliegenden Schwedens spähend, entdeckt er zuletzt Arkona zur Linken, das sich vor dieser Größe demütig erniedrigt.

Wiewohl alles, was hier vorhanden ist, die gerechtesten Ansprüche auf die höchste Bewunderung des Beschauers machen kann, blieb mir doch nach mehrmaligen Betrachtungen das rechter Hand aufgetürmte Seitenperspektiv von Klein-Stubbenkammer mit der daran grenzenden Kluft, deren Tiefe und Umfang man hier erst richtig schätzen lernt, immer die vorzüglichste Partie. Diese starren Wände, bald lichthell, bald grau schattiert und von lebhaftem Grün eingefaßt, der schräge Ablauf des Vorufers, hier grau, dort weiß und gelb gestreift und stellenweise mit frischer Grasung durchwirkt, die wie eine grüne Inselgruppe erschien, auch selbst die Kluft mit ihrem schauerlichen Halbdunkel, mit ihren übereinander emporstrebenden Baumgipfeln, mit ihren ins Schwarzbraune spielenden und mit unreinen Kreidestreifen durchzogenen Absätzen und Abhängen, worauf hie und da etliche Buchen einsam standen oder an welchen sich ein sonderbar gestaltetes Rasenstück hinabkrümmte, das alles bildete ein wildes, reiches, kräftiges Naturgemälde, worauf das Auge immer aufs neue hingezogen ward und das durch seine Mannigfaltigkeit alle Sättigung verhütete. Vor dem äußersten Fußpunkt gestaltet sich am Königsstuhl ein scharfer, einwärts gekrümmter Rücken zu einer spitzen Zacke (die Spitze eben jener vorhin beschriebenen pyramidalischen Vorschweifung), woran einmal ein Wagehals hinabgerutscht sein soll, um sagen zu können, daß er weiter gekommen sei als andere Menschenkinder. Man soll ihn aber mit zugeworfenen Stricken nur mit Mühe wieder haben hin-

Groß Stubbenkammer

aufziehen können. Auch soll König Karl XII. von hier eine Seeschlacht angesehen und daher diese Höhe den Namen des Königsstuhls erhalten haben.

Blickt man hinab auf die schiefe Neigung des Vorufers
(schwindligen Personen ist anzuraten, sich alsdann auf den
Bauch zu legen und nur den Kopf vorzustrecken, ein Verfahren,
welches auch schon deshalb um so mehr zu empfehlen ist, da der
Rasen oft hohl liegt oder gleichsam freischwebend hängt und es
gefährlich werden kann, auf solche Stellen zu treten, wo die Krei-

deunterlage abgebröckelt und weggefallen ist), so erscheint diese ganz flach. Die Bäume gleichen einem leichten Holzanflug, der bunte Stranddamm verjüngt sich zu einem schmalen grauen Saum, das Wellengeräusch ist kaum hörbar, und das stillschweigende Meer tritt dem Blick so nahe, daß man es durch einen Steinwurf zu erreichen für eine Kleinigkeit hält, und doch bringt es der stärkste Arm kaum so weit.

Was des Königsstuhls Erhebung über den Wasserspiegel betrifft, so ist dieselbe eben nicht außerordentlich. Man hat durch Messungen gefunden, daß sie ungefähr 400 und etliche 30 Fuß beträgt, eine geringe Zahl, wenn man damit das Maß berühmter Berggipfel vergleicht. Auf Rügen indes bleibt sie die Königin der Höhen. – Unten am Strand erscheint das Ufer noch höher, als es wirklich ist. Das Auge wird dort nämlich getäuscht, weil der Fußpunkt dem Gegenstand zu nahe liegt, so wie ein Stab sich scheinbar verlängert, wenn er in perpendikulärer Lage am unteren Ende dicht gegen das Auge gehalten wird, ein optischer Betrug, der auch bei den Ufermauern Arkonas stattfindet. Man steht ferner auf dem niedrigsten Standort am Rande von Poseidons weitem Gebiet, das kein Höhenmaß darbietet, mit dem man diese vergleichen könnte. Vielleicht trägt die nahe Meeresfläche selbst dazu bei, den Anschein der Höhe noch mehr zu vergrößern, gleich wie ein einzelner Turm, der in einer ausgedehnten Ebene liegt, dem Blick länger erscheint, als wenn er von Bäumen oder Bergen umgeben wäre.

Vom Königsstuhl ging es links nach dem zuvor von mir Störtebecks Kluft genannten zweiten Einschnitt, dessen oberer Rand wie ein Amphitheater halb rund ausgeschweift und in der Mitte gerade gegen das Pfeilertor mit einer Rasenbank geziert ist, auf welcher der Freund der Natur, von kolossalischen Wänden eingeschlossen, recht eigentlich im Schoß seiner Mutter sitzt.

Die Kluft, die sich zu den Pfeilern hinab trichterförmig verengt, ist anfangs oben mit leichtem Graswuchs bekleidet. Dieser verschwindet aber nach der Tiefe zu, wo der mit zerriebener und abgewaschener Kreide untermengte kahle Abhang sehr abschüssig wird, vornehmlich dicht an den Pfeilern, welche, von oben gesehen, sich stark verkürzen und spitzen Kegeln gleichen, die in das Ufer gesenkt sind.

Dann betrachteten wir die weiter zur Linken fortlaufenden Wände, welche mit ihren Borsten und Falten dem Auge ebenfalls treffliche Ansichten darbieten. Die Buchen, in deren Rinde über-all hundert Namen geschnitten sind, stehen hier dicht bis am Rand, über welchen sich ihre Äste zuweilen wie Schirme ausbreiten, und noch pittoresker ist der Anblick der Baumwurzeln, die an einigen Stellen, wo sich die untere Erdschicht abgelöst hat, ein mannigfaltig verschlungenes Geflecht bilden, welches struppig und frei herabhängt.

Endlich ward noch beschlossen, auch Klein-Stubbenkammer von oben in Augenschein zu nehmen. Um dahin zu gelangen, mußten wir die große Schlucht zur Rechten ganz umwandern, und dann ging es an ein Steigen und Klettern, welches wegen der sehr dicht stehenden Bäume zuweilen recht beschwerlich ward. Wie reich belohnt aber wurde uns diese Anstrengung! Die Höhe gibt der des Königsstuhls nicht viel nach, die oben beschriebenen Prachtkegel nahmen sich hier noch weit abenteuerlicher aus als von unten, und das ganze Riesengebäude hatte so viel schauderhaft Originelles, daß ich es allem übrigen vorziehen möchte. Solltest Du je hierher kommen, so erinnere Dich ja der Kleinen Stubbenkammer. Vergiß jedoch der auch für dieses Ufer notwendigen Warnung nicht, dem unterminierten Rand nicht zu nahe zu treten.

Tiefer im Wald, etwa hundert Schritte vom Ufer, befindet sich ein runder, labyrinthisch geformter, mit Rasen belegter Tisch auf und in der Erde. Auch steht in der Nähe der Störtebecks Kluft seit 1801 ein hölzernes Gebäude, dem man den Namen einer Köhlerhütte gegeben hat und welches einen Saal mit verschiedenen kleinen Seitenkabinetten enthält, worin man Schutz vor Regen, auch eine Nachtherberge finden kann, wenn man Natursinn genug hat, das erhabene Schauspiel eines Sonnenaufgangs vom Königsstuhl ansehen zu wollen. Hinter diesem Gebäude ist noch eine kleinere Hütte für Fuhrleute und eine Krippe für Pferde. Alle diese Anlagen rühren von dem Prediger zu Sagard, Herrn von W[illich], her, der sich dadurch sowie durch die Verbesserung des Fußsteigs ein großes Verdienst und den erkenntlichsten Dank der Reisenden erworben hat, denen diese Bequemlichkeiten zugute kommen. Insofern wird jeder ihren Wert anerkennen. Aber – wofür freilich ihr Urheber nicht kann – zuweilen sollen die Köhlerhütte und der Tisch für das Reiseziel von zahlreichen, sehr ungleich gemischten Gesellschaften angesehen werden, die hierher fahren, um – gut zu schmausen, und dann wieder davoneilen! Du weißt, ich bin kein Freudenfeind und fühle so gut wie einer den erquickenden Genuß von Speise und Trank nach einer ermüdenden körperlichen Anstrengung. Allein ihn hier zum großen allgemeinen Ressort machen zu wollen, das entweiht diesen Ort, welcher geeignet ist, einem andern Gott zu huldigen als dem Bauch.

Klein Stubbenkammer

In dieser schauerlich schönen Wildnis, unter diesen grünen Buchenhallen, auf der Zinne dieses blendenden Riesentempels, vor diesem ungeheuren Lasurspiegel des Meeres sollten nur ernste und hohe Gedanken in der Brust des Naturfreundes aufkeimen; die ganze Situation, die den Stempel der Würde, der Hoheit und des Geheimnisvollen trägt, scheint vorzüglich dazu geeignet zu sein, daß das Gemüt sich sammle, seine innersten Tiefen belausche und eindringe in das verborgene Leben der unendlichen Welt, wozu denn Einsamkeit und Ruhe notwendige Bedingun-

gen sind, und daher müßte man Stubbenkammer entweder allein oder höchstens in Gemeinschaft vertrauter, gleichgestimmter Freunde besuchen. Aber nicht nur dem Dichter, Philosophen und Maler ist diese Stätte geheiligt, auch Botaniker und Lithologe finden oben im Wald und unten am Strand eine reiche Ausbeute für ihre Forschungen. Oben blühten gegenwärtig am häufigsten die Serapias longifolia montana, sowohl rubra als alba, und verschiedene Arten der Campanula.

Unter den von der Stubbenkammer bisher erschienenen, mir wenigstens bekannt gewordenen Kupferstichen ist nach meinem Bedünken kein einziger richtig, wie auch ein jeder finden wird, der dieselben unmittelbar gegen die Natur hält. Das Rellstabsche Titelkupfer ist eine schlechte Kopie nach der schlechten Darstellung eines Herrn Kleidke, der im Jahr 1794 oder 1795 vier bis sechs ungetreue, ziemlich grob gestochene Ansichten rügianischer Gegenden herausgab. Auch der in Zöllners Reisebeschreibung befindliche Stich (eine übrigens richtige Kopie eines Hakkertschen Ölgemäldes) sagt der Gegend nur im allgemeinen zu, gleich dem zu Wieck in dem Haus des Herrn Präpositus S[chwarz] befindlichen Original. Bei Herrn Konsistorialrat Kosegarten sah ich drei Zeichnungen der Stubbenkammer von den Herren Schwarz, Friedrich und Riesenberg, unter denen die des ersten die getroffenste, des zweiten die prächtigste und ausgeführteste und des dritten die unähnlichste war. Ich liefere Dir, mein Bester, hier eine Zeichnung, die unten, den Pfeilern gerade gegenüber, entworfen wurde und wenigstens durchaus treu ist.

Nicht ohne eine gewisse Unbehaglichkeit und Ermattung, die auf einen reizenden Genuß öfter zu folgen pflegt, verließ ich das Vorgebirge und wandelte schweigend mit meinen Begleitern durch die Waldung. Aber uns war noch ein neuer Genuß vorbehalten, welcher unsere niedergeschlagenen Geister wieder ausspannte. Kaum eine Viertelstunde von Stubbenkammer, mitten in der Stubnitz, seitwärts zur Linken vom Wege, den wir kamen, liegt, umhüllt von der grünen Nacht der Buchen, eine höchst merkwürdige Reliquie der Vorzeit, ein alter Wall, welcher gewöhnlich der Borgwall, auch zuweilen die Herthaburg genannt wird. Das ewige Dunkel, das tiefe Schweigen, das hier herrscht, erregt melancholische Empfindungen. Der Wanderer wird bei Betrachtung dieser Ruine, welche ernst und düster, Furcht einflößend und Ehrerbietung fordernd in dem Dickicht des Waldes versteckt liegt, hineingerissen in den Abgrund der Vergangenheit.

Man geht eine sanfte Anhöhe hinan und entdeckt zuerst etwas links vom Weg auf einer leichten Erhebung zwei offene Steingräber, die von verwelktem Buchenlaub fast ganz zugeschüttet sind. (Den Pfennigkasten, eine weit besser erhaltene und mit einem großen, platten Deckelstein verschlossene Steinkiste, die mir vor 14 Jahren auch in dieser Gegend gezeigt ward, bemühten wir uns umsonst wieder aufzufinden.) Dann wird man zur Rechten gegen Westen in einem von der Bewaldung eingefaßten Tal einen von Bruchweiden und Erlengebüsch umkränzten See gewahr, der in ovaler Form sich von Osten nach Westen ausbreitet, über 200 Schritte im längsten Durchmesser enthält, an seinem Rand mit Schilf, Binsen, der Nymphaea lutea (plattdeutsch Mümmelken) und anderen Wasserpflanzen bewachsen und an 400 Fuß über die Meeresfläche erhoben ist.

Er führt den Namen des Burgsees (Borgsee) von dem Burgwall, der hart an ihn grenzt. Auch wird er der Schwarze See genannt, weil er längs dem Wall mit Bäumen dicht eingefaßt ist, deren Äste und Zweige sich malerisch über ihn ausbreiten und durch deren Überschattung er ein dunkles Ansehen um so mehr erhält, wenn man ihn von der Höhe durch das Laub der Buchen, die hier zahlreich in schönem Wuchs stehen, schimmern sieht, nicht aber deswegen, weil sein Wasser, wie man wohl ehemals gefabelt hat, eine trübe, schwarze Farbe hat. Mir schien es im Gegenteil, so wie die Sonne seine Oberfläche vergoldete, so klar, daß ich versucht ward, es zu kosten, und ich fand es rein, aber ein wenig moorig. Er ist auch fischreich und soll unter andern Hechte enthalten, die ein hohes Alter haben und auf dem Rücken mit Moos bewachsen sind, denn die Fischerei ist hier beschwerlich und daher selten, auch ward sie von den Anwohnern ehemals für gefährlich gehalten. Ein kleiner Nachen zwischen dem Gesträuch und verschiedene Reusen, die in dem Erlengebusch aufgehängt waren, bewiesen jedoch gegenwärtig, daß der Aberglaube von dem Spuk, den der Teufel ehemals auf diesem See mit dem Fischergerät getrieben haben soll, längst verschwunden ist.

In sichelförmiger Gestalt oder wie ein Henkel an einer Schale hebt sich ein hoher Erdwall an der Nordseite des Sees, an dessen Rand seine beiden Enden – das eine steil abgeschnitten, das andere in sanftem, etwas gekrümmtem Ablauf – sich unmittelbar anschließen und, durch ein ziemlich hohes, steiles, längs dem See hinlaufendes Ufer miteinander gewissermaßen verbunden, einen etwas eiförmigen Platz umzingeln, der mutmaßlich das Allerhei-

Herthasee im Mondschein

ligste enthalten haben soll, jetzt aber mit Buchen dicht bewachsen ist und weiter nichts zeigt als ein paar alte bemooste Steine, die aus dem dürren, halb vermoderten Laub, das überall den Boden deckt, hervorragen.

Zu diesem Innern gelangt man durch einen einzigen an dem Nordostende des Sees befindlichen Eingang, der den Wall von

Südost gegen Nordwest durchbricht und zu welchem sich in sanfter Biegung ein Fußsteig hinanzieht. Diese Bresche führt auch hinauf zur Höhe des Walls vermittelst eingegrabener Stufen, eine Erleichterung, die der Steiger der Güte des Herrn Pastor von W[illich] ebenfalls verdankt. Oben findet man einen bequemen Pfad zwischen den Buchen, womit auch die innere und äußere Böschung bewachsen sind. Unter diesen Bäumen bemerkte ich jedoch auch einige wilde Birnbäume, einen schlanken Ahorn und einen dickstämmigen Faulbaum (Rhamnus frangula), der sich kühn über das umstehende Gebüsch gelehnt hatte. Die höchste Höhe des Walls ist auf seiner Nordwestecke, wo man über die Waldung hinaus durch das Meer und den Anblick von Arkona, das beinahe im Westen liegt, äußerst überrascht wird. Zugleich sieht man in schauerliche Gründe hinab, und die äußere Böschung beträgt bis zur Tiefe hier sicher an 60 bis 80 Ellen, an anderen Stellen 40 bis 50, da sie hingegen nach dem Innern zu nur 10 bis 20 Ellen enthalten mag.

Auf dem südostwärts gegen den See abhängigen Ende des Walls steigt man wieder auf Stufen hinab. Unten am Ufer führt durch das Gebüsch ein sehr angenehmer Fußsteig bis hinter den Wall, wo er sich im Wald verliert. Auf diesem Steig wird man mitten gegen den See einen Einschnitt im Ufer von Süden nach Norden gewahr, und dies soll die Stelle sein, wo der heilige Wagen hinabgestürzt worden ist. Der Pfad selbst beträgt bis zu des Walles Enden 164 Schritte. Rechnet man dazu die Länge des oberen Wallgangs, der 386 Schritte mißt, so enthält der ganze Umkreis des Burgwalls 550 Schritte. Übrigens schließt der Wall nicht die ganze Nordseite des Sees ein, sondern seine Ostseite tritt über das Ende des Sees hinaus. Der westliche Rand des Sees hingegen liegt noch 60 bis 80 Schritte vom Westende des Walls entfernt im Tal, das an dieser Seite eine schlechte Weide enthält. Am entlegensten vom Wasser ist die Nordostecke des Walls, von welcher man in die Waldung hinab und den nach Stubbenkammer führenden Weg sehen kann.

Schweigend, in Gedanken verloren, umwanderten, bestiegen und maßen wir das Heiligtum, das ohne Zweifel die merkwürdigste Stelle in der Stubnitz ist. Kaum aber hatten wir es verlassen, so ward das Band unserer Zungen los. Ein einziger Anblick hatte tausend Ideen erzeugt oder angeregt, die in den stillen Waldhallen ausgetauscht wurden, und unter mancherlei Vermutungen und Disputen erreichten wir das Baumhaus Schwierenz, wo der Eingang zur Stubnitz ist. Und hier noch ein Wörtchen von dieser Waldung.

Sie liegt am nordöstlichen Ende der Halbinsel längs dem Meer und bedeckt Berge, Täler und Ufer. Ihre Länge schätzt man zu zwei Meilen, ihre größte Breite zu einer halben Meile und ihren Umfang zu vier Stunden. Ihr Flächeninhalt wird mit einer halben Meile oder fast 3000 Morgen Landes angegeben. Diese Waldung, welche der gemeine Mann auf Jasmund »de Stow« nennt, gehört zum Königlichen Domanium, das hier einen Förster, der im Holze selbst auf dem sogenannten Werder unweit Sassenitz wohnt und mehrere Holzwärter hält. Auch ist sie zufolge eines Königlichen Reskripts vom Jahre 1731 mit einer Verknickung (Einfassung, Befriedigung) umgeben und soll fünf Haupteingänge haben, die mit einem Schlagbaum verschlossen werden. Von diesen aber sind jetzt nur vier, nämlich der Schwirenzer [Schwierenzer], Hager, Werdersche und Russewaser [Rusewaser] Baum, in Gebrauch. Für das Durchpassieren von Wagen und Pferden ist eine kleine Abgabe (wo ich nicht irre, für jedes Pferd 2 Schilling) unter dem Namen des Baumgeldes festgesetzt.

Aus diesem Wald, welcher größtenteils aus Buchen und wenigen Eichen besteht, holen nun die sämtlichen Jasmunder und, wie ich schon oben berichtet, auch Wittower nebst den Predigern beider Halbinseln jährlich eine gewisse Anzahl von Fudern Freiholz, so wie auch der Amtshauptmann jährlich eine bestimmte Anzahl von Faden daher bekommt, der Kohlen nicht zu gedenken, die hier alle Jahre gebrannt und an das Fräuleinstift nach Bergen, desgleichen an die hiesigen Prediger geliefert werden. Du siehst hieraus, daß die Waldung stark gelichtet wird, und dennoch ist sie noch immer ansehnlich und an manchen Stellen sehr dicht. Allein hohe und dickstämmige Bäume habe ich doch nur selten darin wahrgenommen, die meisten sind jung, von mittelmäßigem Wuchs, und alt läßt sie die vorbeschriebene Gerechtsame der Axt nicht werden. Indessen wird doch das Holz jetzt bei einer zweckmäßigen Einteilung in Schläge oder Haue ungleich mehr geschont als vormals. Auch ist neuerdings den Predigern und Gutsbesitzern der Vorschlag gemacht, statt gewisser Fuder Holz eine Quantität Torf anzunehmen. Zu den Zeiten der Vorfahren muß diese Waldung, ungeachtet aller Aufsicht der damaligen Gardevögte von Jasmund, sehr arg mitgenommen sein, denn schon der Herzog Ernst Ludwig von Pommern klagt in einer Verordnung von 1586 laut über die Verwüstung und schlechte Bewirtschaftung der Stubnitz.

Von dem vorhin genannten Schwirenzer Baumhaus muß ich Dir noch sagen, daß seine Bewohner mancherlei Gerät wie Teekessel, Wassereimer, Töpfe, Gläser usw. aufbewahren, welches der Reisende zum Gebrauch auf Stubbenkammer gegen eine Vergütung ausgeliehen bekommen kann, wenn er einen Wegweiser aus Sagard mitgenommen hat. Von diesem Katen an zieht sich die Waldung vorwärts über Höhen und Ebenen hin und läuft in einzelne Streifen aus. Sie gehört fast durchgängig zur Herrschaft Spieker und wird uneigentlich auch Stubnitz genannt. Der Weg durchschneidet bald steigend, bald sich senkend dies Gehölz strichweise, bald aber kamen wir ins Freie und sahen seitwärts zur Rechten den Grenzpunkt unserer heutigen Wanderung – das Dörflein Nipmerow, wo wir bei einem Jäger übernachteten, denn es war schon zu spät und jeder von uns zu ermüdet, um die starke Meile, die Sagard vom Baumhaus entfernt ist, noch zurückzulegen.

In der Kühle der folgenden Frühe begaben wir uns auf den Weg. Dieser führt bergan und bergab bald durch Gehölz, bald durch Kornfelder. Das hinter krausen Hügeln aufsteigende Meer behält man zur rechten Seite. So kamen wir an Peussow [Poissow] vorbei, einer spiekerschen Kalkbrennerei, die am Wege zur Linken lag und mit ihrem roten Ziegeldach gegen das weiße Kreidelager lebhaft kontrastierte. Sie soll nicht stark im Gange, auch der Kalk nicht von besonderer Güte sein. Wenigstens wird er auf Rügen selten gebraucht, wo man sich gewöhnlicher des schwedischen Steinkalks bedient.

Von hier an steigt das Land, und bald hat man Hoch-Selow, einen der höchsten Punkte der Halbinsel, erreicht. Man erblickt von dieser sonnigen Höhe, weit über Hiddensee und Arkona hin, wieder die Insel Möen, doch erscheint sie ungleich kleiner und entfernter als auf dem Hiddenseer Bakenberg. Am anziehendsten ist gegen Südwest die Übersicht über das Land selbst, das mit seinen nach mancherlei Dimensionen geregelten, gleichsam in rhomboidalische Figuren zerlegten und alle Nuancen von Grün zu Gelb zeigenden Äckern fast den Feldern eines großen Schachbretts gleicht. In diesen Farben spielt das Land bis an das Binnenwasser, hinter welchem die Berge des benachbarten Rü-

Ausfahrende Heringsfischer bei Löhme

gens, wie mit dem zartesten Pinsel getuscht, am Horizont auf-
dämmern. In der tiefsten Ferne etwas zur Linken wird man die
Kirchtürme von Greifswald und mehr zur Rechten die von Stralsund gewahr. Noch reicher soll die Übersicht von den angrenzenden grünen Hügeln, den primmoiselschen [promoiselschen]
Bergen zur Linken sein, welche in der Ferne wie alte Hünengräber erscheinen. Ihnen gegenüber streichen zur Rechten seitwärts
einige kahle Bergrücken von Nordost nach Südwest, wo sie sich
in die Ebene verlieren, die sich westwärts von Sagard ausbreitet,
welches mit seinen Umgrünungen zu unseren Füßen in der Tiefe
des Mittelgrunds ruhte. Die ansehnlichsten dieser Rücken sind
der Wesselin und die Quoltitzer Berge, über welche der waldige
Königsberg seine Spitze erhebt. Weiterhin erblickt man auf dieser Seite den Kirchturm von Bobien [Bobbin], und noch weiter
läuft das Land in eine Fläche aus, mit welcher die Wittower
Schmale Heide zusammenhängt. Am Fuße des Hoch-Selower
Berges, der, wie der Augenschein lehrt, aus Kreide, Feuersteinen
und Lehm zusammengeflözt ist, bogen wir rechts vom Weg ab,
um den sogenannten Opferstein bei Quoltitz aufzusuchen, um
auch uns seiner Bekanntschaft rühmen zu können.

Wir wandten uns also nordwärts, das Dorf Wesselin mit seinem Hain zur Seite lassend, und langten am Fuß eines öden Berges an, wo vor einem einzelnen Katen eine Frau stand, welche wir baten, uns nach dem Stein den Weg zu zeigen. Dieser führt über die gedachte Höhe, die der Krattbuschberg genannt wird, richtiger aber der Steinberg heißen würde, weil über ihn eine Saat von Steinklumpen ausgeschüttet ist, welche man für Trümmer eines zersplitterten Granitgebirges zu halten versucht wird. Eine der größten Massen, an des Berges südlichem Abhang, enthielt sechs Ellen in der Länge und war fast ebenso breit. Die Höhe betrug, soweit der Stein aus der Erde hervorragte, vier Ellen, und vielleicht war er ebenso tief, ja, noch tiefer in den Boden gesenkt.

Dann überstiegen wir eine zweite Höhe, die von eben dieser Beschaffenheit, jedoch mit niedrigem Gebüsch bewachsen war. Von ihrem Gipfel stellte sich der Flecken Sagard mit dem düsteren Dubberworth sehr malerisch dar, weil wir uns gegen ihn in einer solchen Richtung befanden, daß der Wostvitzer [Wostevitzer] See mit den angrenzenden Höhen und dem darüber emporsteigenden Putbusser Tannenberg ihn mit einem äußerst reizenden Hintergrund verzierte. Jenseits dieser Höhe breitet sich eine Fläche (ein Tal kann ich sie kaum nennen) am Fuße der gegenüberliegenden Quoltitzer Berge aus, in deren Mitte ein einzelner grauer Stein in der Nähe eines kleinen Erlengebüsches von Südost nach Nordwest liegt. Dies ist der vermeintliche Opferstein, eine länglich runde, am Nordende zugespitzte und oben ziemlich glatt abgeplattete Granitmasse von etwa vier bis fünf Ellen Länge und noch nicht zwei Ellen Höhe.

Zuerst fiel uns eine nicht weit von der spitzen Ecke entfernte, quer durch den Stein gehauene Furche oder Rille in die Augen, welche vier bis fünf Zoll tief und so breit war, daß ich die flache Hand bequem hineinlegen konnte. Unmittelbar hinter dieser Rinne ist die Oberfläche an beiden Seiten wie etwa ein Türfalz ausgeschnitten und geebnet, wodurch zwei Absätze entstanden sind. Auf der Fläche des einen zur Rechten erblickt man zwei, auf der des anderen Absatzes aber zur Linken drei ziemlich runde, doch nur flach in das Gestein eingemeißelte Vertiefungen, worin nach Behauptung unserer alten Frau der Pfaffe die Blutgrapen (Opferschalen) gesetzt haben soll. Bei zufälliger Besteigung des Steins fand ich auf demselben eine freie Übersicht nach Bergen.

Sonst ruht auf der Gegend eine das Gemüt zur Melancholie stimmende traurige Einförmigkeit, die durch Entdeckung alter Reste von Hünengräbern, welche man unter den schwarzgrauen, auf den Anhöhen umher zerstreuten Steinen entdeckt, eben nicht vermindert wird. Ohne den Stein würde auch wohl nur ein verirrter Wanderer hierher kommen, und selbst jene Reliquie, die uns durchaus nicht das Interesse jenes oben beschriebenen Hünengrabes am Dwohrsider Wald abgewinnen konnte, dient nur dazu, die Unlieblichkeit des Platzes zu verstärken, wenn man sich der grausamen Opfer alter Zeiten dabei erinnert. Die Brust fühlte sich wirklich erleichtert, als wir uns zwischen diesen kahlen Gründen durchgewunden hatten und nun wieder neben lustigen Getreidefluren und Menschenwohnungen nach Sagard wandelten, wo wir gegen Mittag anlangten.

Dieser Marktflecken, welcher in alten Urkunden Zagord und Zagharde geschrieben wird, liegt in einer fruchtbaren Ebene beinahe im Mittelpunkt des Landes an einem Bach, der aus zwei Armen, Middelbeck [Mittelbach] und Schlonerbeck [Schlooner Bach], entstehend, sich an der Nordwestseite des Ortes in einer ziemlichen Tiefe hinwindet und in den nahe gelegenen Jasmunder Bodden sich ergießt. Seit ein paar Jahren ist über diesen Bach am Ende des Fleckens eine tüchtige Steinbrücke erbaut, eine Verbesserung, wodurch Reisende zu Roß und Wagen sehr gewonnen haben, indem der Hauptweg nach Stubbenkammer darüber hinführt. In der Ferne fällt Sagard von allen Seiten freundlich in die Augen und erscheint vornehmlich vom Quatzendorfer Mühlenberg größer, als es wirklich ist, indem das benachbarte Gut Vorwerk und die angrenzenden, längs dem Bach liegenden Bauerwesen Capell [Kapelle], Worike [Woorke] usw. mit ihm ein Ganzes auszumachen scheinen. Kommt man aber näher, so findet man einen unbedeutenden Flecken mit kleinen, unansehnlichen Häusern, von denen viele mit Stroh gedeckt sind, und unregelmäßigen, schlecht oder gar nicht gepflasterten Gassen, wiewohl der Ort seit Einrichtung des neuen Gesundbrunnens sich doch schon aufgenommen hat.

Jetzt enthält er 112 Feuerstellen und 518 Einwohner, worunter 139 Freie und 379 Untertanen sind, welche unter fünf Jurisdiktionen, nämlich dem Domanium, der Kirche, dem Pastorat, der Herrschaft Spieker und Ralswieck, wohnhaft sind, und sämtliche Gerichtsherrschaften halten hier wie in Gingst verschiedene

Quartiermeister zur Handhabung der Polizei usw. Ralswieck besitzt in dem Flecken auch ein ziemlich geräumiges Brauhaus, wozu ein Ackerwerk gehört. Im spieckerschen Anteil liegt das Pfarrhaus und die Kirche, ein altes Gebäude, dessen Inneres durch eine hübsche, im Jahre 1794 und 1795 von Herrn Kindt erbaute und mit dem Wappen des Grafen Brahe als Patrons der Kirche verzierte Orgel sehr aufgeleuchtet wird. Aus Mangel an einem Chor sind Klaviatur und Pedal seitwärts angebracht, und der Kantor und Schullehrer ist zugleich Organist. Der Pfarrhof liegt angenehm und ist wohl das beste und größte Gebäude in Sagard. Demnächst folgt das sogenannte Lindenhaus, welches für Brunnengäste zu einer Art von Gasthof eingerichtet und verpachtet ist. Es enthält einen artigen Tanzsaal, ein Billardzimmer und verschiedene Kabinette oben und unten.

Dies führt mich zu der Brunnenanstalt selbst, die den Nachmittag hindurch meine Aufmerksamkeit beschäftigte. Die Gegner derselben – denn daß man an neuen Einrichtungen gewöhn-

Sagard. Ansicht von der Mühle zu Capelle

lich etwas zu tadeln findet, mit dieser Trivialbemerkung will ich Dich nicht aufhalten – die Gegner also mögen sagen, was sie wollen, so bleibt es doch ausgemacht, daß der Unternehmer derselben, der gegenwärtige Pastor von W[illich], sich um den seit Jahren in Verfall und beinahe ganz in Vergessenheit geratenen Brunnen wohlverdient gemacht und in der sogenannten Brunnenau alles geleistet hat, was von einem eingeschränkten Raum und den Kräften eines Privatmanns zu erwarten war. Eine genauere Beschreibung des Lokals, ich meine der Pfarrkoppel oder jetzigen Brunnenaue am vorgedachten, auch an Lachsforellen reichen Bach mit ihren Gängen, Lauben, Bosketts, Spielen, Brunnen- und Badehäusern schenkst Du mir, wenn ich Dir versichere, daß Du dies alles in Zöllner und Nernst gut ausgeführt findest. Ich setze bloß hinzu, daß im Jahre 1794 der Anfang mit dem Bau und der Verschönerung des Platzes gemacht ward und daß im folgenden Sommer sich die ersten Gäste einfanden.

Eine Erweiterung des Raums wäre wohl zu wünschen, doch wenn dieselbe nicht von des Eigners Willkür abhänge, wie ich gehört zu haben meine, so ist aller Tadel über die Beschränktheit der Aue nichtig. Gegründeter scheinen mir die Vorwürfe zu sein,

daß der Gesundbrunnen von dem übrigen Deutschland zu entlegen sei, um sich je zahlreicher Besuche von entfernten Gästen zu erfreuen, da selbst auch schon die benachbarten Pommern den Kenzer Brunnen näher haben und die Mecklenburger das Dobberaner [Doberaner] Seebad vorziehen mögen und daß der Ort selbst sich weder durch Eleganz noch durch eine an Luxus grenzende Gemächlichkeit empfehle, die der Kurgast in anderen Bädern Deutschlands täglich findet, denn die Einwohner des Flekkens, bei denen durch Vorsorge des Pastors die Brunnengäste ein Unterkommen finden können, bestehen größtenteils aus Handwerkern und Ackersleuten. Außerdem gibt es noch einige zur Aufnahme durchreisender Fremden bereitwillige Häuser.

Wie wirksam des Brunnenwassers Mineralkräfte und in welchen Fällen sie es sind, weiß ich nicht. Versuche müssen hierüber entscheiden, und ein anhaltenderer Gebrauch wird des Heilquells Güte erproben. Das aber kann ich Dir bezeugen, daß das Wasser außerordentlich klar ist und einen etwas zusammenziehenden Geschmack hat. Doch hiervon abgesehen, auch in manchen anderen Bädern tut es das Wasser nicht allein, sondern ein durch Mannigfaltigkeit und Umfang der Anlagen sich immer erhaltender Reiz der Neuheit, ein gewisses Wohlleben, die Verdrängung häuslicher Sorgen durch täglich abwechselnde Zerstreuungen, der Verkehr mit Fremden und das Interesse neuer Bekanntschaften, die freie Wahl des Umgangs und der Vergnügungen – das alles fließt heilsam auf Geist und Körper ein und befördert die Genesung.

Obgleich das eben Gesagte nicht neu ist, wird es doch zur Rechtfertigung der Wünsche dienen, die in Ansehung der Belustigungen – und was sonst zu dem äußeren und geheimen Leben und Weben eines Gesundbrunnens gehören mag – für Sagard noch übrig sind. Indessen lebt man bei diesen Entbehrungen hier auch wieder wohlfeiler, und obgleich auch über die Teuerheit des Aufenthaltes sehr verschiedene Urteile herrschen, habe ich wenigstens mich nicht darüber beklagen können, und in den meisten Bädern wird der Gast für seine Bedürfnisse einen etwas erhöhten Preis bezahlen müssen.

Am folgenden Morgen trat ich meinen Rückweg nach Bergen an und wanderte an Wostvitz und Reetz vorüber der Schmalen Heide zu, ein Weg, den ich, seiner größeren Länge ungeachtet, geflissentlich nahm, um durch diese Veränderung zu neuen An-

Dorf Sagard

sichten zu gelangen. Der Ausgang aus Jasmund ist an dieser
Seite wieder ein wenig öde, man hat nur dürre Berge und den
Wostvitzer Teich vor sich. Am Ende, wo die Schmale Heide beginnt, wird der Boden flach und mager, und nach dem Strande
zu bemerkt man nur noch einzelnes krauses Gebüsch der Stech-
palme (Ilex aquifolium), die hier Hülsenbusch genannt und auf
Rügen bloß an der See gefunden wird, in Pommern aber in Wäldern wächst. – Bei diesen Hülsenbüschen warf ich noch einen
Rückblick auf das arkadische Land, von dem ich die herrlichsten
Eindrücke mit zurücknahm, und bevor ich in diesem Brief von
ihnen scheide, noch etwas über diesen Teil Rügens überhaupt.

Der Name der Provinz wird in den ältesten Urkunden und
Chroniken verschieden geschrieben, bald Yazmot, bald Yas-
moda, auch Yasmandia, Jazmonde und Yasmund. In der Roskilder Matrikel heißt es »terrae Yasmundi Advocatia«, d. h. Gardvogtei, denn das Land machte einen besonderen Gard aus und
hatte noch 1700 einen eigenen Gardvogt. – Vom Ursprung und
der Bedeutung des Namens weiß man nichts Gewisses. Ausgemacht ist es zwar, daß es Edelleute gleichen Namens gab, die auf
Jasmund wohnten und denen die ganze Herrschaft Spiecker gehörte. Ob aber diese Herren von Jasmund (eine noch heutigen
Tages existierende Familie) das Land nach sich oder sich nach
dem Land benannten, bleibt unerforschlich.

Die Halbinsel liegt nordöstlich an Rügen, zwischen zwei Golfen der Ostsee hinausgeschoben, der sogenannten Prorer Wieck nämlich, zwischen Sassenitz und dem Granitzer Ort, und der schon oben bei Wittow erwähnten Tromper Wieck zwischen dem Lieper Hörn und Arkona. Beide sind der Schiffahrt gefährlich, besonders aber die letztere, die auch den weitesten Umfang hat und deren Name schon ominös klingt, wenn man dabei an das französische »tromper« denkt, denn sie ist eine wahre »Trompeuse« für Schiffer, und wehe dem Fahrzeug, das der Sturm in diese Bai treibt! – Die Südwestseite des Landes wird von dem Jasmunder Bodden begrenzt.

Die größte Ausdehnung hat das Land von Südwest nach Nordost. Seine Länge schätzt man zu $1\,\frac{2}{3}$ Meilen, seine Breite über eine Meile, seinen Umfang an fünf Meilen. Es hat die Gestalt eines mit der Spitze gegen Osten gerichteten Herzens, von dem zu beiden Seiten zwei große Adern (die Schabe und Jasmunder Schmale Heide) auslaufen, die es mit Wittow und Rügen verbinden.

Die Ufer des Landes sind teils nackt, teils mit Laubholz überdeckt, fast überall hoch und am ansehnlichsten an der Ostseite, zwischen Sassenitz und Stubbenkammer. Nur die Strecke zwischen der Schabe [Schaabe] und dem Borower [Burower] und Sagarder Bach neigt sich als eine sanfte Ebene gegen den Strand, auch wird das Land nach den Schmalen Heiden zu flacher. Die Beschaffenheit der Gestade ist sehr verschieden, lehmig, kreidig, sandig, das letztere vornehmlich längs der Lietzower Fähre und bei dem Dorf Globe [Glowe] am Anfang der Schabe, und ebenso wechselt ihre Farbe, die hier weiß, dort gelb ist, dort ins Braune oder Aschgraue überspielt, daher denn manche Uferpartien oft äußerst malerisch sind.

Von dem Innern der Halbinsel, ihrem Boden usw. habe ich schon verschiedenes angeführt. Die Ebenen in der Mitte des Landes und auch einige Strandgegenden enthalten fetten Lehmboden und sind äußerst fruchtbar, die Niederungen und Gründe grasig, die Berge teils holzreich, teils steril und steinig oder kreidig, wie die Berge der Stubnitz, deren Täler und Brüche jedoch auch verschiedene Torflager enthalten, die aber wegen des Überflusses an Holz wenig benutzt werden. Diese Höhen zeigen dem Lithologen viel Merkwürdiges. Auch dürften die Freunde der Geogonie oder Geognosie, wenn sie sich einer näheren Untersuchung der Beschaffenheit derselben unterziehen wollten, vielleicht zu wichtigen Resultaten über die antediluvianische Gestalt des Landes gelangen. Die beträchtlichsten der Jasmunder Höhen sind, außer den Stubnitzer Bergen und Höhen, die Borower Heideberge, der Goldberg, Quatzendorf, ein Mühlenberg bei Sagard, die Blischower [Blieschower] und Primmoiseler Berge, Hoch-Selow, die Berge bei Wesselin und Quoltitz, der Königsberg und der Tempelberg bei Bobbien.

Von dem Wostvitzer Teich bemerke ich noch, daß dieser fischreiche Landsee, welcher der größte auf Jasmund ist, eigentlich aus einem zwiefachen See besteht, der in den Bodden einen Abfluß hat. Der an seiner Südwestseite liegende Landstrich von der Fähre bis zur Schmalen Heide, welcher durch ihn zu einer kleinen Halbinsel gebildet wird, heißt Klein-Jasmund. Auf dem See sowie in dem Bodden findet man verschiedene Arten von Wasservögeln, unter anderen wilde Enten in Menge, auch zu manchen Jahreszeiten Scharen wilder Schwäne.

Auf Jasmund stehen dem Domanium und Stralsunder Kommissariat nur wenige Landgüter und Dörfer zu. Die meisten sind adelige Besitzungen, und die Herrschaft Spiecker ist unter diesen die vornehmste, denn die ihr angehörigen Forste, Äcker und Höfe umfassen die Hälfte des Landes. In alten Zeiten besaßen die Herren von Jasmund diese Güter, nach deren Aussterben sie

Schloß Spyker

Bobbin und Schloß Spyker

dem berühmten Krieger, dem schwedischen Feldmarschall und Grafen Wrangel im Jahre 1649 erteilt wurden, welcher auch Erbauer des Schlosses zu Spiecker ist. Seit einem Jahrhundert sind sie ein Lehnseigentum der Familie der schwedischen Grafen Brahe, und die jetzige Herrschaft läßt sie administrieren. Übrigens sind die gesamten Ortschaften Jasmunds in zwei Kirchspielen, Sagard und Bobbin, eingepfarrt.

Die Zahl der größtenteils leibeigenen Bewohner beläuft sich an 2800, und Ackerbau, Viehzucht, Fischfang und Holzhandel sind die Hauptnahrungsquellen des Landes, wozu noch gerechnet werden können die Bierbrauereien zu Sagard und Spiecker, die Kalkbrennereien und die Ziegelei zu Ruschvitz, wiewohl sie minder bedeutend sind.

Jasmund also, das blühende Hochland mit der Gedrängtheit

seiner landschaftlichen Reize lag hinter mir, und der Boden, den ich nun betrat, ein magerer, sandiger, flacher Erdstreif, mit Heidekraut bewachsen und zahllosen Feuersteinen bedeckt, machte einen sehr unpoetischen Übergang nach Rügen. Überdem brannte die Sonne heftig, und der einförmige Weg erregte ein gewisses beklemmendes Gefühl der Einsamkeit in mir, das der Blick auf das hohe Meer nicht ganz zu vertilgen vermochte.

Man sieht anfangs auch das Binnenwasser des kleinen Boddens zur Rechten und hinter demselben die rügianischen Gestade, bald aber wird dieser Anblick durch die hohe Thießow, ein waldiges Vorgebirge der Heide, welches zur Herrschaft Spiecker gehört, verdeckt. Der Hitze wegen lenkte ich links vom Wege ab zum Strande hin, um die Erquickung einer frischen Seeluft zu genießen, aber vergebens, es war hier beinahe noch heißer und äußerst öde. Man findet auch keine Feuersteinlager, ja, nicht einmal einen Granitblock zum Ausruhen. Die ganze Strandfläche enthält nichts als angeschwemmten weißen Sand, der sich bald zu hohen, nackten Dünen auftürmt, die jede Aussicht zur Rechten verschließen, nur vor sich hat man die Spitze der Granitz.

Wohl über eine halbe Meile hatte ich meine Füße angestrengt in dieser Steppe, als ein freier Durchblick durch die Sandwälle mir eine grüne Bergreihe zeigte. Es war die Prora. Da ich den Heidekrug, welcher ungefähr auf der Mitte der Landenge einsam liegt, verfehlt hatte und zu weit vorwärts gegangen war, mußte ich die Heide quer durchschneiden, um die Anhöhe zu erreichen. Ich watete also über die Dünen fort und arbeitete mich durch das dicht verwachsene, außerordentlich hohe Heidekraut bis an den Fuß der Prora. Dies ist ein ziemlich steiler, an der Heide in gerader Linie hinlaufender überwaldeter Bergrücken, von dem die gegenüberliegende Inwiek den Namen erhalten hat und zu welchem ein steiler, durch den Fuhrmannsruf »Hollt vör de Prora!« berüchtigter, aber sehr anmutiger Fahrweg hinaufführt. Als ich ihn erklettert hatte, wie wohl tat meinen des Sandes und der braunen Heide ganz überdrüssigen Augen der Anblick des grünenden Rügens!

Sonst ist die Jasmunder Schmale Heide, über deren Entstehung verschiedene Meinungen herrschen und welche von Norden gegen Süden läuft, weder so lang und so schmal noch auch so armselig nackt wie die Wittower Schabe. Es wächst hier denn doch manches Pflänzchen (unter anderen das Marienbettstroh, auch fand ich sogar Erdbeeren), und die beiden Vorgebirge Bulitz [Buhlitz] und Thießow, die sich in den Jasmunder Bodden erstrecken, aber nach der Natur ihres Bodens gar nicht zu der Heide zu gehören scheinen, obgleich sie Teile derselben sind, tragen stattliches Gehölz. Auch findest Du drei Menschenwohnungen auf der Landenge: den Bulitzer Hof, Thießow und den gedachten Krug.

Sowie ich aus dem Gehölz der Prora kam, schimmerte das kleine Dorf Kiekut zur Rechten am Jasmunder Bodden mir freundlich entgegen. Dann wallte ich hinab in fruchtbare Ebenen, ließ den Hof Tribberatz und das Kirchdorf Cirkow [Zirkow] mit ihren grünen Hügelketten zur linken Seite und streifte neben Streu hin. Der übrige Teil des Weges ließ, sowie er sich wandte, eine schöne Landschaft nach der andern erscheinen und verschwinden, und dieser schnelle Tausch brachte mir einen sehr reizenden Gewinn. So ging es an Dumgnevitz [Dumgenevitz], Zittwitz [Zittvitz] und anderen Ortschaften vorüber durch lustige Gefilde am Fuße des Rugards neben dem sogenannten Kuckucksteich hin, einem Wasserbehälter, der von einem kleinen, aus sumpfigen Tälern der Rugardischen Berge herabrinnenden Bächlein gefüllt wird. Es war Mittag, als ich die Stadt Bergen erreichte, obwohl der Weg von Sagard bis hierher nur zwei Meilen beträgt.

Siebenter Brief

Bergen – Kubbelkow – Negast – Rambin – Altefähr – Bergen

Bergen, den 3. September

Ein herrlicher stiller Abend, nur von sanft fächelnden Etesien begleitet, die in diesem Land eine Seltenheit sind, lockte mich nicht lange nach meiner Zurückkunft von Jasmund nach dem Rugard, den ich noch nie in solcher Pracht gesehen hatte. Die Luft war äußerst rein, die Erleuchtung des ganzen Zauberrings der Gegend von der Abendsonne erhöhte den Reiz der Gegenstände und dieser die Stimmung meines Gemüts. Mehrere Male umging ich den Wall, um mich an allen Lieblichkeiten recht zu weiden. Noch nie waren mir die gegen Süden hin zerworfenen Berge mit ihren mäandrischen Tälern in so wunderbaren Formen erschienen, noch nie hatte ich an dem Meer eine so reine Bläue, an den Hintergründen so bestimmte Konturen wahrgenommen. Über die zu meinen Füßen ausgebreitete Inselwelt war ein rosenfarbener Schmelz ausgegossen, wodurch sie jenen unbeschreiblichen Ausdruck von hoher Anmut und Weichheit erlangte, welche die Maler ihren Werken anzubilden oft vergebens ringen, und ich glaube, daß für den Charakter dieser Gegend die Abendbeleuchtung die vorteilhafteste sei. Wenigstens habe ich gefunden, daß am Vormittag die Blendungen des Sonnenlichts und ihr Abglanz auf dem Gewässer das Auge trüben und verwirren. Am Fuße des Berges schimmerten freundlich die weißen Häuschen des Dörfleins Tätel [Tetel] und die Halmendächer des in Gebüsch versteckten Dorfes Zittvitz. Die Wiesen und Felder, die nach allen Richtungen hin, wie in Rauten zerschnitten, einer bunten Farbendecke ähnelten, die düsteren Waldungen des Klosters und der Granitz, das freundliche Pulitz mit seinem Silberwasser, das hohe Jasmund mit seinen bunten Ufern, die Windungen der Inwieken, die klaren Ovale der Landseen, weiterhin eine weite Fläche, mit einer Saat von Menschenwohnungen, durchstreifenden Hainen und Feldgebüsch verziert, und endlich an der Abendgrenze des Hiddenseer Hochlands Nebelberge – das alles flammte vom Abendschein wie entzündet. Nur die Stadt Bergen, von welcher die Aussicht gegen Südwest ein wenig beschränkt wird, lag im Schatten.

Vom Rugard wandte ich mich nordwärts zu einem anderen in seiner Nähe liegenden Berg, der mit ihm fast gleiche Höhe hat, konisch gestaltet und mit Heidekraut überzogen ist. Auf seiner Spitze, die eine gleiche Umsicht wie der Rugard gewährt, warf ich mich nieder, und was ich hier dachte und Wahres oder Falsches träumte, will ich Dir mitteilen:

Die Mannigfaltigkeit in der Einheit, die genaueste Ordnung, die vollkommenste Harmonie in scheinbarer Regellosigkeit, d. h. die bewundernswürdige Verbindung des Großen mit dem Geringfügigen, des Wilden mit dem Sanften usw. Dies ist es, was das Wesen der Schönheit der Natur ausmacht. Immer groß, immer neu, immer erhaben gibt sie dem Herzen und dem Verstand, gleich einer zärtlichen Mutter, die köstlichste Nahrung. Die Stürme der Gefühle beschwörend, zum Glauben und zur Anbetung den Zweifler führend und dem Verirrten die Bahn der Unschuld und des Friedens zeigend, sucht sie jeden zur Übereinstimmung mit ihr zu bringen und, indem sie den Schönheitssinn entwickelt und verfeinert und das Nachdenken schärft, reicht sie uns Stoff dar zu den kühnsten und erhabensten Ideen.

Je vertrauter wir mit der Natur werden, desto unverhohlener offenbart sie uns ihre Geheimnisse, allmählich zieht sie den Schleier von den Augen ihres Freundes, aufgetan liegen vor ihm die verborgenen Tiefen der unendlichen Welt, und durch eine reine Anschauung ihrer Bildungen gelangt das Gemüt zu einer höheren, alle kleinlichen Rücksichten verschmähenden Schätzung derselben.

Auch das gefühllose Herz wird getroffen und wenigstens einen Augenblick gerührt von ihrer Schönheitsfülle, und überhaupt kann niemand den in ihm wohnenden Hang zu ihr verleugnen, im Gewühl zwangsvoller Geschäfte sowie im Strudel erkünstelter

Genüsse entdecken wir in uns Spuren der Sehnsucht zur Rückkehr in die Arme der Natur. Wer wollte also nicht sie zum Gegenstand seiner Liebe machen, sie, die uns täglich höhere, zartere, entzückendere Genüsse zuzuführen vermag?

Allein nicht alle sind gleich fähig, das Vertrauen der Natur zu gewinnen. Es gibt, wie ich glaube, einen gewissen angeborenen Sinn dafür, der nur durch tief eindringende Beobachtungen, nur durch ein anhaltendes, nie ermüdendes Studium geläutert wird. Schon Rousseau bemerkt, daß der Maler und Dichter in einem Wald von ganz anderen Empfindungen beherrscht werden als der Jäger, Förster und Holzhacker. Der kühle Schatten des Waldes, das Dickicht der Gebüsche, der Bäume schöne Formen, der Blätter verschiedene Farben, die den einen zu angenehmen Betrachtungen führen, sind nichts für den anderen, der nur das Nutz- und Brennholz taxiert. Wo der eine dem Nachtigallschlag und dem Gelispel des Laubes horcht, da hört der andere nur auf Jagdgetön und Hundegebell. Auch der Landmann ist nicht selten blind für alle herrlichen Schätze, die die Natur rings umher seinen Blicken darbietet. Er hat für nichts Sinn als für das kleine Stück Erde, das er bearbeitet.

Es muß also eine gewisse Stimmung des Herzens oder des Gemüts vorwalten, wenn wir an den unermeßlichen Reizen der Natur uns weiden, wenn unsere Blicke ihre unerklärbaren Wunder anstaunen, wenn uns ihre furchtbaren Szenen mit Schauder, ihre lieblichen mit Entzücken erfüllen sollen. Und diese besteht nicht in der gewinnsüchtigen Art, wie der Ökonom und Kameralist Wald und Feld betrachtet, denn er berechnet in Gedanken nur kaufmännisch den daraus zu ziehenden Gewinn; nicht in der Art, wie der Naturkündiger seine wissenschaftlichen Beobachtungen anstellt; auch die Art ist es nicht ganz, wie der Maler eine reizende Naturszene anblickt, denn er beurteilt sie gewöhnlich nur als ein auf weit ausgespannter Leinwand aufgetragenes Landschaftsgemälde, obgleich der Maler, dem dieser Natursinn mangelt, ewig ein Pfuscher bleiben oder anderen nachhinken wird, sondern es ist der Zustand der Begeisterung, welche etwa den Dichter durchglüht. Nur ein Mensch von ungewöhnlicher Kraft der Seele, von hoher, lebendiger Phantasie, von tiefer starker Empfindung, kurz, ein Geist von besonderer und leichter Empfänglichkeit für das Schöne vermag das Universum mit liebenden, glühenden, trunkenen Blicken zu umspannen und sich seiner holden Mutter anzuschmiegen, welche den in ihm wohnenden Götterfunken zur Flamme anfacht.

So empfand, so schwärmte ich in dieser erhabenen Einsamkeit, bis das verbleichende Abendrot den Himmel glänzender und die Erde dunkler machte und mich der Abendglocke heller Klang zur Rückkehr nach der Stadt ermahnte.

Bergen, den 7. *September*

Ich kann diesen Brief nicht absenden, ohne Dir von einer gezwungenen Reise nach Stralsund zu erzählen ... Indes habe ich doch das dadurch gewonnen, einen neuen Teil des Landes kennengelernt zu haben, und dies ist ja die Hauptursache meines Hierseins.

Frühmorgens also ergriff ich, von dem heitersten Wetter eingeladen, den Pilgerstab, um die drei kurzen Meilen nach der Fähre zu wandern. Ungefähr bis zu dem Edelhof Kubbelkow geht der Weg bergab zwischen gut angebauten Äckern, und links in der Ferne ragen braune Heideberge hervor. Die Stadt Bergen zeigt sich von dieser Seite vorteilhafter als von der nach Gingst.

Nachdem ich durch ein angenehmes, dem gedachten Hof zustehendes Hölzchen gekommen war, sah ich überall Saatfelder ausgebreitet, und die ganze Gegend trug den Charakter der oben beschriebenen. Eine gute Meile von Bergen erhob sich das Land ein wenig, und die Straße zog sich neben zwei auf einer Anhöhe liegenden, mit Gestrüpp bewachsenen Grabhügeln hin, worauf sie sich plötzlich senkte und mich in ein Tal hinab zu einem Bach führte, an welchem eine Mühle liegt.

Bei Negast, eine Viertelstunde von da, passierte ich über einen elenden hölzernen Steg noch einen Bach, der sich darauf träge schleichend nach der Pribbrowschen Wedde hinwindet, in welche er, wie ich schon berichtet, ausfließt. Was ich Dir gelegentlich bei jener Wedde gesagt habe, gilt auch hier. Der Bach ist zwar gewöhnlich so seicht und schmal, daß Wagen ohne alle Gefahr durchfahren können, soll aber im Frühling und Herbst oder auch bei anhaltendem Regenwetter im Sommer so stark anschwellen, daß kein Fuhrwerk durchkommen kann, sondern umfahren muß. In dem Dörfchen Negast, wo des Weges Hälfte ist, fand ich eine sehr reinliche Landschenke.

Von hier bis Rambien wird der Boden etwas sandig, und auf mehreren Feldern stand das noch vorhandene Getreide (es ist nämlich mitten in der Ernte, und allenthalben wird die Frucht eingefahren) mittelmäßig. Größer aber und in gedrängterer Fülle zeigt es sich, je näher man der Alten Fähre kommt. Am Mittag erreichte ich dieses Dorf, von dem ich Dir oben noch zu erzählen vergessen habe, daß es eines der größten und volkreichsten Dörfer auf Rügen und mit seinen 60 bis 70 Häusern und deren (meisten) Bewohnern der Stadt Stralsund eigenhörig ist. Es zieht sich eine mäßige Höhe sanft hinan und wird von einem Wall eingeschlossen, der aus dem Schwedisch-Dänischen Krieg (1714 – 1720) herrührt. Die Kirche liegt auf einem Berg, und vom Kirchhof stellt sich das gegenüberliegende Stralsund, welches die Meerenge beherrscht, an welcher es emporsteigt, vorteilhaft dar, so daß hier eine Reminiszenz an die vormalige Reichsstadt Mainz in mir rege ward, welche von Kastel aus eine ähnliche Ansicht darbietet. Durch die Meerenge übrigens fließt nahe an der rügianischen Küste ein starker Strom von beträchtlicher Tiefe.

Unstreitig ist die Alte Fähre am besten unter allen eingerichtet und daher auch die besuchteste, und vorzüglich war heute auf der Brücke ein sehr lebhafter Verkehr. Ich bestellte ein kleines Boot und ward bei gänzlicher Windstille in weniger denn einer Stunde nach der Stadt hinübergerudert, wo ich noch an demselben Tag meine Geschäfte glücklich beendigte. – Fremde und Einheimische sollen, wie ich höre, sonst über die Trägheit, Grobheit und Geldgier der Fährleute oft harte Klagen geführt haben. Jetzt aber hat die Stadt diesen Beschwerden durch eine neue geschärfte Fährordnung abzuhelfen gesucht, auf deren genaue Beobachtung die beiden Alterleute nebst dem auf der Fähre wohnenden Landreiter mit aller Strenge zu halten angewiesen sind.

Dieser neuen Verordnung zufolge besteht die Anzahl der Fahrzeuge gegenwärtig aus acht großen und sechs kleinen mit Nummern versehenen Ruderbooten, die von 32 Fährleuten bedient werden. Die großen Boote, welche zum bequemeren Transport der Wagen und Pferde, des Getreides und sonstiger Waren ziemlich flach und breit gebaut sind, werden von zwei Rudern oder Riemen, wie man hier sagt, bewegt, deren jedes zwei Mann regieren. Ein kleines Boot hat vier Mann, deren jeder einen Riemen führt. Bei stürmischem Wetter aber wird die Zahl der Ruderer verdoppelt. Die Lenkung des Steuers übernimmt gewöhnlich einer der Passagiere. Die Taxe des Fährgeldes ist jetzt etwas erhöht, und jeder Reisende kann für den festgesetzten Preis ein eigenes Boot erhalten. Daher muß beständig sowohl in der Stadt als auf der Fähre wenigstens *ein* Boot in Bereitschaft sein. Überhaupt soll im Sommer regelmäßig des Morgens um sieben, im Winter aber um acht Uhr sowie jeden Mittag bestimmt um zwölf Uhr von Stralsund ein Boot abgehen, wenn Wind und Wetter es irgend zulassen.

Am folgenden Tag, wo ich meine Rückreise antrat, war es rauh und trübe geworden, und da ich nicht Lust hatte, den Weg von drei Meilen noch einmal mit meinen Füßen zu messen, bediente ich mich der Post (welche wöchentlich zweimal nach Bergen fährt) und kam an einigen Erfahrungen reicher hierher zurück.

Achter Brief

*Bergen – Zirkow – Jagdhaus Granitz – Sellin – Göhren – Thießow
Groß Zicker – Gager – Gobbin – Putbus – Vilm – Bergen*

Bergen, den 15. September

Den Augenblick einer begeisternden Erinnerung ergreifend, eile ich, Dir von einer neuen Wanderung Rechenschaft abzulegen. Allein der Zuschnitt dieses Briefes ist wieder so, daß ich fürchte, er werde das Maß überschreiten und Dich ermüden, ehe Du das Ende erreichst. Und doch kann ich nicht anders, denn mir sind Herrlichkeiten erschienen, die ich nie nach Würden werde preisen können und welche ich allem, was Rügen mir Schönes gezeigt hat, vorziehe, Pulitz und Stubbenkammer ausgenommen.

Dieses Lob gilt dem östlichen Teil der Insel, den ich jüngst durchzogen bin, eigentlich nur in der Absicht, das mir angerühmte Mönchguter Ländchen zu besuchen. Allein Umstände wirkten zu meinem Glück so, daß ich diesen Streifzug weiter ausdehnte, doch höre.

Nachdem ich mir auf der Karte, die ich immer bei mir führe, die Route genau hatte angeben lassen, trat ich, vom ersten Morgensonnenstrahl freundlich begrüßt, die Reise an. Der Weg von Bergen senkt sich, auch an dieser Seite an steilen Höhen hinablaufend, zu einer beträchtlichen Tiefe. Dann steigt er und führt durch eine sandige, steinbedeckte Ebene, die nur mittelmäßiges Getreidefeld enthält.

Etwa eine halbe Meile von der Stadt in der Nähe des Gutes Silvitz erblickte ich die erste Merkwürdigkeit. Ein gewaltiger Steinklumpen von aschgrauer Farbe lag zur Linken hart am Weg auf einer kleinen Anhöhe aufgetürmt. Es war ein Hünengrab oder Steinbett, das größte dieser Art, das ich bis jetzt gesehen habe. Mächtige Blöcke sind hier so aneinander gefügt, daß sie eine länglich eckige Höhlung bilden, und darüber liegt ein drei Ellen langerl Schlußstein von Osten nach Westen.

Wer hat nun, wird jeder Forscher fragen, diese Masse auf des Grabes Tür gewälzt? Wenn auch die Körperkraft der Vorfahren noch weit vermögender war, als historische Mutmaßungen angeben, so muß man beim Anblick eines solchen Werkes dennoch zweifeln, daß sie es durch bloßen Gebrauch ihrer Arme fördern konnten. Vielmehr sieht man sich genötigt zu glauben, daß den Alten gewisse uns unbekannte Kunstgriffe der Mechanik zu Gebote standen und daß sie von einigen Maschinen, die zur Bewegung schwerer Massen erforderlich sind, eine bessere Kenntnis hatten, als gewöhnlich angenommen wird.

Einen eigenen Namen hat dieser rohe Sarkophag nicht. Ich bestieg den Deckel desselben und genoß von der Höhe eine gute Umsicht. Vor allem lieblich zeigte sich links das bewaldete Pulitz in seiner ganzen Länge zwischen einem lustigen Vordergrund von Saatfeldern und Dörfern und dem zart überflorten Hintergrund von Jasmund. Nicht minder trugen auch die übrigen Partien, die Stadt Bergen mit den mächtigen Furchen ihrer braunen Berge, die Putbusser Waldung mit dem Tannenberg und die Kirchdörfer Vilmenitz [Vilmnitz] und Cirkow mit ihren grünen Höhen zur Bereicherung dieser Landschaft bei, in welcher man den unliebsamen Fleck des Sumpfes Garwisch [Garvitz] gern unbetrachtet läßt. Das letztgenannte Dorf, welches noch eine halbe Meile von dem Hünengrab entfernt ist und von Bergen gegen Osten liegt, wählte ich zum ersten Ruhepunkt. Es hat eine sehr angenehme Lage am Fuß einer Anhöhe, über welche der Schellhorn, ein wegen vieler Schlangen berüchtigter Bergwald, mit seinen dunklen Gipfeln hervorragt, und den vorteilhaftesten Standpunkt zur Übersicht der Gegend gibt der hiesige Mühlenberg. Das Dorf gehört dem Hause Putbus, welches zugleich Patron der Kirche ist, deren Inneres außer einer alten kleinen Orgel nichts Merkwürdiges enthält. Von Cirkow fängt die Gegend an, sich zu erheben. Die Verkettungen der Berge laufen gegen Norden nach der Prora, ostwärts nach Lanken [Lancken], im Westen nach Stresow und Posewald, und herrliche Täler streichen durch diese Höhen.

Ein solches Tal umfing mich gleich, nachdem ich Cirkow verlassen hatte. Hier weidete eine Viehherde an den Bergen, deren Hirte mir die rechte Straße beschreiben mußte, weil ich Abwege traf. Höchst reizend war die Bahn, die er mir angewiesen hatte, und bald mich zu Höhen hinanschwingend, bald in Wiesentäler hinabsteigend, kam ich durch die Dörfer Pantow und Seramse [Serams], welches letztere an einer Anhöhe liegt. In der Nähe desselben steht eine alte Eiche, die ich nur des Namens wegen erwähne. Sie wird nämlich von den Dorfbewohnern die Brauteiche genannt, weil sich ein junges Mädchen, dessen Bräutigam unter dem Baum vom Blitz erschlagen worden, an demselben erhängt haben soll.

Hinter Seramse wird die Gegend noch kraftvoller. Der Weg läuft durch Gründe, Kornfelder und Feldgebüsch, rechts von den Waldhöhen der Granitz begrenzt und links in der Ferne von einem dunklen Forst umzogen, an dem sich ein See ausbreitet, welcher sehr fischreich und unter allen rügianischen Landseen wohl der größte ist, daher ich ihn anfangs auch für einen Busen des Meeres ansah. Allein er enthält süßes Wasser und fließt nur bei dem Katen Aalbeck durch einen Lauf gleichen Namens in die Ostsee. Von dem daran liegenden Dorf Schmacht wird er dermalen der Schmachter See genannt. Sein wahrer Name aber ist der Golzen oder Cholsen. Er gehört an Putbus, welches fast diesen ganzen östlichen Teil der Insel besitzt.

Auch hier fand ich mich glücklich durch, berührte das Dorf Süllitz, wandte mich dann gegen Süden und behielt die Granitzberge zur Linken. Rechts breitete sich ein buntes Gemälde aus von Angern, Baumgruppen, einzelnen Grabhügeln im Felde und ländlichen Wohnungen. Den Hintergrund umschloß des Meeres blauer Gürtel oder vielmehr das dämmernde Gestade von Pommern, doch übersieht man nicht den ganzen Wasserraum, sondern hat nur einzelne freie Durchsichten, und oft verschwindet alles plötzlich hinter Gebüsch. Der Weg ist sonst steinig und sandig, die Felder sind es auch, und man trifft sogar einzelne ganz kahle, völlig sterile Stellen. Die Gegend selbst aber behält ihre

Frische und bleibt des Preises würdig, was auch der Ökonom dagegen einwenden mag. So geht es am Fuß lebendig rauschender Waldhügel, die Quisnitz genannt, hin, bis zu dem nahe gelegenen Kirchdorf Lanken, wo erst recht eine Fülle von Reizen prangt, doch davon hernach. Ich ging zu dem Prediger, dessen Gastfreundschaft ich empfohlen war, erquickte mich an einem ländlichen Mahl und machte Bekanntschaft mit einem jungen Maler, der wie ich nach Mönchgut wollte.

Nach Tische machten wir uns auf nach dem sogenannten Jagdhaus, welches eine gute Viertelstunde von Lanken auf einem Berg der Granitz liegt. Ein ziemlich steiler Pfad führt durch die Waldung hinauf zu dieser Solitüde, welche, von stolzen Buchen eingeschlossen, auf einem ebenen, fast viereckigen Rasenplatz liegt und aus einem Hauptgebäude besteht, das an beiden Seiten neben sich noch zwei ähnliche kleine Häuschen oder Pavillons hat. Es ward 1726 von einem vormaligen Grafen Putbus erbaut, der ein starker Jagdliebhaber gewesen sein und sich hier oft und lange aufgehalten haben soll. Seit jener Zeit scheint es wenig benutzt worden zu sein, denn die Tapeten und Mobilien der Zimmer waren sehr veraltert, und überhaupt konnte ich das Ganze so wenig merkwürdig finden, daß ich insgeheim schon unwillig auf meinen Gefährten ward, der mich zu dieser unlohnenden Berg-Aszension beredet hatte.

Aber bald löste mein Unmut sich auf in ein Wohlgefühl, das ich fast Begeisterung nennen möchte, denn seitwärts gegen Süden schimmerte durch das Buchengrün ein kleines weißes Gebäude, das mich freundlich zu sich einzuladen schien. Dem stummen Wink folgend, stieg ich den von hohen Buchen überwölbten Pfad hinan, der höchstens ein paar hundert Schritte beträgt, der Maler folgte, und bald standen wir vor dem Gebäude. Es ist ein kleines achteckiges Tempelchen, leicht gebautes Fachwerk, weiß übertüncht und auf einem der höchsten Berge der Granitz aufgeführt. Wir finden die Tür unverschlossen, gehen hinein, ersteigen eine Treppe und kommen in ein kleines leeres Gemach, wo an allen Wänden und Fenstern hundert Namen geschrieben und gekritzelt sind. Schon aus den Fenstern dieses Zimmers genießt man einen herrlichen Überblick, aber noch eine Treppe höher im dritten Stock unter dem Dach, aus welchem nach den vier Himmelsgegenden kleine Kappfenster gehen, ward mein Maler ganz wie unsinnig. Er fühlte sich recht eigentlich in den dritten Himmel entrückt und schwor, der Mann, der den Gedanken gehabt habe, dies Belvedere hier anzulegen, sei würdig gewesen, durch des größten Künstlers Pinsel unentgeltlich verewigt zu werden.

In der Tat liegt auch hier ein Reichtum von Reizen zur Schau, die die Sinne entzücken, die Seele begeistern und die Brust zu

Aussichtspavillon beim Jagdhaus in der Granitz

freieren Atemzügen sich heben. Jedes Fensterchen schließt eine wunderschöne Landschaft auf, vorzüglich nach Osten und Süden. Nur gegen Norden wird das Auge beschränkt durch die Buchen, über deren Wipfel Jasmund zu schweben scheint. Wäre auch diese Seite frei, so möchte die ganze Umsicht jene vom Rugard übertreffen, mit der sie schon jetzt wetteifert. Der Blick reicht hier teilweise noch weiter als dort, fliegt über Auen und Wälder, wird einen Moment aufgehalten durch das am Fuße des Bergwalls bescheiden sich senkende Lanken, dann eilt er weiter, verfolgt die Krümmungen der Buchten und Golfe, sucht den Ausweg aus diesem Irrgewinde, bald über Mönchgut, bald über Rügen hingleitend, entdeckt hier im Großen Rügianischen Bodden den weiß schimmernden Rüden, darüber im Hintergrund das blau dämmernde Gestade von Pommern und der Insel Usedom, dort das anachoretische Eiland – die Greifswaldische Öhe [Greifswalder Oie] –, verliert sich dann in des Meeres unendlichen Räumen und hat allgemach ein Ganzes umspannt, das jeder näheren Beschreibung hohnspricht.

Der Maler war nicht zu ersättigen, hing wie festgebannt aus den Fenstern und tat mir den Antrag, hier eine Nacht zuzubringen. Dazu hatte ich aber nicht Lust. Ich wollte mich noch in der Granitz umsehen und bat ihn, mich zu begleiten. Ungern riß er sich los, und welcher Mensch von reinem Natursinn verläßt wohl mit Gleichgültigkeit diesen höchst interessanten Naturtempel? Wir gingen nach der Wohnung des Aufsehers des Jagdhauses, welche seitwärts nahe beim Hauptgebäude liegt, und baten ihn um einen Wegweiser durch die Granitz nach der äußersten Uferspitze.

Der Mann war so gefällig, uns selbst zu begleiten. In mancherlei Windungen lief der Weg über Höhen und durch tiefe Täler, erst in der Granitz, dann neben derselben hin an dem einsiedlerischen Landsitz Granitz oder Grantzke vorüber, dann wieder durch wilde Waldung, wovon ein Teil die Quaßnitz heißt, und erst nach Verlauf einer Stunde erreichten wir das Ufer oder den sogenannten Granitzer Ort. Dies Vorgebirge ist äußerst wild, oben und an seinem Abhang mit Buchen und schlanken Tannen bewachsen, auch ziemlich hoch und steil, jedoch nicht so zerfetzt und voller Spalten wie die vorbeschriebenen Uferspitzen. Es besteht fast bloß aus gelbem Sand, gewährt aber dennoch einen pittoresken Anblick. Zugleich übersieht man hier die Seeseite der

Schmalen Heide mit ihren weißen Dünen, einen ziemlichen Teil Rügens, und gerade vor uns türmen sich die Jasmunder Gestade im Hintergrund auf. Nicht weit vom Ufer findet man auch einen Schwarzen See, der aber weder so groß noch so merkwürdig ist wie jener in der Stubnitz.

Wir stiegen hinab zum Strand und erstaunten über die Menge und Größe der Steinklumpen, die sich gegen die pochenden Wogen stemmten. Die größten dienen dem Seehund zum Lager, der im Frühling und Herbst, sich auf ihnen sonnend, zuweilen einschläft und dann von vorsichtigen Jägern beschlichen und geschossen wird. Zu dieser Absicht lag hier ein Boot, um die verwundete Robbe, die sogleich untertaucht und, soviel sie noch vermag, das Weite zu gewinnen sucht, zu verfolgen.

Indem wir dies von unserem Führer vernahmen, zeigten auf der Uferhöhe sich ein paar Hirsche, die uns neugierig angafften und gar nicht scheu gegen unser Geschrei wurden. Ihre Dreistigkeit ist eine Folge der Schonung, die sie hier genießen, denn da das gräfliche Haus Putbus seit 1785 das Regal der hohen Jagd gegen ein jährliches Rekognitionsgeld von 80 Reichstalern gepachtet und dadurch den alleinigen Besitz dieser Jagdgerechtigkeit auf 20 Jahre erworben hat, darf sonst niemand im Lande bei Strafe von 10 oder 20 Reichstalern einen Hirsch schießen. Nur der Graf Brahe hat in seinen Jasmunder Forsten das Recht der Hirschjagd.

Weil nun bei ziemlicher Schonung sich das Rotwild seit jener Zeit sehr vermehrt hat, sollen häufig Klagen entstanden sein, daß der Hirsch dem Landmann zur wahren Landplage würde, indem er im Sommer das Korn zerträte, im Winter aber Weiden und andere Bäume abschälte und oft in einer Nacht ganze Kohlgärten abweidete. Inwieweit diese Beschwerden begründet sein könnten, vermag ich weder zu untersuchen noch zu entscheiden. Soviel dünkt mich aber, daß auf einer so kultivierten und mit Menschenwohnungen bedeckten Insel, ja, daß überhaupt in einem Land, wo der Ackerbau so im Großen getrieben wird wie auf Rügen der Hirsch als ein schädliches Wild gänzlich ausgerottet werden müßte, denn die Befriedigung der Jagdlust, die ohnehin nicht jedermanns Sache ist, und der Gewinn des Bratens, den vielleicht nurmehr die Meinung für einen Leckerbissen hält, gewähren doch im Grunde nur eine geringe Entschädigung für den Nachteil, der aus der Duldung des Hirsches erwächst. Bei der jetzigen Lage der Dinge stehen wenigstens Nutzen und Schaden in offenbarem Mißverhältnis, denn der erste kommt dem einzelnen zugute, und den letzteren fühlt das ganze Land, ohne Ersatz verlangen zu können. Besonders sind wohl die an die Granitz und Stubnitz grenzenden Ortschaften übel dran, denn in diesen beiden Waldungen hat der Hirsch hauptsächlich seinen Aufenthalt. Von hier aus aber verbreitet er sich über das ganze Land und steht zuzeiten auch in anderen kleinen Gehölzen, ja, zuweilen soll er bis an das äußerste entgegengesetzte Ende der Insel streifen. Doch genug vom bösen Hirsch. Das Paar, das wir hier erblickten, gab wenigstens der wilden Landschaft eine passende Staffierung.

Wohl eine Stunde blieben wir an diesem Ort, dann ging es einen anderen, etwas kürzeren, aber auch beschwerlichen Weg durch den Wald zurück nach dem Jagdhaus, wo wir noch einmal des Tempels Zinne erstiegen, um der Gegend zum letzten Mal zu huldigen. – Man kann die Granitz mit Recht ein Waldgebirge nennen, denn man erblickt hier stolze Höhen, welche in der Tat den Namen von Bergen verdienen, und die durchgreifenden Täler sind eng, tief, schauerlich und wie die Höhen eine Freistatt für Schlangen, deren es hier in Menge gibt, so daß der Wanderer sich wohl vorzusehen hat, damit er von ihnen nicht in die Fersen gebissen werde.

Die Waldung, welche dem Haus Putbus gehört, bedeckt über 2000 Morgen Land. Ihre größte Länge, vom Granitzer Ort an gerechnet, mag etwas über eine ganze und die Breite eine halbe Meile betragen. Gegen Süden und Westen läuft sie in verschiedene Arme aus, an der Morgenseite aber gegen Lanken zieht sie sich an den Bergen in einem weiten Bogen nach dem Ufer hin. Alle Berge haben ihre eigenen Namen. So gibt es einen Wabberg, Käseberg, Pantberg, Borsberg, Furthberg [Forthberg], Frankenberg, Krautberg, Brandberg, Plansberg, Postmoorberg, Rollnikberg, Schielerberg u.a. Andere Höhen heißen die Bläse, die Prigelf, der Dolgen [die Dolge], das Raadland, die Wasenitz usw. – Das Gehölz besteht nicht bloß aus Buchen, man trifft auch Eichen, Erlen, Eschen, Ahorn, Fichten, Vogelbeeren, Linden, Haseln usw., und jährlich wird eine ansehnliche Menge dieses Holzes öffentlich veräußert. Vormals befand sich in der Granitz auch eine Kalkbrennerei, wozu die Kalkerde in der Gegend des Landsitzes Granitz am Ufer gegraben ward, sie ist aber seit mehreren Jahren eingegangen.

Weil es schon ein wenig spät war, als wir hinab nach Lanken kamen, ward flugs beschlossen, die umliegende Gegend noch zu begrüßen, bevor der Abend sie verschleierte, und bald ward der in der Dorfes Nähe liegende Mühlenberg – als der vorteilhafteste Gesichtspunkt – erstiegen. Ich glaube nicht zu irren, wenn ich behaupte, daß Lanken unter allen Kirchdörfern Rügens die schönste Lage hat. Hier, wo Bild an Bild gedrängt ist, wurden wir, selbst nachdem uns der Genuß einer ungleich weiteren Aussicht vom Tempel ergötzt hatte, noch von neuem Entzücken durchschauert und wünschten uns hundert Augen, damit uns auch kein Zug von der Schönheit und Anmut entginge, womit die Natur diese Landschaft ausgestattet hat.

Ungeachtet des Herbstes war die Vegetation noch frisch und lebendig, und ihre Farbe ward noch erhöht durch den Rosenschimmer der sich neigenden Sonne, die diese Fluren anlächelte, nur die Granitzberge waren schon in Dunkel gehüllt. Eine buntgestreifte Ebene zieht sich sanft hinan gegen diese Berge, welche im Norden sich als ein Amphitheater um Lanken schlingen, das friedsam und bescheiden, unter Bäumen versteckt, mit seiner Kirche in der Mitte ruht und über welches das Vorwerk Blischow [Blieschow] hervorragt. Im Vorgrunde siehst Du lichtgrüne Wiesen, mit Weiden und Erlengesträuch eingefaßt, zur Seite rechts das Landgut Garftitz mit seinen Bäumen, Auen und Feldern, weiterhin die Dörfer Sellin und Altenzien [Altensien] mit den daran grenzenden, spiegelhellen Meerbusen, noch weiter hinaus braune Heide und darüber die Berge von Mönchgut, zur Linken schwellen sanfte Anhöhen zwischen Äckern und Triften auf, und alles ist mit Feldgebüsch malerisch durchwirkt.

Auch das Dörflein hat mit seinen umlaubten Gärten und Schattengängen zwischen Zaungeflechten viel Freundliches und Holdes. Die Wohnung des Predigers liegt dem düsteren Waldgebirge gegenüber und die Kirche auf einer kleinen Anhöhe. Von ihrem Innern kann ich Dir weiter nichts sagen, als daß es hell ist und ein kleines Orgelwerk enthält. Das gräfliche Haus Putbus, dem auch Lanken mit der ganzen umliegenden Gegend gehört, ist Patron der Kirche und teilt kraft eines alten Herkommens den jährlichen Schmalzzehnten mit dem Pastor, ungeachtet dieser die Pfarrzimmer selbst in wohnbarem Stand erhalten muß, auch die Pfarre nur klein ist; man rechnet ungefähr 530 Eingepfarrte zu diesem Kirchspiel.

Am folgenden Morgen sagten wir unserem kränklichen Wirt herzlichen Dank und begannen unseren Zug nach dem Mönchguter Land. Der Weg führt durch Sellin, ein langes Dorf, das sich um eine weit in das Land greifende Inwiek krümmt, jenseits welcher die Dörfer Alten- und Neuenzien (eigentlich Schwetzien) mit dem Hof Garftitz ein Ganzes auszumachen scheinen.

Mein Gefährte eilte den Höhen zu, die als Fortsetzung der Kette der Granitzer Berge sich zur Linken an dem Meer hinziehen und hohe Gestade bilden. Ich mußte ihm folgen, und nicht ohne Anstrengung schritten wir über einen Bergrücken fort, der plötzlich mit einem steilen Ufer endete, das, sowie es allmählich niedriger ward, in blendend weißen, unfruchtbaren Sand überging, auf welchem ich gleichwohl das Geranium sanguineum in großer Menge blühend fand. Endlich wird die Küste gegen den sogenannten Mönchsgraben ganz flach, doch nur eine Strecke lang, dann hebt sie sich wieder. Der Maler bestand darauf, am Strand zu bleiben, wo er sich schönere Partien versprach als auf dem Landweg, und in der Tat gehören auch die Uferansichten zu den malerischsten Situationen Rügens.

Wir gingen nun den Strand entlang, der sich bis zum Vorgebirge Peerd [Perd] in einem weiten Bogen hinzieht, dessen Krümmung beinahe eine Meile beträgt. Immer höher und steiler wurden die grün belaubten Ufer, immer heißer des Tages Gluten, immer einsilbiger unsere Worte, bis wir endlich am Fuße des Peerds, wo des feiernden Meeres letzte Welle sanft an den glatten, abgerundeten Kieseln plätscherte, im Schatten der Gesträuche niedersanken. Dieses Peerd (Pferd) springt in zwei abgestumpften, unförmigen Kegeln von gelbem Ton, die eine kleine Schlucht einschließen, hervor aus einer buschigen Hülle und bäumt sich gerade im Osten gegen das Meer auf, wider dessen Bestürmungen auch hier der Strand mit einem gewaltigen Steinlager verschanzt ist. Des Kaps Höhe ist nicht beträchtlich. Gleichwohl aber hat es seine eigentümlichen Reize, zu denen auch vornehmlich das herrliche Seitenperspektiv zur Rechten gehört, welches durch die Mönchgutschen Gestade, die Granitz und die dämmernden Kreideufer Jasmunds gebildet wird, und überhaupt ist es ein passendes Gegenstück zu dem Granitzer Ort, der Stubbenkammer und Arkona. Zugleich hat diese Ecke den besten Ankergrund für Fahrzeuge. Sonst ist die Mönchguter Küste durch Schiffbrüche ebenso übel berüchtigt wie die von

Jasmund, Wittow und Hiddensee. Von mineralischen Merkwürdigkeiten gibt dieser Strand nur eine schlechte Ausbeute, aber
dem Peerd gegenüber, etwas mehr als hundert Klafter in der See
liegt eine Wacke, die zu den beträchtlichsten am rügianischen
Strand gehört, wo sie nicht die größte ist. Dieser Granitblock
wird der Bußkahn genannt, und ein vor alters gemachter, aber
verunglückter Versuch, ihn zu zerteilen, soll noch an einem in
eine seiner Spalten getriebenen eisernen Keil wahrzunehmen
sein. Worauf der Name Bußkahn, den die ehemaligen Mönche
dem Stein gegeben haben sollen, hinziele, habe ich nicht erfahren
können.

Das Nordperd bei Göhren

Sobald wir diese Landspitze verließen, empfing uns an der anderen Seite eine ganz andere Natur. Das Ufer ward sandig, wild und öde. Nur hin und wieder hing traurig ein Seedornstrauch (Hippophae rhamnoides) mit seinen roten Beeren an der kahlen Lehne, und diese unholde Einförmigkeit dauerte fort bis zu dem Dorf Gören [Göhren], welches nicht weit vom Strand teils auf einer Anhöhe, teils in einer Vertiefung liegt, ziemlich groß und meist von Lotsen bewohnt ist. Wir bestiegen einen hart am Dorf gelegenen Berg, worauf etliche Buchen standen und welcher noch höher ist als das Ufer des Peerds. Er wird das Görensche Höft (Haupt) genannt. Eigentlich heißt aber die ganze Landspitze von hier bis zu dem gedachten Vorgebirge das Peerd, eine Benennung, die sie daher führt, weil sie sich mit ihren Buchen-

gipfeln den Schiffern auf der See in der Gestalt eines Pferdes zeigen soll. Neuerdings sind jedoch von den Bäumen einige umgefallen oder abgehauen, daher man im Scherz sagt, das Pferd habe seinen Schwanz verloren.

So waren wir denn von einer ganz anderen Seite in Mönchgut eingedrungen als auf dem gewöhnlichen Landweg, denn dieser führt von dem Mönchsgraben an zuerst nach dem Dorf Bawe [Baabe], und von da geht eine kurze steile Bergstraße, der dumme Steig genannt, nach dem Hagen usw. – Mit der Anhöhe, worauf Gören liegt, steht ein anderer, mit kurzem Gebüsch bewachsener Rücken, der Plansberg, in Verbindung, welcher gegen die Zikkerschen [Zickerschen] Berge sich in eine weite Ebene hinabsenkt. Diesen Berg sowie den Hagen, der mit seiner Kirche am Fuße zweier sanfter Anhöhen, des Schaf- und Teschenberges, liegt, ließen wir seitwärts zur Rechten, nachdem wir einen abschüssigen Hohlweg durchwandert waren, den uns ein Görenscher Fischer zeigte. Die gedachte Ebene, die größte, wo nicht die einzige, auf Mönchgut, enthält recht guten Getreideboden, und in der Nähe des Dorfes Lobbe, das in ihrer Mitte liegt, wurden noch Garben vom Feld gefahren. Auf dieses Dorf gingen wir zu und kehrten in eine Fischerwohnung ein, deren Inneres sehr nett und reinlich war, wie dies fast alle Mönchguter Bauernstuben sind. Eine Besonderheit in denselben ist ein kleiner, dicht am Ofen von Backsteinen aufgemauerter Sitz in Gestalt eines Herdes, welcher vom Ofen Wärme empfängt und die Hölle heißt. Die Qualen einer solchen Hölle sind aber nichts weniger als unerträglich für die Fischer, wenn sie im Winter halberfroren von ihren mühseligen Geschäften zurückkehren. Auch jetzt fanden wir die Frau des Hauses, die anfangs mißtrauisch schien, uns aber doch Brot und Milch auftischte, nur allein. Die Männer des Dorfes waren auf den Fischfang ausgezogen, und wir sahen die roten Segel ihrer Boote auf dem blauen Meer wallen, denn Lobbe liegt nicht weit vom Strand, dessen Ufer hier nur flach sind.

Die Mönchguter fangen mancherlei Arten von Seefischen mit dem großen Garn, das, wie gewöhnlich, aus einem Beutel mit zwei langen Flügeln besteht und vom Boot aus in das Wasser ausgebreitet wird. Nur zum Fangen der Flundern und Heringe bedienen sie sich besonderer Netze. Die ersteren werden mit dem Streuer, einem großen beutelförmigen Netz, gefangen, woran an beiden Seiten zwei lange, mit kleinen Strohbündeln in gleichem

Abstand besetzte Seile befestigt sind, die beim Rudern gezogen werden. Das Stroh dient dazu, den Fisch zu schrecken. Man braucht einen solchen Streuer, von dem Du eine Abbildung auf dem Blatt findest, welches die Hiddenseer Hütte darstellt, aber auch zum Aalfang.

Die Heringe fängt man in Manschen, Mansen oder Manzen, und der Frühling und Herbst werden für die beste Zeit dazu gehalten. Diese Manzen, welche aus feinem, aber starkem flächsernem Garn gestrickt und geteert werden, sind ganz gerade, glatte Netze, 20 Faden und darüber lang und mit beiden Enden an schweren Steinen befestigt, welche besonders dazu ins Wasser hinabgesenkt werden. Der Manzen unterer Saum ist mit kleinen Steinen belastet und der obere mit knebelförmigen Hölzchen versehen, wodurch sie sich senkrecht und wie eine Wand stehend im Wasser erhalten. Die Manzen stehen hier nicht hintereinander, wie in anderen Gegenden Rügens wohl gebräuchlich ist, sondern laufen in einer Reihe aneinander fort, indem der andere da, wo die Manze des einen aufhört, die seinige unmittelbar in gleicher Linie ausbreitet. Wenn nun der Hering gegen diese Netzwände andrängt, bleibt er mit den Kiemen in den zarten Maschen hängen, indem er den Kopf zurückziehen will. Damit die Fischer immer wissen, wo ihre Manzen stehen, so lassen sie am Ende derselben ins Meer hinab einen Stein, woran ein Strick befestigt ist, welcher vollkommen die Länge der Wassertiefe hat und an dessen oberem Ende ein Klotz von leichtem Holz befestigt ist. Indem das Seil nun dadurch genötigt wird, gerade aufrecht zu schweben, zeigt der oben schwimmende Klotz den Stand der Netzwand an.

Gleichwohl werden die Manzen zuweilen von der Gewalt der Wellen fortgetrieben. Auch richtet der Seehund im Herbst große Zerstörungen an, indem er die daran hängenden Heringe abfrißt. Die Fischer setzen deshalb in dieser Jahreszeit sehr starke Reusen aus, um den ungeladenen Gast darin zu fangen. Auch den Aal fängt man in Reusen, die an gewissen Stellen in der See, welche für besondere Glücksplätze gehalten und die Aallage genannt wird, aufgestellt sind. Damit sich aber niemand beklagen dürfe, müssen die Aalfänger ihre Aallage jährlich umtauschen. Sehr unterhaltend soll auch der Anblick eines Fischzuges im Winter auf oder vielmehr unter dem Eis sein, wovon ich Dir freilich nichts erzählen kann. Da ich aber doch einmal beim Fisch-

Mönchgut

fang bin, will ich hier Gelegenheit nehmen, Dich mit einigen anderen Arten, wie dieses Gewerbe sonst noch auf den rügianischen Gewässern getrieben wird, bekannt zu machen.

Von dem großen Garn habe ich schon geredet. Wenn dieses Zugnetz ausgeschürzt wird, pflegen einige Fischer wohl während des Ruderns ein kleines, vermittelst einer Schnur an dem Boot befestigtes Fischchen von Blech oder Messing, worin eine Angel verborgen ist, auszuwerfen, das im Wasser flimmernd Fische herbeilockt, die sich daran fangen. Ein solches Instrument führt den Namen Darl.

Auf einigen Binnenwassern fischt man auch des Abends auf dem Schar, d. h. den flachen Stellen, mit Feuerbränden, teils um die Wasserfläche zu beleuchten, teils durch den Glanz der

Flamme die Meerbewohner anzuziehen. Dies Verfahren wird Blüsen genannt. Auf ihren Zügen nehmen die Fischer oft einen kleinen Fischbehälter mit, der die Gestalt eines Kahns hat, oben verschlossen und an allen Seiten durchlöchert ist. Ein solches hintenan schwimmendes Behältnis heißt ein Hüdefaß, auch wohl ein Drewel oder Drever. Die Zeesener endlich halten große, den Schuten ähnliche Boote, welche Zeesekähne heißen, und fischen mit ausgespannten Segeln, indem sie vom Wind das Fahrzeug treiben lassen, welches das seitwärts ausgeworfene Netz, die Zeese, mit fortzieht. Die Beschreibung eines Zeesekahns habe ich Dir schon geliefert.

Es war Nachmittag, als wir Lobbe verließen. Der Weg lief in der Ebene fort über einen grünen Anger bis zu dem sogenannten Damm, einer sumpfigen, mit Steinen eingefaßten Stelle, welche ein Graben oder schmaler Wasserlauf durchschneidet, der die

Fortsetzung einer kleinen Inwiek ist und worüber eine leichte Holzbrücke führt. Jetzt kamen wir den Zickerschen Bergen näher, welche sich von hier in einer Kette nach Groß-Zikker hinstrecken und Unnerlang (das Unterland) genannt werden, weil der Weg nach dem genannten Dorf sich an ihrem Fuße (unter dem Hochland) zur Rechten hinzieht. Der vorderste dieser Berge, der gleichsam das erste Glied der Kette bildet, heißt der Venzenberg. Weiterhin öffnet sich ein ziemlich tiefes Tal, das bis nach Zikker streicht und Krassendahl, d. h. kratz em dahl oder pflüge ihn nieder, genannt wird, denn dieser Grund enthält wie die Höhen Getreidefelder, daher der Name.

Von hier verließen wir den Weg und gingen geradeaus über einen ziemlich schmalen, mit schlechter Weide bedeckten Landstreif nach der kleinen Halbinsel Thießow, an deren südlichstem Ende ein Fischerdorf gleichen Namens liegt. Auch diese äußerste Spitze von Mönchgut gewährt treffliche Ansichten. Um das Dörfchen lagern sich Bergmassen, welche, mit einzelnen Bäumen und kurzem Gesträuch verziert, ein wildes Phantasiegemälde zeigen und immer höher bis zum Meer anschwellen, wo das Ufer in Gestalt eines Halbkreises sich hinabsenkt und sehr abschüssig ist. Auch hat die See hier nicht weit vom Lande schon solche Tiefe, daß oft Schiffe dicht unter dem Ufer, welches das Thießower Höft genannt wird, und gleichsam zu den Füßen dessen hinsegeln, der auf diesem Vorgebirge steht. Von hier läuft wieder eine schmale, flache Erdzunge gegen Westen aus, die Wiesenwachs und etwas Ackerland enthält und an deren Grenze das Dorf Klein-Zikker dem großen Zikker gegenüber liegt. Getreidefelder hat das Halbinselchen Thießow wenig. Man erblickt fast nichts als Berge, Buchengestrüpp, Weide, das Meer und in der Ferne die Greifswaldische Öhe mit ihren hohen Gestaden. Ich erinnerte mich an Kosegartens Beschreibung dieses Eilands (siehe dessen »Rhapsodien«, 2. Band) und kann Dir, mein Bester, nicht ausdrücken, welche Sehnsucht mich anwandelte, es auch zu besuchen, da es höchstens zwei Meilen von Thießow entlegen ist, aber Wind und Wetter waren ungünstig, auch mußten wir eilen, um noch die Zikker zu erreichen. – Hier kamen wir gegen Abend an und wurden von dem Pfarrer, einem gesprächigen Mann, sehr freundschaftlich aufgenommen. Ein allerliebstes Gärtchen hinter dem Haus, das in Obstbäumen verhüllt lag, deren gesundes Aussehen mich nicht minder ergötzte als die Fülle ihrer reifenden Früchte, war das letzte, was wir heute besahen.

Am folgenden Morgen durchstreiften wir das Gebirge in Begleitung des Pastors, der durch manche Erzählungen von den Sitten und Gewohnheiten des Mönchguter Volkes unsere Promenade noch interessanter machte.

Die Zikkerschen Berge, welche wellenförmige Gestalten und mehrenteils eine beträchtliche Höhe haben, sind, wie die von ihnen eingeschlossenen Täler, fast durchgehend angebaut, wiewohl die Verrichtung der Ackergeschäfte hier ziemlich beschwerlich ist. Der höchste dieser Berge (und wohl überhaupt auf Mönchgut) ist der Bakenberg, auf welchem die Einwohner auch zuzeiten einen oder mehrere Haufen Holz anzünden und vermittelst dieses feurigen Telegraphen ihren Nachbarn, den Bewohnern der Öhe, Nachricht von diesen oder jenen Angelegenheiten geben. Auf den Feldern der Berge fand ich die Küchenschelle (Anemone pulsatilla), deren Blüte man sonst nur im Frühling sieht, noch in vollem Flor und die fette Henne (Sedum telephium) in unendlicher Menge. Auch wilder Spargel, der sehr wohlschmeckend sein soll, wächst hier, hauptsächlich aber an den Ufern.

Nach dem Strand hin hört allmählich alle Kultur auf. Die Höhen werden unfruchtbar, und das kurze Buchengesträuch, womit sie bedeckt sind, gibt ihnen ein wildes Ansehen. Am reizendsten sind hier wieder die hohen Ufer, welche die trefflichsten Umsichten auf Land und Meer gewähren und eigene Namen führen. Die kühnsten dieser Ufervorsprünge sind der Kaming, dann folgt der Bohnenberg, weiterhin der Griepel und endlich am äußersten Ende gegen Westen der Schwantegord [Swantegard], wo wir am längsten verweilten. Den Rügianischen Bodden mit dem Rüden und dem nur schwach dämmernden Hintergrund des Kontinents vor uns, seitwärts zur Linken das buschbekränzte Thießow mit der Öhe und dem hohen Meer, worauf verschiedene Segel wie weiße Punkte schimmerten, zur Rechten die dunkle Waldung des einsamen Vilmeilands und die liebliche Ferne der Putbusser Gegend – mußte ich eingestehen, daß Mönchgut die vorzüglichsten Seesprospekte auf Rügen darbiete, auch zeichnete der Maler sogleich einige derselben.

Der Schwantegord ist überdem noch durch eine Sage berüchtigt, die uns der Pastor mitteilte. Es soll nämlich in diesem Ufer eine tiefe Höhle befindlich gewesen und das Nonnenloch genannt worden sein, weil vor alters städtische Nonnen, die zu der Strafe, lebendig eingemauert zu werden, verurteilt waren, zuweilen hierher gebracht und in die Höhle hinabgestürzt worden sind. Jetzt entdeckt man zwar keine Spur mehr von diesem einst so furchtbaren Nonnenloch, allein alte Leute behaupten, daß zu ihrer Väter Zeiten die Öffnung noch unverschüttet gewesen sei.

Von diesem Ufer wandten wir uns gegen Morgen und überstiegen noch einige kahle Berge, worauf eßbare Schwämme (Agaricus campestris) in großer Menge standen. Von einigen dieser Berggipfel hat man wieder einen neuen reichen Überblick über den vorderen Teil von Mönchgut mit seinen Inwieken und der Reddewitzer [Reddevitzer] Landzunge, hinter welcher die Gegend von Lanken mit den sie umgürtenden Bergen eine lachende Ferne bildet. Zu unseren Füßen lag das Fischerdorf Gagern [Gager] an einer weiten Bucht, zu welcher zwischen dem Gesträuch eine sehr reine Bergquelle hinabfloß. Nach einem Labetrunk aus derselben wanderten wir zurück nach dem Zikker, wo unserer schon das Mittagsmahl wartete, bei welchem wir unter anderem auch von dem Wohlgeschmack der Mönchguter Champignons überzeugt wurden.

Bei Tische kam die Rede auf die Mönchguter Pfarre, die noch zur Berger Präpositur gehört und eine der entlegensten im Lande ist. Sie gehört zu den weniger einträglichen und ist dennoch beschwerlich, weil der Prediger auch einem Filial vorsteht, im Fall eines Gnadenjahres auf sehr entfernten Pfarren zu predigen hat und sogar Bischofsroggen nach Ralswieck liefern muß, wovon der Edelhof frei ist, welcher auch die gewöhnlichen Predigerabgaben nicht entrichtet.

Dieser Hof, der Wohnort des Besitzers von Mönchgut, heißt Philippshagen. An denselben schließen sich zwei andere Dorfschaften, Lütkenhagen [Kleinhagen] und Mittelhagen [Middelhagen], worin die Kirche (das Filial) liegt, aber alle diese drei sind eins und führen den gemeinschaftlichen Hauptnamen »der Hagen«. In dieser Dorfschaft wohnen viele freie Leute, meist Handwerker, die keine Eingeborenen sind.

Jedoch zurück nach Groß-Zikker, wo sich die Haupt- oder Mutterkirche befindet, ein kleines, unansehnliches Gebäude, das, wie alle Landkirchen auf Rügen, im schwerfälligen gotischen Stil aus gebrannten Backsteinen aufgeführt, aber von einem desto romantischeren Kirchhof umgeben ist, den Linden und Ahornbäume umlauben. Das ziemlich große Dorf lehnt sich in seiner ganzen Länge gegen die Mittagseite der oft genannten Bergkette und enthält mehrere freie Einwohner. Ihm gegenüber liegt Klein-Zikker auf der Spitze von Thießow, wie ich schon kundgetan.

Es war Sonnabend. Dies erinnerte uns an die Amtsgeschäfte des Pastors, von dem wir sogleich nach Mittag dankend Abschied nahmen, des Vorsatzes, über Hagen zurück zu wandern. Allein unser vorsorgender Wirt schlug uns einen anderen, weit kürzeren Weg nach Rügen vor und geleitete uns selbst über die Berge nach Gagern, wo er bei einem Fischer ein Boot behandelte, das uns über zwei von einem schmalen Landstreif gebildete Inwieken bringen mußte. Das Wasser war ruhig und kurz die Überfahrt über die Reddewitzer [Hagensche] Wiek. Wir landeten bei dem Dorf Reddewitz [Alt Reddevitz], das am Ende einer flachen, sandigen, schmalen, über eine Viertelmeile langen und schlechte Weide enthaltenden Landzunge gleichen Namens liegt, gingen ein paar hundert Schritte über diese Erdenge und fanden an der Seite gegenüber ein anderes Boot, worin wir über die Hager Inwiek [Having] gerudert wurden, alles schnell und schweigend, denn unser Fährknecht war wortkarg und von uns selbst jeder in seine eigenen Gedanken versenkt. So erreichten wir den Haken von Gobbien [Gobbin].

Du kennst schon meine Weise, daß ich meine Bemerkungen über einen Distrikt bis zuletzt verspare und dann demselben gewissermaßen eine Abschiedsrede halte, also jetzt Allgemeines über Mönchgut.

Es ist von Bergen an drei Meilen entfernt, wird wegen seiner Abgeschiedenheit und Obskurität von Fremden wenig besucht und scheint selbst auf Rügen nicht sehr gekannt zu sein. Vor alters hieß es Reddeswitsch (ein Name, der sich noch in dem Dorf Reddewitz erhalten hat) und war eine Besitzung der Herren von Putbus, die es 1295 dem bei Greifswald gelegenen vormaligen Zisterzienserkloster Eldena überließen. Seit dieser Zeit kommt es in Urkunden unter dem Namen *dat Mönke Guedt* (Gut oder Eigentum der Mönche) vor. Heutigentags wird es aber weder so geschrieben noch ausgesprochen, sondern der Eingeborene nennt es Mönnegaud oder Mönnichgaut, hochdeutsch Mönchgut.

Dieses Mönchguter Land nun ist eine Halbinsel, die die äußerste Spitze Rügens gegen Südost bildet. Mit dem übrigen Inselland hängt es durch einen Isthmus zusammen, auf welchem der sogenannte Mönchsgraben, welcher zu der Zeit, als das Land ein mönchisches Besitztum ward, auf Befehl der eldenaischen Äbte als Scheidelinie zwischen geistlichem und profanem Boden aufgeworfen und sehr tief gewesen sein soll, noch heutigentags die Grenze macht. Er durchschneidet die Landenge von Osten nach Westen, ist aber stellenweise kaum noch recht bemerkbar. Des Landes größte Länge von diesem Graben bis zum Thießower Kap beträgt 1½ Meilen, seine größte Breite ¾ Meile.

Die Reddewitzer Landzunge ist kaum tausend Schritte breit, und überhaupt möchte die schmalste Breite der Halbinsel dieses Maß wohl nicht erreichen, da das Meer manches vom Lande abgewaschen und weite Buchten darin ausgehöhlt hat. Ich nenne Dir nur zwei der größeren von diesen Inwieken: 1. die zwischen Groß- und Klein-Zikker oder die Zikkersche, welche Thießow zur Halbinsel gestaltet; in dieser liegt der Kirkort [Kirkenort], ein kleiner, von zusammengewelltem Sand und Kieseln entstandener Werder, wohin man bei flachem Wasser waten kann und auf welchem Strandvögel in Menge nisten, sonderlich eine gewisse Art Möwen, welche Kirken genannt werden, daher er auch seinen Namen führt; 2. die Hager [Hagensche Wiek], eine größere, zwischen der Reddewitzer Erdzunge und dem Dorf Gagern von Südwest nach Nordost tief eingreifende Inwiek. Gegen Süden grenzt die Halbinsel an den Rügianischen Bodden, welcher 1309 bei einem fürchterlichen Orkan entstanden sein soll, in dem zugleich ein ansehnlicher Teil des Landes, wovon die Greifswalder Öhe und der Rüden Trümmer zu sein scheinen, abgerissen ward. Auch geht bei den Mönchgutern noch die Sage, daß vor alters nur ein schmales Wasser, worüber man auf alten hineingeworfenen Pferdeschädeln und Steinen hätte gehen können, ihr Land von Pommern geschieden habe.

Mönchgut ist ein bergiges Land, und die Form und Beschaffenheit dieser Berge hat große Ähnlichkeit mit den hiddenseeischen, nur daß sie nicht so kahl sind wie jene. Auch fand ich überhaupt manches, das mich an jene Insel zurückerinnerte, nur muß ich zugleich, von meinem Gewissen gemahnt, bekennen, daß ich – die Umsichten von Hiddensee mit denen auf Mönchgut verglichen – in Rücksicht der ersteren wohl ein wenig ruhmredig gewesen bin. Die Berge sind sandig, bringen aber doch Getreide hervor, die Täler und Ebenen enthalten ebenfalls nur Sandland, und in einigen Niederungen steht Torf. Ein sehr ergiebiges Getreideland ist Mönchgut also nicht, obgleich es einzelne Striche hat, die sich dankbar gegen die Mühwaltungen des Ackerbaus bezeigen. Die fruchtbarsten Felder sind die um den Hagen und in der Lobber Ebene.

Die ganze Halbinsel, eine königliche Domäne, ist auf mehrere Jahre verpfändet, und der jetzige Pfandträger, Herr Major von B[lessing], hat überall den Ruhm eines Biedermanns und eines sehr gütigen Herrn. – Zu der ganzen Besitzung gehören folgende neun Dorfschaften: die Tripelallianz des Hagens, das Kirchdorf Groß-Zikker, Klein-Zikker, Lobbe, Babe oder Bawe, Reddewitz und die Seedörfer Gören, Gagern und Thießow.

Die Einwohnerzahl beläuft sich gegenwärtig auf mehr denn 700, worunter verschiedene freie Leute sind. Die untertänigen Menschen müssen in der Regel zu Hofe dienen, und zwar so: Der Bauer leistet drei Tage in der Woche die gewöhnlichen Spann- und Handdienste, wozu auch der Kossät verpflichtet ist. Die Einlieger, denen gewöhnlich ihre Katen eigentümlich gehören, dienen nur einen Tag. Zur Saatzeit aber müssen alle, und zwar vier Tage in der Woche, und in der Ernte die Bauern und Kossäten täglich Hofdienst verrichten. Eine Ausnahme von diesen Fronen machen die Bauern in Göhren, welche für ihre Besitzungen jährlich 50 Reichstaler Pacht geben und nur in der Ernte an einem beliebigen Tag in jeder Woche dienen. Auch die Lotsen, die nur Einlieger sind, geben für die Befreiung vom Hofdienst 4 Reichstaler 12 Schilling, und überhaupt können die Einlieger für diese Summe sich abkaufen. Ferner, wenn sie die ihnen angewiesene Quantität Wolle oder Flachs nicht spinnen wollen, bezahlen sie: die Bauern 3 Reichstaler, die Käter 1 bis 2 Reichstaler, die Einlieger 36 Schilling. Für die Fischerei wird der Herrschaft jährlich ein gewisses Mattgeld entrichtet. Eigentlich heißt Mattgeld sonst das Geld, das der Mahlgast an den Müller bezahlt, doch wird es auch von einer Abgabe von Fischen gebraucht. So findet man schon in Normanns Rügianischem Landgebrauch die Mattheringe erwähnt, eine Abgabe, die von allen Fischern auf Rügen an ihre Grundherrschaft entrichtet ward.

Von den vorhin genannten Lotsen muß ich noch etwas sagen. Die Kauffahrteischiffe, welche nach Wolgast, Greifswald oder Stralsund gehen, nehmen selten den Weg durch den Gellen, sondern segeln gewöhnlicher um Rügen durch das Alte oder Neue

Tief. Da aber die Passage durch die Meerenge zwischen Pommern und Rügen wegen vieler seichter Stellen und Sandbänke ebenwohl unsicher ist, müssen alle Schiffe, die diesen Weg wählen, sich bei Strafe der Führung eines von den Piloten unterwerfen, die in den drei Lotsendörfern Gören, Lobbe und Thießow wohnen, und ist ein Schiff durchgeschlüpft, so kann der Lotse den Schiffer bei dem Lizenzgericht des Ortes, wo er im Hafen liegt, verklagen. Die drei genannten Dörfer lassen sich die Bedienung umgehen, und zum Wahrzeichen für die Schiffer wird eine Flagge in dem Dorf aufgesteckt, an dem die Reihe ist. Die nach Wolgast segelnden Schiffe werden nur bis zum Rüden gesteuert, von da die dort wohnenden Lotsen sie zur Stadt bringen. Der Lotse ist so lange alleiniger Führer des Schiffs und muß auch bei hoher See das Äußerste wagen, es zu erreichen, er ist desfalls verantwortlich und überhaupt eigenen Lotsengesetzen unterworfen. Das Lotsengeld wird nach der Schwere der Ladung, d. h. so tief das Schiff unter Wasser geht, und nach der Länge des Weges bestimmt. Es beträgt 1, 2 bis 4 Reichstaler.

Bei aller Vertrautheit mit dem nassen Element geht der Mönchguter weniger zur See nach dem Ausland als der Hiddenseer, und auch ihm ist sein Ländchen seine Welt, wohin er immer wieder zurückkehrt. Fischfang, Ackerbau und der Lotsenstand ernähren ihn reichlich. Er lebt unter Brüdern und Verwandten, und da selbst seines Landes Lage ihn isoliert und er mit dem übrigen Rügen in keiner persönlichen Verbindung steht (denn die Mönchguter heiraten in der Regel bloß untereinander), hat sich unter diesem Fischervolk noch eine gewisse patriarchalische Einfalt des Charakters und in der Sprache, Kleidung, den Sitten usw. eine Eigentümlichkeit erhalten, die den Mönchguter vor allem rügianischen Landvolk auszeichnet.

Die hiesige Mundart ist mir fast ebenso widerlich vorgekommen wie die der Hiddenseer. Wie diese prononcieren die Eingeborenen ihr Plattdeutsch auch sehr langsam und bedächtig, zuweilen halb singend, mischen viele Vokale ein und dehnen die Wörter teils durch Anhängsel an den Endsilben, teils durch die Aussprache, z. B. Joh-er – Jahr, Forrick – Forke oder Mistgabel, kol-lacken – kölken, vomieren, dat gaant – es geht, hei sieh-ent – er sieht, Keunink – König, Mönnink – Mönch, Wallach (vielleicht eine Anspielung, daß beide im Zölibat zu leben genötigt sind). Zuweilen kürzen sie die Wörter aber auch ab, z. B. Gäß –

Gäste, Diß – Tisch, Gaß – Gerste, Baari – Bergen (die Stadt) usw. Was aber besonders ihren Dialekt unverständlich macht, sind die vielen eigentümlichen, selbst auf Rügen oft nicht bekannten Wörter, von denen man ein ganzes Idiotikon sammeln könnte, z. B. heißt Fuddik – Tasche, Pait – Semmelbrot, beschienen – vielleicht, dat baant – es brennt, effen – eben, Koß – Schwein, Kludder – Eber. Das alte plattdeutsche Wort »beeden« statt warten hört man auch häufig und dergleichen mehr. Daß auch viele Fischer- und Schifferausdrücke mit unterlaufen, versteht sich von selbst, ein Seemann tut es nicht anders. Die Weiber sind doch etwas schnellzüngiger als die Männer und, wie es mir geschienen hat, auch ein wenig rascher in ihren Bewegungen.

Die Gewalt der Mode hat über dieses Völkchen noch nichts vermocht. Schnitt und Farbe der Kleider sind wie vor Jahrhunderten und verraten noch Spuren des Mönchtums, worunter dies Ländchen einst stand, und auf die Beibehaltung dieser Tracht wird so streng und gewissenhaft gehalten, daß eine Mönchguterin, welche es wagen wollte, sich wie andere rügianische Bauernmädchen ein wenig nach der Mode zu kleiden, Gefahr laufen würde, allgemein verspottet und nie verheiratet zu werden.

Die Mannspersonen tragen schwarze Jacken mit schwarzen Knöpfen, von einem selbstgemachten Zeug, das Dreiling (Drillich, Drell) genannt wird, wenigstens zwei Paar Beinkleider und darüber sehr weite Fischerhosen von weißer Leinwand. Bei feierlichen Gelegenheiten sind aber auch diese Überhosen immer schwarz. Auch die Strümpfe sind von schwarzbrauner Wolle, und in den Schuhen sieht man nur selten Schnallen, gewöhnlich werden sie mit Senkeln, einer Art lederner Riemen, zugebunden, vornehmlich von den Weibern. Auch diese tragen schwarze Kamisole und Röcke, die kurz und in unzählige Falten gelegt sind. Den Kopf deckt eine Mütze von feiner weißer Leinwand, darüber aber sitzt eine schwarze, oben kegelförmig zugespitzte Mütze, die die untere so ganz bedeckt, daß von derselben nur vorn ein schmaler Streif, wie eine Haube, hervorragt. Diese häßlich geformte Kopfbedeckung muß im Sommer äußerst beschwerlich sein, da sie mit Wolle dick ausgestopft ist, doch wird alsdann ein Strohhut darüber getragen. Auch macht die Gewohnheit alles leicht, und nach dem Mönchguter Sprichwort »Twei Ähl Rasch un en Pund Wulle gifft eine gaude Padenhulle« (zwei Ellen Rasch und ein Pfund Wolle gibt eine gute Paten-

Mönchguterin

mütze) scheint eine tüchtige Ausstopfung zu den Vorzügen einer solchen Mütze zu gehören. Sie dient auch zum Kennzeichen der Weiber und Mädchen, denn eine Frauenmütze unterscheidet sich von der einer Jungfrau dadurch, daß erstere mit einem schwarzen Band über die Nähte besetzt und mit einem schwarzen Seidenband zugebunden wird, dahingegen das Kinnband der letzteren nur von Wolle sein darf. Aber nicht bloß die Mütze ist gedoppelt, auch die Hemden der Mönchguterinnen sind es, denn sie tragen am bloßen Leib nur einen Rumpf ohne Ärmel und darüber ein kurzes Überhemd von etwas feinerer Leinwand mit Ärmeln.

Wenn die Mädchen kommunizieren, und gewöhnlich geschieht dies einmal im Jahre kurz vor der Ernte, flechten sie die Haare in einen Zopf, der um den Kopf gewunden wird, und dieses Gewinde umgibt ein gold- oder silberdurchwirktes Band. Ein leidtragendes Mädchen hat alsdann noch ein kurzes schwarzes, von der Faltenmenge ganz steifes Mäntelchen um. Auch trauernden Frauen (und getrauert wird viel, sogar um verstorbene Paten wird auf sieben Wochen Trauer angelegt) darf, wenn sie zum Abendmahl oder zu Leichenbestattungen gehen, dies Mäntelchen nicht fehlen, und überdem haben sie beim Abendmahl den Kopf in ein großes weißes Trauertuch eingehüllt. Solche Unterscheidungen scheint der Mönchguter zu lieben, wie man denn auch eine im Trauerjahr lebende Witwe sogleich in der Kirche daran erkennen kann, daß sie nicht auf ihrer gewöhnlichen Bank, sondern quer gegen dieselbe auf einem kleinen Schemel sitzt.

So ist die Kleidertracht beschaffen, wegen welcher die Eingeborenen so sehr auf Rügen verhöhnt sind. Aber sie werden dort auch noch mit einem besonderen Spottnamen belegt, hauptsächlich in der Putbusser Gegend. Ein Mönchguter heißt nämlich ein Pook, so wie er wiederum den Rügianer, vornehmlich aber den Putbusser, einen Kollen nennt. Alle diese Neckereien, die viel-

Mönchguter Trachten

leicht Reste eines uralten wechselseitigen Hasses sind, haben weiter nichts bewirkt, als daß der Mönchguter dem Rügianer desto abgeneigter und überhaupt mißtrauisch und verschlossen gegen alle Fremden ist.

Die Mönchguter sind fleißige, erwerbsame Leute, und daher herrscht unter den meisten ein gewisser Wohlstand, aber auch von Eigennutz und Gewinnsucht kann man sie nicht ganz freisprechen. Das Zeug zu ihren Kleidungen spinnen, weben und färben sie selbst, teils aus Sparsamkeit, teils aus Besorgnis, daß es anderswo nicht ganz nach ihrer Mode bereitet werden möchte. Die Männer betreiben den Ackerbau oder den einträglichen Fischfang, und der Hering, den sie bis zum Spätherbst fangen und frisch oder geräuchert und eingesalzen verkaufen, bringt ihnen reichen Gewinn. Auch im Haus ist ihre Betriebsamkeit größer als die auf Rügen. Die Knechte dreschen noch abends spät bei Laternenschein oder stricken und bessern ihre Netze oder verfertigen Nützzeug, und die Mädchen spinnen Wassergarn zu den Netzen.

Jetzt noch ein paar Worte von ihren Hochzeitsgebräuchen. Die im ganzen ziemlich übereinstimmenden Erzählungen der Herren Zöllner und Rellstab von den Formalitäten einer Anwerbung haben zwar ihre Richtigkeit, allein eine »Jagd« werden sie nicht genannt. – Nicht leicht heiratet ein Mann oder ein Frauenzimmer, ohne ein Bauerwesen oder einen Katen zu besitzen, welche hier erblich sind. Wenn nun der Erbe oder die Erbin – gleichviel, ob Jungfrau oder Witwe – durch einen Freiwerber den Antrag machen läßt, so heißt es: Er oder sie stellt nach N. N. aus. Dies ist die eigentliche gewöhnliche Art zu reden. Ist dieses Ausstellen oft fruchtlos gewesen, so mag man wohl im Scherz sagen: Der oder die jagt das ganze Land durch. Allein herkömmlich und durch den Gebrauch autorisiert sind die Ausdrücke »jagen« oder »Jagd machen«, wonach ich mich genau erkundigt habe, keineswegs. Ist das Jawort gegeben, so wird der Herrschaft davon Anzeige gemacht und deren Konsens erbeten.

Am Hochzeitstag versammeln sich nachmittags die Gäste, aber nicht an einem gemeinschaftlichen Ort in dem eigentlichen Hochzeitshaus, sondern die Verwandten und Freunde des Bräutigams kommen zu ihm in seine Wohnung und bleiben anfangs getrennt von denen, die die Braut geladen hat, denn jeder bittet seine Gäste besonders. Dann geht der Zug aus beiden Häusern nach der Kirche. Auf dem Kirchhof vereinigen sich beide Züge, und dort erst bietet der Bräutigam der Braut seinen Gruß mit einem Händedruck. Wenn der Fall eintritt, daß die Braut ein Mädchen ist, welches dem Mann nach einer anderen Dorfschaft folgen muß, nimmt sie gewöhnlich vor der Trauung mit Tränen feierlichen Abschied von allen Hausgenossen, gleichsam als ob sie das elterliche Haus schon sogleich auf immer verließe.

Nach der Trauung separieren sich beide Geschlechter, und die Frauenzimmer gehen mit der Braut nach dem sogenannten Warmbiershaus. Dort überreicht eine der Frauen der Braut einen Topf mit Warmbier, wobei sie diese Verse spricht:

Gauden Abend, mien leewe Junfer Brut!
Hier bring ick Di enen warmen Pott,
Darut drink mit dem lewen Gott,
Drink Du mit alle diene Fründ',
Bett gi jou im Himmel wedder find't.

Darauf folgt eine ordentliche Kollation von Warmbier, worin große Rosinen reichlich schwimmen. Das Bier wird zu solchen Festen gewöhnlich aus Wolgast geholt, sonst braut der Mönchguter sein Bier selbst und baut auch den dazu erforderlichen Hopfen.

Gegen Abend wird durch die Ankunft des Schenkers, eines Brautdieners, die Szene verändert. Dieser löst vor dem Warmbiershaus eine Pistole, geht dann hinein, präsentiert der Gesellschaft eine Kanne voll Bier und sagt dabei folgenden Reim her:

Na gauden Abend, hier
Bring ick ene Kanne Bier,
As de Tappe tappt hett,
As de Schenker gaaten hett;
Nich vörm Hunger,
Nich vörm Kummer,
Gaud vörm Döst,
Gaud vörm Frost;
Ut schall't siehn!

Ist dem kategorischen Imperativ des Schenkers gemäß der Kanne ihr Recht geschehen, so brechen die Frauen mit der Braut auf und verfügen sich nach dem eigentlichen Hochzeitshaus, wo alsdann das Mal mit einer mächtigen Kumme Reis beginnt, die der Troß (Truchseß, Dapifer), ein anderer Brautdiener, nebst den übrigen Gerichten aufträgt und wobei ihm der Schenker, der eigentlich aber das Getränk zu besorgen hat, behilflich ist.

Was die Kleidung der Braut betrifft, so ist sie die gewöhnliche, nur ein wenig zierlicher. Auf dem Kopf trägt sie einen Kranz und darüber eine Art von Krone, beide von Buchsbaum, dessen Blätter von Gold- und Silberschaum stark schimmern. Auch werden die Haare dazu besonders frisiert und mit Eiweiß geglänzt und aufgestreift. Den Bräutigam zeichnet nur ein großes weißes Halstuch aus, das er von seiner Braut zum Geschenk erhält und dessen Zipfel vorn lang herabhängen, im Fall er aber das »jus primae noctis« schon vor der Hochzeit erlangt hat, eingesteckt werden müssen. Der Hochzeitbitter, der Schenker und der Troß bekommen ebenfalls weiße Tücher von der Braut, die dem letzteren sein Tuch um den Arm bindet, wenn er den Reis aufträgt. Übrigens tragen Braut und Bräutigam die Kosten des Hochzeitschmauses zur Hälfte oder vielmehr gibt jeder seinen Anteil nach der Anzahl der von ihm geladenen Gäste.

Soviel von dem Ländchen Mönnegaud. Stellst Du meine Bemerkungen mit den Schilderungen des Herrn Nernst zusammen, so wirst Du, wie ich glaube, ein ziemlich genaues und ausgeführtes Gemälde von diesem Land und seinen Bewohnern erhalten.

Es war am Gobbiener Haken, wo Du uns landen sahst, und von da an magst Du uns weiter begleiten. – Wir gingen eine Strecke quer über Feld, die herrliche Landschaft von Lanken rechts zur Seite und die Granitz vor uns. Dann gelangten wir auf einen Fahrweg, der nach Posewald führte. Die Berge an einer und das Meer an der anderen Seite blieben noch immer unsere Nachbarn bis an den waldigen Trahnsberg, wo der Weg sich hinabsenkt. Hinter demselben steht zu beiden Seiten des Weges in einer Ebene eine Gruppe aufgerichteter Steine, welche das Ansehen von Leichensteinen haben und die »Siegsteine« genannt werden. Die Putbusser sollen hier mit den Mönchgutern einst einen heftigen Kampf bestanden und die Sieger zu dessen Andenken diese Steine gesetzt haben. Nicht weit davon erheben sich auf einer Anhöhe die sparsamen Tannen von Groß Stresow. Auch dieses Dorf mit der umliegenden Gegend ist wegen einer Schlacht merkwürdig, die der König Karl XII. den 18000 bis

20000 Dänen, welche der Admiral Sehstädt im Spätherbst 1715 bei dem genannten Dorf mit Mühe ans Land gesetzt hatte, mit einem geringen schwedischen Heer lieferte und verlor. Auf den Feldern umher sind vor etlichen Jahren mehrere Menschenschädel und Kanonenkugeln ausgepflügt worden.

Die Äcker sind hier zwar sandig, aber lustiges Feldgebüsch macht doch den Umblick angenehm, und wirklich malerisch wird die Ansicht in dem Dorf Nadlitz [Nadelitz], wodurch wir kamen. Hier erhebt sich ein altes und mit wilden Ranken überzogenes Steingrab auf einem Hügel, ein ungeheurer grauer Granitblock liegt daneben. Linker Hand hebt sich der Vilm aus der Flut empor. Vor uns ruht in der Tiefe das Kirchdorf Vilmenitz. Dahinter schwellen buschige Anhöhen auf, die das weißschimmernde Schloß von Putbus halb verstecken, und zur Rechten wird die Ebene von grün belaubten Bergen eingefaßt, an deren Ende Posewald liegt. Mein Maler, der noch nach Bergen wollte, schied bei diesem Gut von mir, ich aber nahm die Gastfreundschaft des dortigen Pächters, eines braven und rechtschaffenen Alten, in Anspruch, ließ die müden Glieder rasten und mache hier zugleich einen Ruhepunkt in meiner Erzählung.

Bergen, den 16. September

Eine Morgenpromenade ward bestimmt, die Environs des Gutes Posewald zu beschauen, das zur Herrschaft Putbus gehört. Es liegt, von Buschwerk umkräust, in einer fruchtbaren Ebene und fast am Fuße zweier stattlicher laubbekränzter Hügel, die ich bestieg. Man hat hier wieder eine ähnliche, nur noch weitere und reichere Aussicht als in Nadlitz auf Cirkow, Bergen, Putbus, Vilmenitz usw. – Ich streifte weiter und ward nicht wenig verwundert, dicht hinter dem Hof ein Hünengrab zu treffen. Es war eine sogenannte Steinkiste, welche wohlerhalten in einem kleinen Gebüsch versteckt lag.

Durch ein tüchtiges Frühstück gestärkt, brach ich gegen Mittag auf, um Putbus und Vilmenitz zu besuchen, und ward bis zum Katzenberg, einer unfern des Hofes gelegenen mäßigen Anhöhe, in welcher ein kleiner Hain hinstreift, begleitet. Nur im Vorbeigehen besuchte ich diesen Hügel, von dem man eine sehr freie Übersicht nach Bergen über die sogenannte Garwitz oder Garwsch hat, eine sumpfige, zur Weide dienende Niederung, welche am Fuße des Katzenberges und überhaupt bei Posewald anfängt und in der Länge von ungefähr einer halben Meile sich nach Cirkow und Silvitz zieht. Hier wurde mir der Weg gezeigt, der über Vierkenhoff [Vierkenhof] nach Darsband führt, und so wandelte ich fürbaß. Darsband, ein kleines Gehöft nahe an Putbus und der Wohnsitz des gräflichen Sekretärs, liegt hart am Fuße des Putbusser Tannenberges. Diesen Berg hatte ich nun schon aus so vielen Gesichtspunkten gesehen, daß ich ihn unmöglich unerstiegen lassen konnte. Er besteht aus Sand und hat von den Tannen, die seinen Gipfel decken, den Namen. Hoch ist er eigentlich nicht, aber er liegt auf einem an sich erhöhten Boden, seine Ostseite ist wild, und das Nadelholz zieht sich zu einer jähen Tiefe hinab, die Westseite ist freier.

Nicht jedem kann dieser Berg das sein, was er mir in jenem Augenblick war, da ich ihn betrat. Die Aussicht von seiner Höhe auf einen Teil der Putbusser Grafschaft, den Strich von Bergen und das Jasmunder Land wird zwar der Naturfreund schon ohne alle Nebenbeziehungen reizend finden müssen, mir gewährte er aber noch mehr, er schien mir einem Zauberer zu gleichen, der meinen Augen den herrlichen Naturpark, in welchem ich, von den süßesten Regungen getrieben, in diesen Tagen umhergewandelt war, noch einmal, wenngleich nur von fern, aufschloß. Hier stehend, zog ich in Gedanken eine gerade Linie von Putbus bis Cirkow und zur Prora. Was jenseits derselben ostwärts liegt, ist das wahre Paradies von Rügen.

Kühne, gigantische Kompositionen suche man hier nicht. Die Natur hat in diesem Teil der Insel keine ungeheuren Formen ausgeprägt wie in anderen, sondern ihre Bildungen tragen den Stempel der Anmut und Lieblichkeit, auch hat menschliche Kultur das Rauhe dieses Distrikts gemildert, und selbst der Überrest seiner ursprünglichen Wildheit dient nur dazu, das Auge desto mehr zu ergötzen. Diese Berge und Täler, diese Felder und Wiesen, von grünen Girlanden des Feldgebüschs durchschlungen oder mit frischen Kränzen der Waldung geschmückt oder mit braunen Verbrämungen von Heidekraut überzogen oder mit zarten Rasenteppichen gepolstert, diese Ufer und Einschnitte mit den Umringungen des Meeres und zwischen der bunten Mischung die gotischen Kirchengebäude, die schimmernden Landsitze, die friedlichen Dörfer, aus denen ein blauer Rauch aufsteigt, wie anmutsvoll ineinander verschränkt liegt das alles, zu welchen überraschenden Entdeckungen führt es den aufmerksamen Pilger! – Freund, es ist, als ob man sich in einem Heiligtum befände, wo dem Neu-Initiierten allgemach größere Geheimnisse offenbart werden und die ganze Gegend erfordert, daß ich so rede, ein eigenes Studium, das desto mehr anzieht, je weitere Fortschritte man in seinen Forschungen macht. Es rühme sich daher nicht, Rügen gesehen zu haben, wer sie nicht kennt, sie ist es, von der ich mit meinem Maler begeistert ausrief: Ille mihi praeter omnes angulus insulae ridet!

Nunmehr ging es nach Putbus, das noch keine Stunde von Posewald entfernt ist. Das herrschaftliche Schloß, das seine gegenwärtige Form 1725 durch den Anbau neuer Flügel erhielt, hat ein helles, frisches Ansehen, und gut nimmt sich die Hauptfassade vom Schloßhof aus. Vormals war es von einem tiefen Graben umfaßt, von dem man noch Spuren wahrnimmt. Das Innere des Schlosses ist nicht so splendid, wie ich glaubte. Zwar herrscht eine gute Anordnung in den Sälen, Zimmern und Kabinetten, allein Pracht und Eleganz in den Dekorationen und dem Ameublement fand ich nicht. Dafür aber genießt man eine ganz vorzügliche Aussicht von dem Altan des Schlosses.

Gegen die Hinterseite des Schlosses lehnt sich ein kleines Gebäude, das vormals zu einer Kapelle eingerichtet war, worin der

Schloß zu Putbus

Pastor von Vilmenitz, welcher zugleich Schloßprediger ist, Gottesdienst halten mußte, seit vielen Jahren aber dient es zur Aufbewahrung alter Geräte und sonstiger Bagatellen. – Auf dem Schloßhof sind zu beiden Seiten kleine, leichte Gartenpartien, der Hauptgarten aber liegt rechts am Schloß und ist von ziemlichem Umfang. In den Anlagen herrscht noch der altfranzösische Geschmack, und die geraden Gänge und scharf gestutzten Hekken hatten wenig Interesse für mich. Ich vernahm jedoch, daß dem Garten eine große Revolution bevorstehe, wodurch er sicher sehr gewinnen wird. Weit anziehender war mir ein an diesen Garten sich anschließender Lusthain, die Wusternitz genannt, worin auf englische Art Schlangengänge ausgehauen und Anpflanzungen von Akazien und anderen ausländischen Bäumen und Staudengewächsen gemacht sind. Auch zeigte man mir einen Platz in einer Niederung, wo vormals verschiedene zur Bewegung des Körpers bestimmte Anlagen wie eine Kegelbahn, ein Karussell, mancherlei Schaukeln, Wippen usw. zur allgemeinen Belustigung gedient haben.

An einem Ende der Wusternitz, in welcher ich auch Schlangen bemerkte, liegt, von überhängendem, dichtem Laub tief umnachtet, eine alte, halb verfallene Grotte. Hier fand ich einen Ausgang, der mich in eine von majestätischen Linden und Eichen gewölbte Allee führte, welche längs dem Garten hinläuft. Ich durchwanderte sie und verfolgte den Weg nach Kasnevitz bis zu den kahlen Bergen, die ich bestieg. Auch von diesen isoliert liegenden Höhen nahm ich liebliche Eindrücke mit, und es ward mir immer klarer, daß nicht so sehr die Ebenen und Täler, sondern die Berge es sind, die den Landschaftsmaler auf dieser Insel reizen können. Der Künstler, der das Luftperspektiv recht studieren und die Abstufungen des Kolorits der Mittelgründe, die sanfte Verschmelzung ihrer Tinten ineinander und den magischen Duft, worin die Ferne schwimmt, der Natur selbst absehen will, der besteige Rügens schwellende Höhen.

Du wirst verzeihen, wenn ich eine kleine Digression mache und hier meine Meinung über die Höhen der Berge auf Rügen einschalte. Was die Erhebung derselben über die Meeresfläche betrifft, so gehören sie durchaus nur zu den Bergen vom untersten Rang, und Gebirgsbewohner würden sie meistens für Hügel erklären. Wenn ich daher zuweilen von beträchtlichen Höhen, Bergketten usw. geredet habe, so mußt Du bedenken, daß ich

Bauernhäuser und Dorfkirche in Vilmnitz

keine Alpen darunter verstehe. Auch steil sind die Berge auf Rügen in Vergleichung mit anderen Gebirgen Deutschlands eigentlich nicht, sondern ihre Lehnen neigen sich meistens in sanftem Ablauf gegen die Täler und Ebenen, daher sie auch dem Auge nicht so hoch erscheinen, wie sie zum Teil sind. Nur die Vorgebirge auf Hiddensee, Wittow, Jasmund und Mönchgut sind schroff und scharf abgeschnitten, so wie es auch in der Granitz und auf Mönchgut einige Berge mit jähen Abhängen gibt. Selten aber erreicht und noch seltener übersteigt die schiefe Neigung der Berge das Maß eines Winkels von 45°. Daher sind diese Berge auch ohne sonderliche Gefahr mit Wagen zu passieren, und man weiß hier nichts von Sperrketten, Hemmschuhen und Lendenriemen der Pferde, wodurch man sonst in Gebirgsgegenden das Fuhrwerk an steilen Stellen aufzuhalten sucht.

Die Herrschaft Putbus, vor alters Pudbutzke genannt, ist unstreitig die erste unter den beiden Grafschaften des Landes. Der gemeine Mann nennt sie den Pudbuscher Ort und im Plattdeutschen Purrbusch. Sie besteht aus mehr als fünfzig Landgütern, teils großen Höfen, teils Kirchdörfern und anderen Dorfschaften, wozu viele kleinere Pertinenzen, Vorwerke, Holländereien, Mühlen, Ziegelbrennereien usw. gehören, und soll an jährlichen Einkünften 16000 bis 20000 Reichstaler abwerfen. Das Grafenhaus stammt von den alten Rügenfürsten ab, und das Landmar

Ansicht der Insel Vilm und der Halbinsel Mönchgut

schallamt der Pommersch-Rügenschen Landstandschaft ist bei
dieser Familie erblich. Vormals führte sie den Titel von Frei-
herrn oder Dynasten, bis zu Anfang des verflossenen Jahrhunderts der Freiherr Moritz Ulrich den gräflichen Titel annahm.

Von Putbus wandte ich mich nach dem nahegelegenen Vilmenitz, um die dortige Schloßkirche zu besehen, die auf einer kleinen Anhöhe liegt. Sie ist zwar auch ein altes Gebäude, aber ihr
Inneres hell und rein. Verschiedene Monumente vormaliger
Herren von Putbus zieren sie, auch hat sie eine kleine Orgel und
behauptet unter den Landkirchen den nächsten Rang nach der
Gingster. Auch hier teilt der Pfarrer, der, wie gemeldet, zugleich

gräflicher Kaplan ist, mit den Grafen den Schmalzzehnten, wie in Lanken. Zu ihm ging ich am Nachmittag, fand dort eine zahlreiche Gesellschaft und in derselben einige Bekannte aus Bergen, die so gütig waren, auf einer Lustpartie nach dem Vilm, wozu der Pastor mich einlud, mir einen Platz im Wagen anzubieten.

Wir fuhren bei der Goor, einer längs dem Ufer auf einer Anhöhe liegenden Waldung, vorbei an den Strand, wo einige bestellte Boote bereitlagen. Der durchfließende Bodden, dessen Breite hier wohl eine halbe Meile beträgt, warf so hohe Wellen, daß die kleinen Fahrzeuge heftig schaukelten, wodurch die Überfahrt sehr verzögert ward. An der Nordwestseite, wo wir landeten, liegt eine herrschaftliche Holländerei (das Inselchen gehört nämlich auch zur Herrschaft Putbus), worin wir abtraten,

Auf dem Vilm

uns an mitgenommenen Erfrischungen labten, einen Fleck vor
dem Wohnhaus untersuchten, wo unter Bäumen und Holunder-
gebüsch noch das Fundament oder der Schutt einer alten Kapelle liegt, die vor alters hier stand, und dann nach der Waldung

aufbrachen, welche das Haupterzeugnis der Insel ist, obgleich sie auch etwas Ackerland und schöne Wiesen hat. Mächtige Buchen und Eichen heben sich hier aus mutigem Unterholz, doch ist die Waldung auf dem hinteren Teil der Insel minder kraftvoll als auf dem vorderen, wo wir unter anderm zu einigen Eichen von wirklich ungeheurem Wuchs geführt wurden, die vielleicht die größten des Rügenlandes sind. Der dem Anschein nach sehr gesunde Stamm der ansehnlichsten war gemessen, und kaum vermochten sechs Männerarme ihn zu umspannen. Wahrlich, majestätischer konnte die Eiche Yggdrasil in Walhall nicht sein als dieser König der Vilmer Waldung. Um eine andere Eiche von gleicher Dicke daneben schlingt sich, gleich einer Schlange, ein starker, halb verdorrter Efeustamm, und eine dritte, an Umfang ihren Nachbarinnen gleich, hat mit ihren verworren durcheinander gekrümmten Ästen und ihrem krausen Laub eine höchst malerische Gestalt.

Auf einer angenehmen, ziemlich steilen Uferhöhe, von welcher man über das Wasser einen freien Anblick von Mönchgut und der Granitz genießt, ruhte man eine Weile aus und zerstreute sich dann hier- und dorthin, bis gegen Abend uns die Holländerei zum Sammelplatz diente. Um auch das Ende der Insel kennenzulernen, gesellte ich mich zu einigen anderen, und wie Strauchdiebe durchschwärmten wir alle Waldwinkel, Uferkrümmungen und Vorsprünge, welche letztere uns herrliche Wasserprospekte darboten. Das Meer habe ich nun schon über hundertmal von verschiedenen Standpunkten, in der Ferne und Nähe, bei hellem und trübem Wetter zu allen Tageszeiten beobachtet und seine Farbe fast immer verändert gefunden, bald himmelblau, bald purpurfarbig, bald wie geschmolzenes Gold, bald wie poliertes Silber oder auch wie eine Smaragdfläche, dann wieder hell und dunkel gestreift und gleichsam marmoriert, zuweilen trübe, bald ins Aschgraue, bald ins Lehmgelbe spielend oder auch düster und voll Wogen, die wie weiße Flocken auf dunklem Grund zu tanzen scheinen, gleicht es einem Chamäleon, und mit Recht haben die Dichter von ihm das Bild des Unbestandes entlehnt, wiewohl es auch zugleich das Gemüt mit dem Gedanken der Unendlichkeit erfüllt.

O heiliger blauer Ring der Erde! Mächtige Nahrungsquelle blühender, duftender, segentriefender Länder! O tiefes Leben, o süßer Liebreiz der Natur! – Gibt es eine Lust, die nicht vergällt, einen Genuß, der auch dem Dürftigsten nicht vorenthalten werden kann, der noch nach Jahren die heitersten Bilder, die lieblichsten Erinnerungen erweckt, einen Genuß, zu welchem eines jeden individuelle Empfänglichkeit für das Schöne ihm einen Freibrief erteilt, so ist es das stille Entzücken über schöne und erhabene Werke der Schöpfung! –

Des Vilms Länge mag ungefähr eine Viertelmeile betragen, seine Breite ist sehr ungleich. Eigentlich besteht er aus zwei Teilen, deren vorderer gegen das rügensche Gestade hin der Große und der hintere der Kleine Vilm genannt werden. Der vordere ist fast rund und mehr über das Meer erhöht als der hintere Teil, der in zwei Landspitzen endigt. Diese beiden Teile hängen durch das Wendeholz, eine äußerst schmale und niedrige, teils sandige, teils sumpfige und mit Gebüsch bewachsene Landenge zusammen. In einer Bucht an der Nordwestseite zwischen dem Großen und Kleinen Vilm hebt sich ein kleiner buschiger Werder, der den Namen Schnakenschwartel führt. Die Ufer an der Morgenseite des Großen wie des Kleinen Vilms sind ansehnlich hoch, steil und mit Gebüsch überhangen, die Abendseite hat fast durchweg flache Gestade. Die Nordküste ist hie und da sumpfig, und die Niederungen vorn am Strand bestehen aus kleinen Erlenbrüchen und Wiesen. Die Mitte beider Inselhälften verschließt fast überall dunkle, dichte Waldung, in deren Schatten es sich angenehm lustwandelt, und besonders hat das Innere des größeren Vilms verschiedene sanft aufgeblähte, lustig begrünte Anhöhen und frische, kühle Gründe, doch zischen dem Wandler aus dem Gebüsch auch Schlangen entgegen. Der Botaniker übrigens möchte dem Anschein nach hier wohl nur eine dürftige Lese halten können.

Spät am Abend verließen wir die Vilminsel, die mit allen ihren Annehmlichkeiten doch den Reizen des Pulitzer Eilandes weichen muß. Die Rückfahrt ging über Vilmenitz nach Bergen. Da sie aber im Dunkeln geschah, so weiß ich Dir weiter nichts darüber zu sagen, als daß der Weg von Putbus nach der Stadt, der eine gute Meile beträgt, anfangs durch Gehölz und dann neben dem Dörfchen Dolgemost hinführte. Vale.

Bergen, den 20. September

Zur Abwechslung will ich Dich, mein Bester, in diesem Brief mit Grabesgedanken und von Leichenbehausungen unterhalten. Du stutzest? Sei ruhig, es soll ohne empfindsame Raserei, ohne Mondschein und Zypressen ablaufen, denn Du weißt ja, daß mich vor der weiland Siegwartischen Manier eine heilige Scheu anwandelt.

Ich habe die Hünengräber bei Krakow besucht, die wohl einen Spaziergang wert sind. Dieses Krakow, ein kleines Vorwerk, liegt wie eine Einsiedelei an einem Gehölz gegen die Südseite der Stadt, von der es kaum eine Viertelmeile entfernt ist. Der Weg dahin läuft an dem Roten See vorbei und ist uninteressant. Bald gelangt man aber auf einem schmalen Pfad zu einem Hölzchen, das auf einer kleinen Anhöhe vor dem Wohnhaus sich ausbreitet und längs welchem ein Bächlein nach dem benachbarten Neclade [Neklade] hinabrinnt. – In diesem Gebüsch nun liegen, zwischen Haselstauden, Buchengestrüpp, Hagedorn und Schlehen versteckt, vier bis fünf alte Steingräber zerstreut umher, welche man einige Mühe aufzufinden hat, jedoch entdeckte ich sie alle, wie ein echter Buschklepper das Dickicht durchkriechend.

Sie gleichen der Steinkiste bei Silvitz, sind aber bei weitem nicht so groß und imposant, den meisten fehlt schon der Deckelstein, und nur eins ist völlig erhalten. Bei genauer Betrachtung desselben fand ich nahe an der Erde eine Öffnung, durch welche ich, weil sie gerade weit genug für meine Person war, in die Tiefe hinabschlüpfte. Die in die Erde hinabgesenkten Steine waren glatt behauen und bildeten, dicht verbunden, ein ziemlich genaues Quadrat, dessen Länge und Breite ein paar Schritte betrug. Der Boden unten war mit Erde verschüttet, so daß ich kaum aufrecht in dem Grab stehen konnte, ohne den über mir liegenden, gleichfalls geebneten Deckelstein zu berühren.

Gerade so war auch die Beschaffenheit der übrigen Steinkisten, nur daß sie, weil sie offen lagen, noch mehr mit Laub und Erde angefüllt waren. Um zu untersuchen, wie tief sie eigentlich sein möchten oder ob sie überhaupt einen mit Steinen ausgesetzten Boden hätten und ob vielleicht noch Urnen darin verborgen wären, fehlte mir ein Grabscheit.

Der Besitzer des Gütchens Krakow hat im Jahre 1803 zwei solcher Gräber öffnen lassen. In dem ersten ist nur ein geringer Fund von einigen Wurfkeulen und kleinen lanzettförmigen Feuersteinen, die vielleicht zu Pfeilspitzen gedient haben mögen, gemacht worden; merkwürdiger aber ist die Aufgrabung des zweiten. Es lag, wie alle Gräber dieser Gattung, von Osten gegen Westen, und man drang zuerst an der Ostseite ein, wo senkrecht stehende Steine von unbeträchtlicher Dicke eine Art von Tür bildeten. Nach Sprengung des Deckelsteins fand man das Grab ganz mit Erde angefüllt, die erst mehrere Ellen tief weggeräumt werden mußte. Zugleich suchte man an der Ostseite weiterhin einzuarbeiten, wobei man denn auf verschiedene, von einer Steinwand des Grabes bis zur entgegengesetzten reichende, ebenfalls senkrecht gestellte dünne Steine stieß, die den ganzen inneren Raum gleichsam in mehrere Kammern abteilten. In der Tiefe wurden 20 bis 30 mit einem gelblichen Gemisch von Knochenasche und Lehm angefüllte Töpfe aus schlecht gebranntem Ton gefunden, die so weich waren, daß sie beim (vielleicht nicht vorsichtig genug geschehenen) Herausheben mehrenteils zerbrachen. Zugleich entdeckte man in einer Ecke ein Menschengerippe in halb sitzender Stellung mit kreuzweise übereinander geschlagenen Beinen und sammelte mehrere Streitäxte von Feuerstein und lanzettförmig geschliffene Steine; Dinge von Metall fand man nicht.

Nach völliger Ausräumung des Grabes betrug die Länge desselben fünf Schritte, die Breite etwas über ein Klafter und die Höhe ein wenig mehr als eines Mannes Länge. Der Boden des Oblongums hatte ein Pflaster von flachen Steinen, und die Fugen der mächtigen, glatt gearbeiteten Steinblöcke waren mit zierlich aufgeschichteten kleinen Steinen gedichtet. Von außen war die Steinkiste durch eine Erderhöhung bedeckt und dieser Hügel rund mit Steinen umsetzt. Unerklärbar ist die an der Westseite dieser Steinkiste gefundene und in einer Länge von 150 bis 200 Schritten in dem Hain fortlaufende Doppelreihe von Steinen, die ein bis zwei Schritte voneinander stehen und meist nur mit der Spitze aus dem Erdreich hervorragen. Viele von ihnen sind aber nunmehr gesprengt worden.

Bei meinen weiteren Nachforschungen stieß ich auch auf einen grauen, ganz flachen Stein und nahm auf seiner geglätteten Oberfläche, deren Länge ich auf drei bis vier Ellen schätzte, eine gerade auslaufende, in der Mitte aber zwei Hände breit unterbrochene Rille oder Aushöhlung von etwa zwei Zoll Breite wahr, die es mir glaublich machte, daß dies ein alter Opferstein oder eine Schlachtbank für Opfertiere gewesen sei und daß die Kerbe zum Abfluß des Blutes gedient habe. So mächtig ist freilich dieser Stein nicht wie jener oben beschriebene bei Quoltitz, aber wie er da ruht in dem Dickicht eines Dorngeflechts, von Efeu umrankt

Hünengrab im Walde

und von einem wilden Apfelbaum überschattet, zeigt er sich malerischer. Die tiefe Stille, die das Schauerliche dieses Hains noch verstärkt, der in dem grauen Altertum ein wichtiger Platz gewesen zu sein scheint, brachte mich auf einige Spekulationen und Vermutungen über die Entstehung und das Alter dieser und ähnlicher Monumente der Insel.

Diese Überreste der Vorzeit, die in allen Teilen Rügens gefunden werden, die kleinen Nebeninseln und Mönchgut ausgenommen, werden von den Einwohnern mit dem allgemeinen Namen Hünengräber bezeichnet, wie Du weißt. Was will aber dieser Name sagen? – Das Wort »Hüne« ist plattdeutsch und bedeutet einen Riesen. Demnach müßten es wohl Riesengräber sein. Wo aber hat man je Riesen gefunden, die 30 bis 60 Schritte lang gewesen wären, und so viel beträgt doch die Länge einiger Gräber? – Andere haben kaum die Größe eines gewöhnlichen Grabes, wie die sogenannten Steinkisten oder Wackenbetten, und wie passen nun diese wieder zu der Länge eines Riesen? – Die Benennung Hünengräber, synonymisch mit Riesengräbern genommen, stammt vielleicht aus Zeiten, wo die imposante Gestalt dieser Monumente bei unwissenden Landleuten eine gewisse dunkle Idee von riesenhafter Größe der Altvordern des Landes erregte und zu der Fabel Veranlassung gab, daß in den allerältesten Zeiten die Insel von Riesen bewohnt gewesen sei, oder es kann dadurch die Grabstätte der Helden (die man sich bekanntlich immer als Menschen von starkem, herkulischem Körperbau dachte) aus den slawisch-wendischen Zeiten bezeichnet werden, da das Wort Hüne oder Huyne auch so viel wie Hunne, d. i. ein Wende, bedeutet.

Gleichwohl führt diese etymologische Salbaderei keinen Schritt zur Wahrheit, denn Du kannst mir immer einwenden, man habe ohne weiteren Grund bloß zur Bezeichnung der Sache den Namen angenommen und meine Worterklärung habe schon den Fehler, daß sie gedoppelt sei. Indessen kommt doch hier die Erfahrung zu Hilfe und bringt uns zu der Gewißheit, daß wenigstens die oben beschriebenen Steinkisten, desgleichen die konischen oder glockenförmigen Erdhügel, die Du hin und wieder auch noch in Pommern und wenigen anderen Provinzen des nördlichen Deutschlands antriffst, Grabmäler der Alten gewesen sein müssen, da man verschiedene derselben aufgegraben und Aschentöpfe (auch Gerippe) darunter gefunden hat.

Am unerklärlichsten bleiben mir immer die langen, mit Steinen eingefaßten Erderhöhungen, wie z. B. die auf Wittow bei Nobbien, in der Patziger Heide, am Dwarsider Wald auf Jasmund, auf den Heidebergen hinter dem Rugard usw. Aus welchen Zeiten sind sie, und sind es Begräbnisstellen oder Betplätze oder Gehege, wo Gericht gehalten ward, oder sind es Versammlungsorte bei öffentlichen Beratschlagungen gewesen, die gewöhnlich im Freien gehalten wurden? Ich weiß es nicht, und die mannigfaltigen Deutungen, deren diese Altertümer fähig sind, beweisen, wie wenig sich etwas Gewisses darüber bestimmen läßt. Wenn man auf den umherstehenden Steinen noch irgend etwas von Runenschrift entdecken könnte, wie ähnliche Steine in Schweden dergleichen enthalten! – Aber vergebens! – Ist gleich den ältesten Bewohnern der Insel die Kunst, mit dem Meißel Figuren in Stein zu graben, nicht unbekannt gewesen, wie der Quoltitzer und Krakower Opferstein beweisen, so wußten doch vermutlich sie so wenig wie die folgenden slawischen Anwohner der Ostsee etwas von der Buchstabenschrift.

Aber auch bei den Erdhügeln und Steinkisten entsteht die Frage: Sind sie aus gleichen oder verschiedenen Zeitaltern, und für wen wurden sie errichtet? Denn wichtige Veranlassungen müssen sie gehabt haben, da sie teils mit so vieler Mühe, teils mit solcher Kunst gemacht sind.

Werfen wir einen Blick auf die Geschichte, so finden wir unter den alten germanischen Völkerstämmen auch die Rutikler oder Rugier erwähnt, welche ich für die Urbewohner der Insel halte, die ihr vermutlich auch den Namen verliehen. Späterhin (etwa zu Beginn des 7. Jahrhunderts) breitete sich die slawisch-wendische Völkerschaft an der Ostsee und also auch auf der Insel Rügen aus, welche darauf (ungefähr am Ende des 12. Jahrhunderts) von den sächsischen Kolonisten unterjocht und verdrängt wurde, so daß sie endlich ganz verschwand.

Die germanischen Völker und nicht minder die Slawen oder Wenden werden immer äußerst tapfer und kriegerisch geschildert, ja, die letzteren waren sogar als Seeräuber übel berüchtigt, und die ältere Geschichte ist eine fortwährende Erzählung von ihren Raufereien untereinander oder von Fehden mit ihren Nachbarn. Hier fiel also wohl mancher ihrer Edlen und Heerführer, dessen Gedächtnis man durch ein ausgezeichnetes Denkmal zu ehren und zu erhalten suchte.

Da man aber bei den rohen Germanen wohl eben keine Kenntnis mechanischer Künste voraussetzen darf, waren auch die Monumente ihrer Krieger höchst einfach. Der Leichnam eines gefallenen rugischen Helden ward, der allgemeinen Sitte gemäß, verbrannt und seine Asche in ein Gefäß gesammelt, über welches die bei der Leichenzeremonie versammelte Schar von Kriegern oder Befreundeten des Verstorbenen mit vereinten Händen einen mächtigen Haufen von Erde schüttete. So erkläre ich mir die Entstehung dieser Heldenhügel, welche ich für die allerältesten Reste der Vorzeit halte. Nur sehe ich nicht recht ein, woher bei manchen die Erde genommen sein mag, da man ringsumher, wie z. B. bei den Wohrker Gräbern, gar keine Spur von Tälern oder beträchtlichen Vertiefungen wahrnehmen kann, im Gegenteil das umliegende Land eben und ziemlich guter Boden ist, da doch die dortigen Hügel, nach den angegrabenen zu urteilen, aus schlechter Sanderde bestehen, die Gruben müßten denn in folgenden Jahrhunderten bei größerem Fortgang des Ackerbaus endlich ausgefüllt worden sein.

Die Steinkisten tragen offenbar schon größere Spuren der Kunst an sich, denn die Steine sind zum Teil gerade und glatt behauen, und das Viereck, das den Aschenkrug einschloß, ist mitunter ganz regelmäßig zusammengefügt. Das Fortbringen aber und die Zusammenstellung dieser Steinmassen, die oft von ansehnlicher Größe und ungeheurer Schwere sind, vornehmlich das Aufbringen des Schlußsteins, setzt schon eine gewisse Bekanntschaft mit den bewegenden Kräften voraus, die auch bei den Wenden, welche Schiffe bauten und Seehandel trieben, wohl vermutet werden kann. Deshalb bin ich geneigt, diese Steingräber für Reliquien aus den slawisch-wendischen Zeiten zu halten. Aus der späteren sächsischen Periode können sie nicht sein, weil in derselben schon die christliche Religion auf Rügen eingeführt war. Die Christen aber haßten alle heidnischen Gebräuche und begruben ihre Toten auf Gottesäckern. Auch würden sie den damals noch vorhandenen Wenden, die sie überall zu unterdrücken suchten, es schwerlich erlaubt haben, den Vornehmsten ihres Volkes Denkmäler zu setzen. Wie manche der zierlichsten und stattlichsten dieser Monumente, die sicher im Sinn des horazischen aere perennius errichtet wurden, mag vielmehr wohl der Fanatismus jener ersten Christen zerstört haben?

Wie schlecht überhaupt durch alle diese Hünengräber das An-

denken an jene Toten, deren Asche sie einschließen, der Nachwelt aufbewahrt worden ist, beweist die gegenwärtige Zeit. Die
ältesten Annalen wissen nichts von ihnen noch von den Namen
derer, die darunter liegen, und von ihrer Entstehung ist selbst
nicht einmal eine vernünftige Tradition vorhanden. Von allen
Jahrhunderten, die über sie hingezogen sind, hat jedes etwas von
ihrer Geschichte hinweggenommen. Sie liegen jetzt da als unbekannte Wesen der Vergangenheit, quae caliginosa nocte premit
Deus, und die Namen der Hügel Dubberworth und Licham sind
die einzigen, die, soviel mir bekannt geworden, sich bis auf unsere Zeiten erhalten haben.

Zehnter Brief

Landwirtschaft, Ernte- und Hochzeitsbräuche

Bergen, den 24. September

Mit nicht geringem Vergnügen habe ich das Leben und Weben
der Landleute während der Ernte angesehen, die nun beendigt
ist, und ein ganz anderer Geist schien die Insulaner zu beseelen,
als sie die Früchte der Felder – wenngleich nicht immer für sich
selber – einsammelten. Diese Ameisengeschäftigkeit, mit welcher die ganze arbeitende Klasse der Bewohner die Äcker be-
lebte, der Klang der Sensen, das Rauschen des Getreides beim
Binden und Aufhocken, das Rasseln der langen und weiten Ern-
tewagen, welche es in die Scheunen brachten, die Emsigkeit ar-
mer Ährenleserinnen auf den Stoppelfeldern, dies täglich erneuerte Schauspiel, das beinahe einen Monat dauert, war mir nicht
minder interessant als das einer früher gesehenen Weinlese. Die
ganze Insel schien einer großen, gemeinschaftlichen Haushal-
tung zu gleichen, für welche man sich zum Winter mit dem not-
wendigsten Lebensbedürfnis versorgte. Trotz der rauhen Witterung hat das Getreide sehr gutes Gedeihen gehabt, wenngleich
die Natur nicht so freigebig gewesen ist wie in anderen Jahren,
wo man bei den Landgütern überall Mieten, d. h. hohe Getreide-
schober (auch Feime und Meiler genannt) meist von pyramidalischer oder kegelförmiger Gestalt, zu erblicken pflegt, wenn die

Scheunen den Erntesegen nicht fassen können. Aber die Land-
wirtschaft ist auch in neueren Zeiten sehr verbessert, und die
Gutsbesitzer sind teils durch das außerordentliche Steigen der
Kornpreise, teils durch die erhöhten Pachtungen zum Fleiß und
durch das Beispiel zur Nacheiferung angereizt worden, um dem
Boden den höchsten Ertrag abzugewinnen. –

Da nun der Ackerbau, wie ich schon oben gemeldet, einen
Hauptzweig der Industrie des Landes ausmacht und sozusagen
fabrikmäßig betrieben wird, will ich Dir etwas von der hiesigen
Feldwirtschaft erzählen, wobei Du mir aber zugute halten wirst,
wenn ich, der nur als Laie davon reden kann, Deine Wißbegierde
in manchem Einzelnen unbefriedigt lasse.

Die bekannte Einteilung der Felder in Hufen oder Morgen ist
auch hier gewöhnlich. Ein Morgen Land enthält 300 Quadrat-
ruten nach pommerschem Maß, wo die Rute zu 16 Fuß oder 8
Ellen angenommen und etwas größer als die rheinländische ist,
und 30 Morgen Acker machen eine gewöhnliche Landhufe aus,
die auf Rügen vormals »ein Haken« genannt ward.

In Rücksicht der Art der Bewirtschaftung, ich meine, der jährlichen Abwechslung mit den Saaten, werden die Felder in einzelne Stücke oder Quartiere geteilt, die hier, wie bekanntlich in
Pommern usw., Schläge heißen. Die meisten Güter auf Rügen
sind in 7 (wenige in 9, etliche nur in 5 bis 6) solcher Schläge geteilt, wovon fünf Getreide tragen und zwei immer brachliegen
oder mit Klee besät werden. Liegt das Feld in 8 oder 9 Schlägen,
so hat es auch wohl drei Brachen. Einige dieser Einrichtungen
haben etwaige Ähnlichkeit mit der mecklenburgischen Koppel-
oder Wechselwirtschaft, die aber eigentlich doch nicht eingeführt ist und bei der Kleinheit mancher Ackerwerke auch nicht
wohl allgemein werden kann.

Jeder Schlag wird alle vier bis fünf Jahre gedüngt, seltener
nicht. Wo der Dung reichlicher ist, mag es wohl noch öfter geschehen. Die grüne Düngung ist ungebräuchlich, wohl aber fährt
man zuweilen alten Schlamm und Modererde aus den Teichen
und Söllen auf magere Äcker, auch wird in Strandgegenden wohl
mit Tang (Seegras) gedüngt. Die Pflügezeit fängt gewöhnlich um
Mariä Verkündigung an, welchen Tag man daher auch Pflug-
Marien nennt, wo nicht das Erdreich dann noch hart vom Frost
ist. Der Pflug wird gewöhnlich von vier Pferden, seltener von
Ochsen gezogen, und da, wo der Boden leicht und locker ist,

pflügt der ärmere Landmann auch wohl mit zwei Pferden. Der in Pommern, Mecklenburg usw. gebräuchliche Haken ist hier nicht üblich.

Die Brachschläge, worin Winterkorn gesät werden soll, werden zuerst gestreckt oder oberflächlich gepflügt, dann gewendet und darauf noch einmal zur Saat gepflügt. Die zu Erbsen und Winterroggen bestimmten Stoppelfelder werden nur einmal mit dem Pflug durchzogen, wofern nicht der Acker sehr steif ist. Überhaupt pflügt man das Land zweimal, dreimal und mehrere Male um, wobei aber sowohl auf die Beschaffenheit des Bodens als auch auf die darin zu säende Getreideart Rücksicht genommen wird. In großen Wirtschaften pflügt man, wenn das Geschäft den ganzen Tag getrieben wird, in drei Schichten.

Die Saat wird auch hier in Sommer- und Winterkorn geteilt und zum letzteren Weizen und Roggen gerechnet, aber man baut auch Sommerroggen. Das Quantum des Saatkorns betreffend, so nimmt man auf einen Morgen: von Gerste 3 bis 4 Scheffel, von Weizen 2, Roggen 1, Hafer 3 bis 4 und Erbsen 2 Scheffel, doch pflegt die Wintersaat wohl etwas dicker ausgestreut zu werden als das Sommerkorn. (Das Getreidemaß besteht hier im Lande nämlich in Scheffeln, Drömten und Lasten. Ein Scheffel, welcher kleiner als der Berliner ist, so daß 1¼ Scheffel rügensches Maß 1 Scheffel Berliner Maß beträgt, enthält 4 Viertel (Viert), ein Drömt 12 Scheffel, und 8 Drömte oder 96 Scheffel machen eine Last. Die in anderen Gegenden Deutschlands gebräuchliche Rechnung nach Tonnen, Wispeln, Maltern und Metzen ist unbekannt, wenigstens richtet man sich nicht danach.)

Von den ausgesäten Getreidearten werden Gerste und Hafer immer, Weizen und Roggen nie untergepflügt. Die Erbsen pflügen einige unter, andere eggen sie nur ein. Bei diesem letzteren Geschäft sieht man gewöhnlich 4 Pferde, deren jedes eine hölzerne Egge zieht, hintereinander, welches ein Zug genannt wird. Auch der eisernen Eggen bedient man sich in steifem, schwerem Boden und wenn das Erdreich stark mit Quecken oder Graswurzeln durchwachsen ist.

Bei der Aussaat der Sommerfrucht hört man häufig den Ausdruck: in der 12., 11., 10. Woche usw. säen. Dies bezieht sich darauf, daß der Landmann, durch vielfältige Erfahrungen belehrt, einen gewissen Zeitpunkt zur Aussaat für vorteilhafter und glücklicher hält als einen anderen und also diese Getreideart früher, jene später in die Erde zu bringen sucht. Die 12. Woche der Saatzeit (nämlich vor Jakobi alten Stils) fängt am 12. Mai an, die 11. am 19., die 10. am 26. Mai usw. Hafer und Gerste werden am spätesten gesät.

Die Imprägnation oder Aufquellung, d. h. Einweichung des Saatkorns in Kalk- oder Salzlauge, ist fast auf ganz Rügen, aber, soviel ich weiß, nur beim Weizen üblich, und man hält dafür, daß der Samen dann leichter aufgehe, den Brand im Getreide verhüte und dem Vogelfraß nicht so sehr ausgesetzt sei. Auch die Römer kannten dieses Mittel schon, wie Du in Vergils Lehrgedicht vom Landbau lesen kannst.

Wie man auf Wittow bei der Besäung der Schläge mit den Getreidearten abwechselt, habe ich Dir schon berichtet. Es versteht sich aber, daß diese Saatenfolge nicht überall im Land gleich ist. An manchen Orten hat man eine andere Ordnung. Es wird z. B. zuerst Weizen oder Roggen in den Brachschlag gesät, und dann folgen Gerste, Erbsen, Gerste und Hafer. Haben Güter Nebenschläge in Heiden, so tragen diese gewöhnlich zwei Saaten und ruhen dann wieder vier Jahre.

Einzelne Ackerstücke werden auch mit Futterwicken, Hanf, Linsen, Buchweizen usw. besät, und auf den Brachfeldern hat man Kartoffeln, die überhaupt in ungeheurer Menge angebaut werden, da sie eine Lieblingsspeise des geringen Mannes sind, zu pflanzen angefangen. Leinsamen wird in Dreeschland, seltener in kultivierten Acker gesät. Die Ausdrücke »brach« und »dreesch« oder »dreisch liegen« werden oft – und selbst von Landleuten – als gleichgeltend gebraucht. Bei genauerer Erkundigung aber erfuhr ich, daß sie nicht völlig synonym sind, denn »brach« liegt nur ein schon kultivierter Acker auf ein paar Jahre, von einem unkultivierten Land hingegen, welches sehr lange geruht hat, sagt man, es liege »dreesch«.

Die Getreideernte beginnt ungefähr um die Mitte des Augusts (daher der plattdeutsche Ausdruck »Aust« statt Ernte) und wird in der ersten Hälfte des Septembers beendigt, oft aber auch durch unholde Witterung verlängert. Mit dem Roggen macht man den Anfang und bedient sich beim Mähen bloß der Sense, die die Hofknechte auf größeren Landgütern selber halten und wofür sie ein gewisses Sensengeld bekommen. Die Sichel ist gar nicht im Gange, auch würde auf den großen Feldern ihr Gebrauch viel zu mühsam und Zeit versplitternd sein.

Ein unterhaltender Anblick ist es, wenn man so eine Reihe von 12, 16 bis 20 rüstigen Männern die Sense nach dem Takt schwingen sieht, den der Vormäher angibt. Die Ehre, Vormäher zu sein, hat in der Putbuser Gegend da, wo zu einem Gut mehrere Dorfschaften gehören, aus welchen die Mäher berufen werden, eine besondere Sitte veranlaßt, welche »das Siegen« genannt wird. Hier gilt das Sprichwort: Wer zuerst kommt, mahlt zuerst, d. h. mäht vor.

Wenn nämlich ein Ackerstück abgemäht werden soll, kommt der, welcher Vormäher zu werden Lust hat, des Morgens in aller Frühe an, tut an einer Ecke des Feldes einige Hiebe mit der Sense und lagert sich, bis seine Mitarbeiter erscheinen, auf das abgemähte Getreide. Allein oft ist ihm ein früherer Nebenbuhler schon an einer anderen Ecke zuvorgekommen, der ihn, indem er die Sense schwingt, durch den Zuruf, er möge sich nicht bemühen, denn er (der andere) habe schon gesiegt, um seine ganze Hoffnung bringt. Zuweilen tritt unvermutet gar ein Dritter an einem anderen Ende als Sieger auf, und dieses Siegen gibt hinterher zu manchem Scherz Anlaß, doch haben die Mäher in jener Gegend zur Verhütung allen Zwistes und zu Beobachtung einer gewissen Ordnung strenge Gesetze unter sich gemacht. Eine andere auf Rügen und in Pommern allgemeine Gewohnheit der Mäher ist das Ausgoosen, eine Art von Beschimpfung dessen, der nicht höflich gegen sie ist, nicht grüßt und dergleichen. Sie kehren dann die Sensen um, hängen auf den Stiel derselben ihre Hüte und erheben laute, einförmige, sehr dissonierende Töne, womit sie so lange fortfahren, bis der Unartige vorüber ist. Zuweilen geschieht dies Aussingen auch nur jemandem zum freundlichen Schabernack.

Das abgemähte Getreide liegt gewöhnlich eine kurze Zeit auf dem Schwaden, ehe es gegarbt wird, doch pflegt der Roggen wohl gleich hinter der Sense gebunden zu werden. Die Garben werden dachförmig gegeneinander in Hocken gesetzt, und jede Hocke steht 6 bis 7 Schwadstreifen (hier Kämme genannt) von der anderen ab. Die Garbenzahl in jeder Hocke ist willkürlich. Das Binden, Aufhocken und Aufladen des Getreides wird gewöhnlich von Frauenzimmern verrichtet, die dann auf den Feldern überall in weißer Kleidung erscheinen. – Sind alle Fruchtfelder abgemäht, so bringen die Mäher zum Beschluß der Herrschaft eine Erntemusik, indem sie sich in eine Reihe hinstellen und die Sensen streichen. Dieses Wetzen (mit einem hölzernen Schärfmesser) geschieht aber auch bisweilen auf dem Feld bei der Arbeit und ist dann eine Ehrenbezeugung für die Zuschauer.

Nach vollbrachter Ernte gibt die Herrschaft den Arbeitern gewöhnlich ein Fest, welches, je nachdem es mehr oder minder feierlich ist, eine Ernte-Kollation oder Streichelbier und Bindelgrütze genannt wird. Man pflegt wohl ein Jahr um das andere mit der Kollation und dem Streichelbier abzuwechseln und mit der ersteren Hochzeiten der Untertanen, die bis dahin verschoben sind, zu verbinden.

Bei Bauernhochzeiten reitet der Hochzeitbitter auf einem buntscheckig ausstaffierten Pferd zu den Gästen und ladet sie in erbaulichen Knittelversen ein, doch fängt diese Gewohnheit an, selten zu werden. Die Paare werden in der Regel in der Kirche getraut, wo diese nicht zu entlegen und das Wetter nicht gar zu ungünstig ist. Verschiedene Male habe ich solche Züge vom Lande in Bergen ankommen sehen, wo Bräutigam und Braut voranfuhren und auf dem Wagen vor sich einen Spielmann hatten, der auf einer alten Fiedel oder Trompete sich in den herzbrechendsten Tönen vernehmen ließ und mit diesem Ohrenschmaus das Brautpaar bis zur Kirche erfreute.

Doch zurück zur Erntekollation. Ich habe einem solchen Volksfest beigewohnt, wozu ich nebst einigen Bergener Einwohnern eingeladen ward, und will Dich in diesen Jubel einführen. – Es ist Nachmittag, die Familie des Hauses sitzt mit ihren Gästen am Kaffeetisch, man plaudert vom Wetter, der Ernte, der Landung der Franzosen und dergleichen. Plötzlich lassen sich Geiger und Pfeifer hören, aus der Scheune wallt, paarweise geordnet, eine Reihe von Männern und Weibern herbei, ihrem Panier – einem Erntekranz – folgend, der voran getragen wird und mit Taxus, Buchsbaum, Rauschgold, Bändern und vergoldeten Äpfeln bunt geschmückt ist. Indes der Wirt mit den Gästen hinausgeht, hat der Zug schon Posto auf der Diele gefaßt, nur die Kinder drängen sich noch mit lautem Tumult herbei. Sobald alles ruhig ist, nimmt eins der Mädchen den Erntekranz und bringt ihn mit einer gereimten Anrede dem Haus- und Brotherrn dar.

Darauf tanzen Herr und Frau des Hofes ein kurzes Menuett mit dem Kranz in der Hand, geben denselben dann weiter, und der Tanz beginnt von neuem. Sind Brautpaare vorhanden, wie es hier der Fall war, so tanzen diese zuerst mit dem Kranz. Dann führt der Bräutigam die Braut einem anderen Tänzer zu, doch ist dies keine allgemeine Sitte, denn man sieht auch wohl die Braut die übrigen Männer und den Bräutigam die Schönen nach der Reihe auffordern. Lebendiger wird es am Abend nach gehaltener Mahlzeit. Dann werden mitunter allerlei Charaktertänze aufgeführt, der Schuster- und Webertanz, der Winktanz und dergleichen. Am originellsten ist der Schäfertanz, welcher in der pantomimischen Darstellung einer Schafschur besteht. Die übrigen Tänze, welche zum Teil sehr kauderwelsche Namen führen, z. B. Lummerei, Kaulbarsch, Rundohr (vielleicht »Rondeau«), sind meistens eine Art von Quadrille mit höchst einfachen Touren. Dabei sind alle Bewegungen sehr heftig, die Männer schreien ein lautes Juchhei darein, und die Branntweinflasche geht fleißig herum. Hie und da ahmt man jedoch schon die Gesellschaftstänze der feineren Welt nach.

Scheune mit Hofplatz

Um Mitternacht wird der Braut die Krone abgetanzt, wobei die Verehelichten und Unverheirateten ordentlich zwei Parteien formieren, welche gleichsam um die Braut kämpfen, diese, um sie zu behalten, jene, um sie vom Tanzplatz fortzuzerren. Die Partei der Verheirateten siegt endlich, der Braut wird statt der abgenommenen Krone eine Mütze aufgesetzt, und nun beginnt der junge Frauentanz. So geht es fort bis in den hellen Morgen, wo ein Kehraus den Beschluß macht.

Man baut auf Rügen im Durchschnitt das 6. bis 12. Korn. Die Gerste gedeiht vorzüglich, und dem Weizenbau auf Wittow habe ich schon sein gebührendes Lob erteilt. Der Roggen ist kleinkörnig und baut sich aus, wie man sagt, daher man ihn ab und an umtauscht oder Saatroggen aus Pommern kauft, doch geschieht dies auch mit anderen Getreidearten.

Es wird jährlich eine ansehnliche Menge von Getreide ausgeführt, das meiste geht nach den pommerschen Seestädten, doch wird auch einiges den preußischen Nachbarn zugesandt. Nach

vergeblichen Bemühungen, aus den Zollregistern und Torschreiberlisten jener Städte den Betrag der dorthin gemachten Ausfuhr zu erfahren, habe ich eine eigene Berechnung gewagt, um ungefähr eine Mittelsumme des jährlich auf der Insel gebauten Getreides herauszubringen und so, nach Abzug dessen, was im Land selbst verbraucht wird, die Kornausführ eines Jahres zu bestimmen. Derselben zufolge beläuft sich, die Ernte zum 7. Korn angeschlagen, der Ertrag des Getreides von allen Städten, Flecken, Landgütern, Dörfern, Vorwerken usw. auf 23 457 Last. Es werden also auf jeder Quadratmeile 1466 Last und etwas darüber gebaut. Diese Ausbeute, mit der Menschenzahl verglichen, muß zu der Vermutung führen, daß das Getreide im Land sehr wohlfeil sein müsse. Vormals mag es das auch wohl gewesen sein, allein jene Zeiten sind nicht mehr. Gütige Herrschaften überlassen zwar ihren Untertanen das Saat- und Brotkorn zu einem herabgesetzten Preis, der freie Mann aber muß es ebenso teuer kaufen, wie es in den Seestädten des Kontinents ist.

Jetzt zur Getreidekonsumtion der Menschen und des Viehs, wobei ich eine in Gadebuschs Pommerschen Sammlungen befindliche Berechnung zur Norm angenommen habe. Danach beträgt die Konsumtion eines Jahres von allen Arten des Korns: 1. für die Menschen 2614 Last 52 Scheffel 2 Viertel; 2. für das Vieh 1330 Last; Summa 3944 Last 52 Scheffel usw. 3. Ist das für das folgende Jahr notwendige Saatkorn, welches für alle Höfe, Dörfer, Städte usw. 3351 Last beträgt, hierher zu rechnen, also macht die Generalsumme des eigenen Verbrauchs 7295 Last 52 Scheffel. Diese nun von der oben bestimmten Summe von 23 457 Last als dem reinen jährlichen Kornertrag abgezogen, ergibt den Rest von 16 161 Last 44 Scheffel, welcher die Summe der jährlichen Getreideausfuhr von der Insel anzeigen würde. (Diese Summe ist eigentlich noch nicht richtig, denn, genauer genommen, muß davon noch ein Abzug der jährlichen Lieferungen an Magazinkorn, Waldhafer, der Getreideabgaben an Prediger und Küster usw. gemacht werden, allein wie hoch sich derselbe belaufe, darüber habe ich nichts Bestimmtes erfahren können.) Doch ich will Dich mit diesem statistisch-ökonomischen Kalkül nicht länger ermüden. Vale.

Elfter Brief

Die Stadt Bergen

Endlich ist es wohl Zeit, Dir auch etwas von dem Ort zu berichten, worin ich nun schon beinahe acht Wochen hindurch mein Standquartier gehabt habe. Mit Fleiß verschob ich die Mitteilung meiner Bemerkungen über Bergen so lange, um desto besser einzusammeln und etwas Vollständigeres über diese Stadt zu liefern, als bisher von anderen geschehen ist.

Doch zuvor noch etwas von einem Jahrmarkt, dem ich hier beigewohnt habe. Etwas Glänzendes darfst Du davon nicht erwarten, denn seltene und kostbare Waren sind hier nicht feil, da vornehme Kaufleute diesen Markt nicht zu besuchen pflegen, sondern nur Krämer, Handwerker und dergleichen mit ihren Waren ausstehen. Allein schon das Gewimmel des Landvolks und manche lustige Szenen und erbauliche Gruppen machen dies Schauspiel doch interessant genug für einen Tag, denn so lange dauert es, und am lebhaftesten geht es am Nachmittag her. Zur Erhaltung der Ruhe und Ordnung zeigt sich ab und an eine militärische Patrouille, denn es sollen vormals zuweilen fürchterliche Schlägereien unter den Bauern in den Schenken und im Freien vorgefallen sein. – Am folgenden Morgen beginnt ein kleiner Nachmarkt, der bis zum Mittag dauert. Die elegante städtische Welt macht dann ihren Einkauf, wobei es sehr geräuschlos hergeht.

Bergen hat drei solcher Jahrmärkte, wovon der erste kurz vor Ostern, der zweite nicht lange nach Pfingsten und der dritte gegen Michaelis gehalten wird. Die Zeit ist zwar genau bestimmt, kann aber vom Landvogt nach Umständen, z. B. wegen noch nicht vollendeter Saat und Ernte, verlegt werden, jedoch fällt jeder Markttag beständig auf einen Mittwoch. Mit dem Krammarkt steht ein Vieh- und Pferdemarkt in Verbindung, und tags zuvor ist Leinwandmarkt, wo verschiedene Sorten von grobem und feinem, im Lande selbst verfertigtem Leinen sowohl grau als gebleicht feilgeboten werden. Manchen Herrschaften gewährt dieser Leinwandhandel zuweilen eine gute Aushilfe, da die Dienstboten (vornehmlich die weiblichen) auf Rügen fast durchgängig eine gewisse, oft nicht geringe Qualität Leinen als einen Teil ihres Lohns erhalten.

Außer diesen Krammärkten gibt es in Bergen noch Herbstmärkte, auf denen der Landmann seine Produkte an Brennholz, Gänsen, Getreide, Obst, Kartoffeln und anderem Gemüse usw. abzusetzen sucht. Sie werden an den Freitagen jeder Woche gehalten, nehmen gleich nach Michaelis ihren Anfang und dauern bis Weihnachten.

Jetzt zu Bergen selbst. Diese Hauptstadt des Landes liegt so ziemlich in der Mitte der Insel auf einer Anhöhe, von welcher die Straßen sich fast in allen Richtungen herabneigen, und zweifelsohne hat diese Lage zu ihrer jetzigen Benennung Anlaß gegeben. Aber auch schon vor alters, als sie der Sage nach noch ein elendes Fischerdorf war, hieß sie Gora oder Göre, ein Wort, das ebenwohl in der slawisch-wendischen sowie noch jetzt in der russischen Sprache einen Berg bedeutet. Auch findet man diesen Namen noch heutigentags in dem Dorf Goren [Goor] auf Wittow, dem Fischerdorf Gören auf Mönchgut und dem Gehölz Goor bei Vilmenitz, welche sämtlich auf Anhöhen gelegen sind.

Ihre größte Ausdehnung hat die Stadt von Osten nach Westen, und in der Ferne gewährt sie dem Auge ziemlich von allen Seiten einen vorteilhaften, oft romantischen Anblick. Hier ruhen Häuser auf einer Bergecke, über welche sich die Dächer anderer hervorschieben, dort schweben blühende Gärten terrassenförmig übereinander an einem Abhang, dort breitet sich am Ost-

Bergen

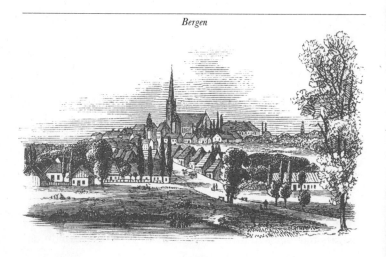

ende in einer Ebene freundlich eine Häusergruppe – der Speck-kaspel genannt – aus, welche mit ihren roten Dächern aus einer grünen Baumhülle hervorragt wie die Blüte der Indischen Kresse zwischen ihren Blättern, und um diese Menschenwoh-nungen her Gebüsch, Kornfelder, Landseen, Hügel, Windmüh-len – das alles gruppiert sich in angenehmer Mannigfaltigkeit zu einem sehr anziehenden Prospekt.

Sobald man aber den Ort selbst erreicht, wie sehr findet man sich getäuscht, wie verschwindet in der Nähe der Reiz, den die trügerische Ferne gewährte! Holprige, abschüssige Wege, schiefe, schlecht gedämmte, zum Teil ungepflasterte Straßen und Durchgänge, für Menschen und Vieh gleich unbequem zu passieren, schmutzige Winkel, kleine, mitunter sehr schlechte, höchstens nur mittelmäßige Häuser, die ohne Ordnung bald hierhin, bald dahin gesetzt sind, vernichten anfänglich die Idee ganz, die man zuvor von der Stadt gefaßt hatte. Man glaubt viel-mehr, in die elendeste Landstadt gekommen zu sein, ein Glaube, worin man dadurch, daß Bergen weder Mauern noch Tore hat, noch mehr bestärkt wird. Weiterhin nach dem Markt zu, wohin alle Hauptstraßen führen, wird die Gestalt der Häuser zwar et-was zierlicher, aber an Symmetrie und Schönheit in der Anlage ist nicht zu denken, und selbst der Marktplatz ist ungestalt und schiefwinklig.

Um sich von der wunderlichen Bauart der Stadt zu überzeu-gen, muß man den Kirchturm besteigen und von dem Umgang oder der Galerie derselben, hier »das Schrank«, auch »Schran-kelwerk«, genannt, auf sie herabblicken. Außer dem, daß man von ihrer unregelmäßigen, von der Höhe aber wieder sehr ro-mantisch erscheinenden Anlage dort gleichsam den Grundriß vor Augen hat, wird der Blick noch von einer wunderschönen landschaftlichen Umgebung gefangen, indem er, gleichwie vom Rugard, nicht nur die ganze Insel überschaut, sondern auch den Teil derselben frei hat, der auf jener Höhe ihm durch die Lage der Stadt selbst entzogen wird. Der Reisende sollte sich daher nicht bloß mit der Ansicht vom Rugard begnügen, denn er hat in der Tat noch nicht alles Schöne gesehen, wenn er nicht auf dem Schrank stand.

Doch wieder herunter zu den Menschenwohnungen. Wenn man erwägt, wie die Stadt entstand, wie unbedeutend sie lange war, daß sie in vorigen Jahrhunderten oft von Feuersbrunst heimgesucht worden ist (in den Jahren 1563, 1621, 1690, 1715 und 1726 hat die Stadt durch Brandschaden außerordentlich gelitten) und daß also die Aufführung neuer Häuser damals bloß von der Notwendigkeit bestimmt und die Baustelle vielleicht vom Zufall angewiesen ward, so wird man sich nicht mehr über die seltsame Lage der Häuser wundern. Selbst wenn jetzt die Stadt zugrunde gerichtet und auf ihren Trümmern wieder neu aufgebaut würde, möchte eine regelmäßige Anlage derselben nach der Schnur wohl mit unabhelflichen Schwierigkeiten verknüpft sein, da müßten erst manche Hügel abgetragen und viele Tiefen ausgefüllt werden, Hindernisse, die nur durch ungeheure Kosten und unsägliche Mühe zu beseitigen wären. Aber größer, regelrechter und massiver könnte man bauen, denn wenn ich jetzt etwa das Kloster, das Leichenhaus, das Königliche Amtshaus, die Präpositur und ein paar andere Häuser ausnehme, so findest Du in der ganzen Stadt weiter kein großes und modernes, nicht einmal ein massives Gebäude, selbst das Rathaus gleicht einer sehr mittelmäßigen Privatwohnung und ist es im Grunde auch für den Ratskellermeister, nur daß im oberen Geschoß ein Paar Zimmer für die Sessionen des Magistrats und für das Stadtarchiv bestimmt sind.

Außer dem am Markt belegenen Rathaus sind die übrigen öffentlichen Gebäude die Propstei, die ich schon erwähnt habe, nebst der Diakonatwohnung, ferner das Kloster, die Kirche, das Leichenhaus, das Schulgebäude, das Lazarett, das Armenhaus, das Gefängnis und der Scharren.

Ich stelle das voran, wovon am meisten zu erzählen sein wird: 1. Das Fräuleinkloster. Daß dieses Stift 1193 von dem Rügenfürsten Jaromar I. angelegt und für Nonnen des Zisterzienserordens bestimmt worden sei, haben schon Zöllner und Nernst berichtet. Die Jungfrau Maria, deren Bildnis noch jetzt über der Haustür der Priorie des Klosters steht, war Schutzpatronin desselben. Es hatte zwei Kuratoren von Adel, einen Propst nämlich und einen Vogt. Die zwölf ältesten der damaligen Nonnen wurden Oldfruwens genannt. Schon damals war es gemäß der Stiftungsurkunde mit Gütern, Dörfern, Waldungen und Gewässern bewidmet. So erhielt es z. B. den bei der Stadt liegenden Nonnensee, dessen Namen daher seinen Ursprung hat. In der Folge bekam es durch fromme Schenkungen und Vermächtnisse einen noch größeren Zuwachs an Gütern und Hebungen, auch genoß es den Lämmerzehnten. Die meisten dieser Spenden und Erwerbungen fallen in die Zeit von 1298 bis 1400. Andere Güter standen unter seiner Lehnsherrlichkeit, und nicht nur über die darin Gesessenen von Adel, sondern auch über den Ort selbst hatte der Vogt oder Klosterrichter die Jurisdiktion. Seit der Reformation aber, wo die Klöster des ganzen Landes säkularisiert und ihre Einkünfte eingezogen wurden, ist es in ein weltliches Stift für landeseingeborene adlige Jungfrauen verwandelt worden. In den Drangsalen des Dreißigjährigen Krieges, wo die Stadt von den kaiserlichen Truppen geplündert wurde, ward auch das Kloster so verwüstet, daß beinahe nur die Ringmauern stehenblieben.

Das jetzige Gebäude, ein Werk der neueren Baukunst, hat zwei Stockwerke und in denselben recht artige Zimmer. Es ist in der Form eines rechten Winkels angelegt, oder eigentlich besteht es aus einem Mittelgebäude mit einem Flügel an der südlichen Seite, der zweite fehlt aus Mangel an Raum, denn die Nordseite des Klosters wird von der Kirche begrenzt. Das Hauptgebäude ward 1733 und der Flügel 1736 vollendet. In jedem Gebäude sind vier Abteilungen und in beiden also acht Wohnungen. Jedes Fräulein besitzt darin vier Zimmer und im Erdgeschoß einige Vorratskammern. Von den Stuben des zweiten Stockwerks genießt man eine treffliche Übersicht über einen Teil des Landes. Der oben in der Wohnung der Priorin befindliche Konferenzsaal wird bei feierlichen Einführungen neuer Konventualinnen und anderen öffentlichen Versammlungen in Angelegenheiten des Stifts gebraucht, auch soll täglich eine Betstunde darin gehalten werden.

Außerdem stehen noch ein paar alte kleine Gebäude auf dem Klosterplatz, die ebenfalls zu Wohnungen für die übrigen Damen bestimmt sind. An der Nordseite befindet sich ein abgesonderter Kirchhof der Stiftsfräulein, so wie sie hier einen eigenen Gang zur Kirche haben, in der das Kloster einen Chor besitzt. Eine Seite dieses Ganges besteht in einem alten, schlechten Gebäude, das sich an die Kirche lehnt und worin etliche kleine, elende Zellen sind. Ihm und seinem dicken Mauerwerk sieht man es gleich an, daß sie nicht aus neueren Zeiten herrühren, sondern nebst der an der Ostseite hinlaufenden, in vielen Bogen ausgeschweiften Mauer Reste des alten Klosters sind.

Die Priorin, welche in Urkunden »Priorissa claustri sanctimonialium« und in den neueren Statuten des Klosters die »Domina« benannt ist, wird von den übrigen Fräulein durch Stimmenwahl ernannt und genießt gewisse Vorrechte, so wie sie auch die doppelte Hebung an barem Geld und den übrigen Emolumenten erhält. Die ihr zunächst folgende Konventualin führt den Titel einer Kanonissin oder auch wohl eines Prälatenfräuleins. Der Name Amtsfräulein, den vier der ältesten Fräulein sonst führten, ist ganz außer Gebrauch gekommen.

Die Zahl der ordentlichen Stiftsdamen, d. h. derer, die den Genuß der vollen Hebung haben, beläuft sich jetzt auf 13, obgleich nur 12 eine Wohnung erhalten. Unter den übrigen Exspektantinnen, deren Anzahl sich seit Herrn Zöllners Anwesenheit in Bergen bis auf 50 erhöht hat, bekommen die beiden, die unter den vier ältesten die nächste Anwartschaft haben, die halbe Hebung des baren Geldes. Die volle Präbende eines Jahres besteht in 60 Reichstalern, einigen Gänsen und Hühnern, verschiedenen Tonnen Kohlen aus der Jasmunder Stubnitz und vier Fudern Holz aus einem Forst, der noch jetzt dem Kloster gehört und in der Putbusser Gegend liegt.

Der Eintritt in das Stift steht allen Töchtern des auf der Insel ansässigen Adels frei, und jedes Fräulein, das darin aufgenommen oder, wie man gewöhnlich sagt, eingeschrieben werden will, erlegt 75 Reichstaler Einkaufsgeld. Diese Summe wird, zufolge einer neuen Einrichtung der Aufgenommenen, sogleich vom Kloster zu 5 Prozent Zinsen wieder angeliehen und darf in 15 Jahren nicht gekündigt werden. Man kann also das Einkaufsgeld mit Inbegriff dieser Zinsen zu 150 Reichstaler rechnen.

Die Inspektion über das Kloster ist zwei Kuratoren übertragen, nämlich von königlicher Seite dem jedesmaligen Landvogt der Insel und einem landbegüterten Edelmann namens der rügianischen Ritterschaft. Beide ernennen zur Führung der Klostergeschäfte einen Sekretär, dessen Amt jetzt der Sekretär des Landvogteigerichts zugleich verwaltet.

Die Gesetze und Statuten des Stifts sind sehr milde, und der klösterliche Zwang, welcher in manchen Gegenden diejenigen, die hinter den heiligen Mauern wohnen, sehr hart drückt, ist hier unbekannt. Die Damen genießen alle weltliche Freiheit, können ungehindert ausgehen und verreisen, Besuche geben und annehmen, sich nach der Mode kleiden und dergleichen, doch sind ihnen alle lebhaften und schreienden Farben, besonders rot, gelb und grün, zu tragen untersagt. Nach der öffentlichen Einführung kann jede im Kloster oder außerhalb desselben wohnen, allein im letzteren Fall verliert sie alle Naturalerhebungen. Außerdem soll eine Konventualin, die sich des Eintritts in das Kloster gänzlich enthält und an einem anderen Ort wohnt, für diese Erlaubnis eine kleine Geldsumme entrichten, die das Permissionsgeld genannt wird. Eine Stiftsdame, die verheiratet wird, verliert sogleich nach bekannt gewordener Verlobung ihre Einkünfte. – Das Tor und die Pforte des Klosters werden abends um 9 Uhr geschlossen, wozu ein auf dem Klosterhof wohnender Pförtner bestellt ist. Indes wird dies eben nicht so streng befolgt, da der gesellschaftliche und freundschaftliche Verkehr mit den Stadtbewohnern oft eine Ausnahme davon notwendig macht.

2. Die dicht neben dem Kloster liegende und demselben vormals angehörige Stadtkirche, wovon gemäß der Kirchenmatrikel von 1666 ein Teil der Heiligen Dreifaltigkeit, ein anderer aber, worin die Klosterjungfrauen ihre Betstunden hielten, dem heiligen Sixtus gewidmet war, ist ein altes Gebäude von mittlerer Größe und hat einen spitzen, mit Kupfer gedeckten Turm, welcher als der höchste im Land fast überall hervorragt. Sonst läßt sich weder von dem Äußeren noch Inneren der Kirche etwas Merkwürdiges sagen, man müßte denn eines angeblichen Vatermörders verdorrte Hand, die aus dem Grab hervorgewachsen sein soll und Neugierigen gezeigt wird, oder ein altes steinernes, nach oben zugespitztes Steinbild dahin rechnen, das an der Turmseite nach Westen eingemauert ist und wovon behauptet wird, daß der Zapfen auf dem Kopf gleiche Höhe mit der Spitze des Marienkirchturms in Stralsund habe. An das Nordende der Kirche schließt sich ein ehemaliges Erbbegräbnis der ausgestorbenen Familie von Rhaden, welches seit 1800 von der Ritterschaft gekauft und zu einem Archiv für ihre Dokumente und schriftlichen Verhandlungen eingerichtet ist.

Bei der Kirche sind zwei Pfarrer angestellt, der Präpositus und Diakonus, welche beide vom König berufen werden. Der erstere ist der vornehmste Geistliche des Rügenlandes und ordiniert, wenn der Generalsuperintendent gehindert ist, alle neuen Prediger der Insel. Denkwürdig ist in der Propsteiwohnung ein Saal, der vormals zu theologischen Disputationen der Geistlichkeit der rügianischen Synode bestimmt war, die sich zu gewissen Zeiten darin versammeln mußte. Wie oft mag die orthodoxe Horn- und Stoßkraft verflossener Jahrhunderte auf diesem Tummelplatz geübt worden, wie mancher Kampf der Meinung über nie auszumachende Dinge hier gestritten sein! –

Zur Administration der Kirchenmittel, die in den Armen-, den Reichen- und den Baukasten geteilt werden, sind zwei Provisoren angestellt. Zum Baukasten gehört auch das Dorf Strüssendorf, doch welche Bewandtnis es damit habe, darüber bist Du schon in einem meiner vorigen Briefe belehrt worden. Zu den Eingepfarrten der Kirche gehören verschiedene benachbarte Güter und Dörfer.

3. An den Klerus schließen sich die Schullehrer, und also hiervon ein Wort. Bei der Stadt- und Provinzialschule sind drei Lehrer angestellt, der Rektor, der Kantor und ein Schulschreiber, welcher zugleich Organist ist. Diese Männer haben nur geringe Besoldungen, und das Schulgeld ist sehr unbeträchtlich, auch besuchen die meisten Knaben vom Lande die Schule nur im Winter, weil sie im Sommer ihren Eltern arbeiten helfen müssen. Die Schule, ein der Kirche gegenüberliegendes gewöhnliches Haus, worin zugleich der Rektor freie Wohnung hat, ist in zwei Klassen geteilt. In der lateinischen unterrichtet der Rektor und in der unteren oder deutschen der Kantor. Dieser hat nicht einmal eine freie Wohnung, genießt aber einen Freitisch bei den Einwohnern der Stadt, bei denen er jährlich herumspeist. Ein beschwerliches Geschäft für ihn ist das hier noch übliche Leichensingen vornehmlich im Winter, und nicht leicht wird hier eine Leiche, besonders aus der niederen Klasse und vom Lande, ohne Sang und Klang zur Erde bestattet. Zwar erhält die Schule für den Leichengesang Bezahlung, aber welch ein unbedeutender Ersatz sind 24 Schilling dafür, daß ein Mann in der schneidendsten Kälte wie in der heftigsten Sonnenglut sich heiser singt? – Auch habe ich nie soviel Grabgeläute gehört wie in Bergen, wo es zuweilen stundenlang dauert und mir zuletzt ordentlich Ohrenzwang verursacht, denn ich gehöre nicht zu den Frommen, die sich an einem einförmigen Glockengebimmel erbauen können. – Das Scholarchat besteht aus dem Landvogt und dem Präpositus, vor denen jährlich ein öffentliches Examen gehalten wird.

4. Als noch zur Kirche gehörig erwähne ich hierauf das zwischen derselben und der Schule gelegene Leichenhaus, ein Gebäude, das erst zu Anfang des verflossenen Jahrzehnts entstanden ist und zu dessen Erbauung man die noch brauchbaren Steine der alten verfallenen St.-Jürgen-Kapelle benutzt hat, wel-

che am südwestlichen Ende der Stadt dem Armenhaus gegenüber stand. Bis jetzt ruhen nur noch wenige Särge in diesem Leichengewölbe, gegen welches man, ich weiß nicht, ob mit Grund oder aus Vorurteil, einen Widerwillen zu hegen scheint.

5. Das Lazarett ist ein allgemeines Spital für die Provinz, und Stadt und Land tragen zu seiner Erhaltung bei. Es ist hauptsächlich nur für Kranke geringeren Standes, aber für diese ziemlich gut eingerichtet und steht unter der Direktion des Landphysikus, dem ein anderer Arzt und ein Chirurg untergeordnet sind. Für Betten, Kost und Pflege gibt der Patient täglich 7 Schilling, die Arzneien werden besonders bezahlt. Eine Stelle für ganz Arme ist frei. Beiläufig berichte ich Dir, daß in Bergen zwei ganz vollständig eingerichtete Apotheken sind, eine alte und eine neue, welche beide gute Nahrung haben.

6. Das in der Nähe des Roten Sees am stralsundischen Landweg belegene städtische Armenhaus besteht aus acht Hischen oder abgeteilten Wohnungen für geringe Leute, die sich hier vormals für 50 Reichstaler einkauften und gewisse Pröven genossen. Jetzt werden die Wohnungen vermietet.

7. Das Gefängnis ist für Stadt und Land der einzige öffentliche Verwahrsam und gewöhnlich leer von gezwungenen Bewohnern, woraus sich die günstige Vermutung ergibt, daß Verbrechen im Lande selten sein müssen. Würde aber ein Delinquent hierher gebracht, so möchte er dem Anschein nach wohl schlecht verwahrt sein, da das Haus sehr leicht gebaut ist. Auch sollen sich Fälle ereignet haben, daß listige und rüstige Verhaftete bald entwischt sind. Der Kerkermeister, der das Gefängnis bewohnt, ist zugleich Schließer oder Profoß.

8. Der Scharren endlich ist ein Quodlibet. Denn teils sind Schlächterbuden darin, teils werden die Feuerspitzen hier aufbewahrt, in einer anderen Abteilung hat die Nachtwache ihren Aufenthalt, und andere Gemächer dienen zu einer Art von leichtem Arrest. Diese Bude steht auf dem Marktplatz, der durch sie wie durch zwei noch andere Häßlichkeiten beschränkt und verunstaltet wird.

Diese sind der Kak oder öffentliche Pranger und der Pfuhl oder Teich. Der letztere ist freilich ein Werk der Notwendigkeit, denn da in der Stadt kein einziger öffentlicher Brunnen vorhanden ist, macht dieser Mangel ihn – besonders bei Feuersgefahr – unentbehrlich, auch dient er zur Pferdetränke, aber er sollte doch mit einer leichten Mauer eingefaßt und wegen der Ausdünstung dicht mit Bäumen umpflanzt werden. So, wie er jetzt daliegt mit seiner niedrigen Einfassung von Feldsteinen, gewährt er einen unangenehmen Anblick und kann überdem der verwegenen Jugend leicht gefährlich werden. Außer ihm ist in der Raddasser Straße noch ein kleiner garstiger Pfuhl befindlich.

Eine große Unbequemlichkeit für die Einwohner ist der Mangel an Brunnen in der Stadt. Die hohe Lage des Ortes scheint die Anlegung derselben unmöglich zu machen. Zwar sollen im Siebenjährigen Krieg einige schwedische Ingenieuroffiziere einen Versuch gemacht haben, ob auf dem Markt ein Brunnen anzulegen sei. Allein der Erdbohrer, dessen sie sich bedient haben, um die Beschaffenheit der Tiefe zu erforschen, ist abgebrochen und darauf das ganze Projekt ins Stocken geraten.

Bei der Stadt sind drei Brunnen, woraus die Einwohner das Wasser mit Mühe bergan schleppen müssen. Der erste, eine Privatunternehmung vorn am Raddas, existiert erst seit ein paar Jahren, liegt aber so hoch, daß er nur geringen Zufluß hat und zuweilen leer wird. Der zweite, der sogenannte Steinsoot an der westlichen Seite der Stadt, ist also die einzige Quelle, woraus alles Trink- und Kochwasser geschöpft wird, denn aus dem Balkensoot, aus dem man auch das Vieh tränkt, wird nur Wasser zum Bierbrau geholt, auch liegt er am entferntesten von der Stadt östlich am Weg nach Putbus. Aber auch dieses Wasser ist nur schlecht, daher versehen sich im Sommer die Wohlhabenden mit Trinkwasser aus der Labenitz, einer lieblichen, sehr klaren, in einem Erlengebüsch versteckten Quelle, die eine halbe Stunde weit von Bergen, beinahe am Fuße des Rugard, liegt.

Zurück zur Stadt und ihrer Verfassung. Bergen hat 1574 Einwohner und etwas über 300 Häuser. Die letzteren sind in Katen und Buden oder halbe Häuser geteilt, und danach steuern sie. Es gibt aber hier mehrere Häuser, die seit den Zeiten der Rügenfürsten, von deren Beamten und Hofdienern sie vermutlich bewohnt wurden, von allen Steuern frei sind, auch nicht unter der Jurisdiktion der Stadt, sondern unter dem Landvogteigericht stehen. Zu den Freihäusern gehört auch das vormalige Kalandshaus, wonach noch jetzt die Kalandsstraße benannt wird und welches gegenwärtig der Leibmedikus Dr. von W[illich] besitzt. Über diese Hausstelle mit ihrem Zubehör und über deren Bewohner haben die Grafen Putbus die Gerichtsbarkeit in erster

Bergen. Marktplatz mit Scharren

Instanz, weil ein ehemaliger Herr aus diesem Haus Eigentümer desselben und Vorsteher der sich darin versammelnden Kalandsbrüderschaft, einer Art von religiöser Ordensgesellschaft, war, welche sich vormals auch in vielen Städten Pommerns ausgebreitet hatte. Im Jahre 1586 ward dieses Haus unter dem Titel eines Afterlehns und mit Vorbehalt der Jurisdiktion an einen Bergener Einwohner verkauft. – Die Kalandsbrüder führten ihren Namen daher, weil sie sich zu Anfang jedes Kalendermonats zu versammeln pflegten. In Bergen hielten sie jedoch nur zwei feierliche Zusammenkünfte im Jahr, nämlich am Donnerstag nach Dionysii und nach Trinitatis. Sie hatten ihre bestimmte Regel, besaßen viele Güter, und die Geschäfte waren einem Dekan, einem Kämmerer und einem Almosenierer übertragen. Auch ehrbare Frauen wurden aufgenommen. Diese Verbrüderungen, die anfangs zu frommen Absichten errichtet waren, arteten hernach in lustige und ausschweifende Trinkgelage geistlicher und weltlicher Genossen untereinander aus, bis sie durch die Reformation aufgehoben wurden.

Die Stadt ist in vier Quartiere geteilt, und danach sind die Häuser nebst den dazugehörigen Grundstücken und Ackerwerken in einem seit 1795 errichteten Urbarium aufgezeichnet. Auch ist eine Karte vorhanden, die den Grundriß darstellt.

Erst zu Anfang des 17. Jahrhunderts ward Bergen eine Stadt. Ihre ersten städtischen Privilegien erhielt sie 1613, eine Erweiterung derselben 1616, und die Bestätigungsurkunde ist von 1626. Der über die Stadt gesetzte Magistrat besteht aus zwei Bürgermeistern, wovon einer, der zugleich das Stadtrichteramt bekleidet, ein Rechtskundiger sein muß, zwei Camerarien, vier Ratsherren und einem Ratssekretär. In Angelegenheiten der Bürgerschaft, die durch vier Alterleute repräsentiert wird, muß auch das Kollegium der Sechzehnmänner zu Rate gezogen werden. Die Norm, wonach alle Rechtsfälle beurteilt werden, ist im allgemeinen das römische Recht, bei Erbfällen und Schenkungen aber sind die Grundsätze des lübischen Rechts angenommen. In Prozeßsachen wird vom Rat an das Landvogteigericht (kürzer Landgericht genannt) oder, wie es auch heißt, an den Stapel appelliert, der hier ebenfalls seinen Sitz und mit dem Hofgericht zu Greifswald konkurrente Jurisdiktion hat. Dieses Gericht, dessen Personal der Richt- oder Landvogt, welcher immer ein rügianischer Edelmann sein muß, und ein Gerichtssekretär ausmachen, besteht schon seit uralten Zeiten auf der Insel und übt die landesfürstliche Richtergewalt in der ersten Instanz aus, doch sind einige adlige Familien und verschiedene Rechtssachen von seiner Gerichtsbarkeit ausgenommen. Der jetzige Landvogt, ein sehr urbaner Mann, hat den allgemeinen Ruf eines einsichtsvollen und, was mehr sagt, eines unparteiischen Richters.

Außerdem wohnt hier der über die königlichen Domänen auf Rügen gesetzte Amtshauptmann, von dessen Gerichtsbarkeit ich oben geredet habe. Auch hält die rügianische Ritterschaft in Bergen ihre Konvente, zu denen aber niemand als der Besitzer eines Lehnguts nach erlangter völliger Majorennität Zutritt haben darf. Bei ihren Beratschlagungen in Landesangelegenheiten macht ein aus ihrer Mitte gewählter Deputierter den Vortrag, worauf die Meinungen und Beschlüsse dem ritterschaftlichen Landrat mitgeteilt werden, der sie dann auf dem Landtag in Stralsund zu weiterer Verhandlung vorlegt. Diesen Landtagsverhandlungen beizuwohnen hat Bergen verschiedentlich als ein Recht verlangt, es ist ihr aber immer abgeschlagen worden, und sie wird daher zu den nachsitzenden Städten gerechnet.

Der Einwohner größere Anzahl besteht aus Krämern, Handwerkern und Ackersleuten. Die Klasse der sogenannten Honoratioren lebt großenteils von ihren Zinsen oder von einem Wittum und Leibgedinge, und darunter sind viele vom Adel, die das Land- mit dem Stadtleben größerer Bequemlichkeit wegen vertauscht haben. Andere hat der Ruf einer großen Wohlfeilheit hingezogen, in dem Bergen sonst stand. Aber gerade durch die Anwesenheit solcher Rentenzehrer sind nicht nur die Preise der Lebensmittel, der Wohnungen und dergleichen sehr gestiegen, sondern der Luxus der höheren Stände, welcher weiter verbreitet ist, als ich glaubte, hat auch die Waren und Fabrikate der Handwerker sehr verteuert, so daß Bergen jetzt gar nicht als ein wohlfeiler Ort gerühmt werden kann. Am meisten fühlt dies der ärmere Bürger, der, um den Vornehmen nachzuahmen, seine Kräfte erschöpft und dann sehen muß, wie er es macht, wenn der reichere Kapitalist, der auf einen höheren Preis der Dinge nicht ängstlich zu sehen nötig hat, ihm alles vorwegkauft.

Viele der Honoratioren leben müßig oder doch ohne bestimmte öffentliche Geschäfte, denn ein großer Teil derselben besteht aus Frauenzimmern. Nur unter wenigen von diesen habe ich höhere Bildung bemerkt, und der Gesellschaftston in der Stadt – ja, davon ließe sich viel erzählen, aber ich spare das Detail desselben für einen anderen Brief und sage nur soviel, daß Zimmermanns und Knigges Schilderungen des Tons und Charakters kleiner Landstädte, wo Schwatzhaftigkeit und Zungendrescherei recht eigentlich zu Hause und die Treibjagd nach Anekdoten, Familienangelegenheiten und Heimlichkeiten in steter Übung ist und wo in Ermangelung unbedeutender Stadt- und Landneuigkeiten das Tun und Lassen des Nachbarn zur Rechten und Linken aus christlicher Liebe rezensiert wird usw., auch auf Bergen nicht ganz unpassend sein dürften.

Das schöne Geschlecht möge mir verzeihen, wenn mein Urteil hart scheint. Noch ehe ich die Stadt sah, fällte Fama über sie ein gleiches, das ich nur bestätige, überzeugt, daß es die Edleren und Gebildeteren nicht treffen kann. Unter diesen nahm die nun abgeschiedene, auch von Herrn Zöllner mit gebührendem Ruhm erwähnte Dichterin Eleonore von Platen sicher den ersten Rang ein, eine talentvolle, gelehrte und witzige Dame, die noch in ihrem Alter unablässig Nutzen zu stiften strebte und durch alles, was ich von ihr erfahren, sich meine Achtung und Bewunderung um so mehr erworben hat, da sie fast ganz ohne Anleitung alles durch sich selbst ward und von wissenschaftlichen Hilfsmitteln abgeschnitten lebte, denn außer etlichen Journalgesellschaften und Lesezirkeln auf dem Lande existiert weder hier noch sonst auf der Insel eine allgemeine Lesebibliothek oder ein Buchladen, Bedürfnisse, die das Zeitalter mehr denn je verlangt und deren Entbehrungen auch ich während meines hiesigen Aufenthalts zuweilen stark empfunden habe.

Die zum Weichbild der Stadt gehörigen Äcker betragen 1699 Morgen, wovon 778 steuerbar sind. Die Felder liegen meist hoch und sind von sandiger Beschaffenheit. In den Niederungen aber ist ziemlicher Getreideboden, z. B. nach dem Nonnensee hin. Dieser See gehört jetzt zum Domanium, und die Fischerei auf demselben ist verpachtet. Von der ihn umgebenden Weide hat aber die Stadt die freie Nutzung. An ihrer Südseite, der einförmigsten unter allen, liegt noch ein anderer, der Rote See, welcher beinahe die Form eines Hufeisens hat, am Fuße des Galgenberges. Dieses Gewässer, eigentlich ein Karauschenbehälter, ist Eigentum der Stadt, trocknet aber von Zeit zu Zeit mehr aus, so daß man nach fünfzig oder hundert Jahren an seiner Stelle vielleicht Moor oder Weide sehen wird.

Von den Bergen um die Stadt, die seit Jahrhunderten wüst und mit armseligem Heidekraut bewachsen dalagen, sind der Gauenberg (von den Einwohnern Jochenberg ausgesprochen) an der Südseite, desgleichen die Höhen gegen den Rugard hin urbar gemacht und von mehreren Einwohnern, die sie um ein Billiges gepachtet haben, seit wenigen Jahren in Kartoffel- und Gemüsegärten verwandelt worden, welche mit ihrem mannigfaltigen Grün und ihren sich durchschneidenden Abteilungen von fern einen freundlichen Anblick geben.

Überhaupt zeigt die originelle Lage der Gärten, die, friedlich aneinander gereiht, sich teils die Berge in mancherlei Richtungen hinanziehen, teils in die Ebenen hinabsenken und deren Pflanzungen bald von krausen Hecken oder mannigfaltigen Gruppen schattender Bäume umkränzt, bald frei und nur von Geländern oder Steinmauern eingeschlossen sind, ein angenehmes Bild von Tätigkeit und Ruhe, ja, selbst die unregelmäßig dastehenden Häuser und architektonischen Mißverhältnisse, die ich oben an der Stadt als solcher rügte, haben in malerischer Hinsicht manche interessante Partie. Wie soll ich vollends die lachenden Umgebungen der Stadt würdig schildern, jene umgrünten Raddashügel, jene braunen Heiderücken, jene zerklüfteten Berge, jene heimlichen Täler? – Werde ich vermögen, in ein Gan-

zes zu fassen die lieblichen Bilder der saatenwogenden, von Feld-
gebüsch durchkreuzten Ebenen, der grünen Wiesen, der klaren
Landseen, der reichen Mittelgründe, der blauen Fernen von
Land und Meer? – Ich zweifle, denn hier fängt das Gebiet und
Geschäft der Malerei an, die durch treue, kräftige Darstellungen
jede Beschreibung übertrifft.

Alle diese landschaftlichen Herrlichkeiten haben die Bergener
täglich vor und um sich, ein beneidenswerter Vorzug, welchen
sie auch lebhaft zu empfinden scheinen, denn es werden im Sommer häufig Spazierfahrten und Promenaden nach dem Rugard,
Pulitz, Krakow, der Labenitz usw. gemacht. An einem allgemeinen öffentlichen Belustigungsort fehlt es in der Stadt noch, denn
ein paar Gärten, worin die Männer gewöhnlich nur Kegel schieben, füllen diesen Mangel nicht aus.

Hier hast Du meine Wahrnehmungen und Bemerkungen über
Rügens Hauptstadt. Wenn ich nicht immer gelobt habe, so geschah es aus Liebe zur Wahrheit, und der Unbefangene wird mir
die Gerechtigkeit widerfahren lassen, daß ich in meinem Tadel
Übertreibungen vermied. Die Beweise der Gastfreundschaft, die
ich von manchem Bewohner der guten Stadt erhalten habe, werden zwar immer das Gefühl des Dankes in mir rege erhalten. Wer
sich aber dadurch bestechen läßt und allein darum nicht wagen
will, aufrichtig zu sein, aus dessen Mund klingen bloß Lobprei-
sungen verdächtig. Schließlich bekenne ich noch zur Steuer der
Wahrheit, daß ich in allen guten Gesellschaften in Bergen sowohl
als auf dem Lande nichts von dem gefunden habe, was Herr Rellstab (Seite 96) sagt, wo es heißt, daß den zu Anfang der Mahlzeit
herumgereichten starken Schnaps auch selten eine Dame, vom
14. Jahre an gerechnet, ausschlage – eine Behauptung, wodurch
er sich ebenso wenig die Gunst und den Dank des schönen Geschlechts auf Rügen als eine gute Meinung von seiner Wahrheits-
liebe erworben hat.

Greifswalde [Greifswald], den 7.Oktober

Sind nicht die meisten Szenen des Lebens ein Kommen und Scheiden! So war es auch mit meiner Reise, die nun ihr Ende erreicht hat. Vernimm also, mein Bester, den Beschluß dieser Streifzüge durch das Rügenland.

Es war am 1.Oktober, als ich in des Morgens Frühe der guten Stadt Bergen und ihren Umgebungen mein letztes Lebewohl zurief. Die Luft war neblig und rauh und der Anfang des Weges öde. Man fährt am Kiebitzmoor zwischen kahlen Bergen durch und streift dann neben den Ortschaften Sassitz und Sehlen hin. Hinter dem letzteren Hof wird das Land hoch und die Aussicht freier, ja, fast zu frei, denn der Boden hatte seine schöne Getreidehülle verloren, und der Anblick eines Stoppel- oder Brachfeldes ist nichts weniger als unterhaltend, doch hat man mitunter ziemlich angenehme Umsichten und ein Gehölz zur Rechten. So ging es über sanfte Anhöhen fort in der Richtung nach Süden bis zum Koldevitzer Krug, wo ein kleiner Halt gemacht ward. Dieser Landkrug, welcher zu einem in seiner Nähe liegenden Landgut gleichen Namens gehört, hat eine ganz artige Lage an einem Gebüsch. In der Schenke fand ich einen baumstarken Mann von wilden Gesichtszügen und bizarren Manieren. Sein Aufzug war halb militärisch, den Hut zierte ein hoher Federbusch, und an seiner Hüfte hing ein mächtiger Haudegen an einer ledernen Kuppel. Am Tisch saß seine Ehehälfte, ein wahres Zigeunergesicht, welche etliche äußerst häßliche und schmutzige Kinder mit einem Mehlbrei fütterte und dabei aus einer kurzen Pfeife sehr stinkenden Tabak rauchte.

Mir ward in dieser Gesellschaft nicht wohl zumute, und ich lehnte das zudringliche wiederholte Anerbieten des Weibes, mir gut Glück sagen zu wollen, nur mit Mühe ab. Von dem gesprächigen Wirt erfuhr ich, daß der fremde Ritter ein sogenannter Kammerjäger sei, der zuzeiten das Land durchziehe und seine Dienste anbiete, indes seine Frau auf andere Weise, vermutlich durch Betteln, etwas zu erwerben suche. Dergleichen Leute treiben ziemlichen Wucher mit ihrer vorgeblichen Kunst, die oft bloß zur Beschönigung einer Bettelei dient, und obgleich nur wenige von der Landesregierung Konzession erhalten haben, sollen doch jährlich verschiedene andere kommen, um dem Land einen Zoll abzufordern, denn da der Landmann die vielleicht nicht unbegründete Meinung hat, daß sie, wenngleich ihre Kunst nicht erprobt ist, doch Witterungen hinlegen können, um Ratten und Mäuse nach einem Ort hinzulocken, läßt er aus Furcht vor ihrer Rache sie nicht gern da leer fortgehen, wohin sie kommen.

Hinter Koldevitz gewährt die Gegend eine Weile ziemliche Abwechslung. Man trifft einen kleinen Landsitz namens Karnitz mit einem Dörfchen am Wege und passiert eine Strecke durch Nadel- und Laubholz in der Gegend des Kniepower Sees, der durch die Bäume blickt. Der Boden ist meist sandig bis zu dem Gut Kowall. Hier erblickt man das Städtchen Garz, aber es präsentiert sich schlecht, und der Weg dahin von dem genannten Landgut ist kahl. Zur Rechten laufen leichte magere Anhöhen von Norden nach Süden hin, und vor mir lag im Vorgrund der Stadt eine kahle, mit einigen Windmühlen besetzte Weide. Die Entfernung von Bergen nach Garz wird mit einer Meile angegeben, allein diese ist mit einer Elle abgemessen, die, wie sich mein Fuhrmann vernehmen ließ, Leviathan in der Hölle geschnitzt hat.

Dem äußeren Anblick entspricht das Innere der Stadt. Die Häuser, deren Anzahl sich gegenwärtig, da viel gebaut und sogar an der Ostseite eine neue Straße entstanden ist, auf über 150 beläuft, sind klein, niedrig, manche noch mit Stroh gedeckt und, wie in Bergen, nicht massiv. Das Ganze ist in vier Quartiere geteilt. Der Ort, der wie Bergen völlig offen ist, hat höchstens drei bis vier Hauptgassen, welche nach Süden und Westen laufen und ungepflastert sind. Weil sie nun deshalb bei anhaltendem Regenwetter zur Herbstzeit äußerst tief und kotig werden, sagt man spottweise von den Garzern, daß sie alsdann ihren Damm abnehmen und für den folgenden Sommer aufbewahren. Kurz, man würde Garz aufs äußerste nur für einen Flecken halten können, wenn es nicht einen Magistrat und ein Rathaus hätte, welches 1800 neu erbaut, aber nur klein ist und einem Privathaus gleicht. – Das Personal des hiesigen Magistrats besteht aus zwei Bürgermeistern, unter denen einer ein Rechtsgelehrter sein muß, indem er zugleich das Amt des Stadtrichters und das Ratssekretariat verwaltet, zwei Camerarien und zwei Ratsherren. –

Garz. Blick auf Stadt und Kirche

Garz ist eine alte Stadt, und Schwartz sagt von ihr, sie sei lange die erste und einzige Stadt auf Rügen von deutscher Verfassung und der Sitz der größten Gardvogtei gewesen. Auch meldet die Geschichte, daß sie schon im 14. Jahrhundert von dem letzten Rügenfürsten Wizlaw IV. und darauf von dem pommerschen Herzog Wartislaw VI. (von diesem im Jahr 1377) mit städtischen Gerechtsamen und Privilegien, welche Bergen erst 300 Jahre später erlangte, bewidmet geworden sei. Kraft derselben will sie auch jetzt nicht für eine Amtsstadt angesehen werden,

sondern protestiert in vorkommenden Fällen gegen eine solche Abhängigkeit. Zu ihren Rechten gehört auch das, jährlich zwei Jahrmärkte zu halten, welche denen zu Bergen unmittelbar vorangehen.

In alten Zeiten soll Garz ein ganz ansehnlicher Ort gewesen sein, über eine halbe Meile im Umfang gehabt und Handel und Wandel getrieben haben. Auch wurde sie dadurch vergrößert, daß die in ihrer Nähe neu angelegte Stadt Rügendahl [Rugendahl], nachdem sie kaum einige zwanzig Jahre gestanden hatte, mit ihr konsolidiert ward. Die Ursachen dieser Vereinigung weiß man nicht, und überhaupt ist von Rügendahl wenig historisch bekannt geworden.

Vor dem Dreißigjährigen Krieg hatte Garz eine Kirche und eine Kapelle und zwar ziemlich blühend. Allein in demselben gebrandschatzt, verwüstet und durch verschiedene Flammenbrünste eingeäschert, in denen auch die Stadtkirche abbrannte, kam es gänzlich in Verfall, die Einwohner verarmten, und so sank die Stadt zu ihrer jetzigen Unbedeutendheit herab. Die Zahl ihrer Einwohner beträgt 1120, deren größter Teil aus Handwerkern und Ackersleuten besteht. Die Pfarrkirche ist ein altes Gebäude, welches, über tausend Schritte von der Stadt entfernt, nordostwärts auf einem Berg liegt, der nicht zum Gebiet der Stadt, sondern zu dem benachbarten Dorf Wendorf gehört, weshalb die Scherzrede entstanden ist, daß die Einwohner von Garz bei den Wendorfern in die Kirche gehen. Dieser Kirche steht ein kleines, in der Stadt befindliches Armenhaus zu.

Ein auch historisch merkwürdiges Überbleibsel aus dem Altertum muß ich doch erwähnen, nämlich den hiesigen Burgwall. Da sich das Wetter aufgeklärt und ich Zeit genug übrig hatte, beschloß ich, ihn aufzusuchen. Ohne Mühe fand ich ihn. Seine krause, buschreiche Stirn ragt gegen die Mittagseite der Stadt, welche durch seinen Fuß begrenzt wird, hoch empor und hat von dieser Seite ein verwildertes Ansehen. Auf einem schmalen Fußsteig wand ich mich durch das Gesträuch und erreichte bald eine Anhöhe, die ringsumher von einem ziemlich steilen Erdwall umzingelt wird. Diese Verschanzung ist sicher das ansehnlichste Werk, das sich aus der Vorzeit auf der Insel erhalten hat, denn sie hat offenbar nicht nur einen ansehnlicheren Umfang als der Rugard oder der Teschvitzer Wall und die Herthaburg, sondern auch ihre Höhe, die an der Nordostseite gegen die Stadt hin am beträchtlichsten ist, dürfte die der genannten Burgwälle leicht übersteigen.

Der Wall bildet ein unregelmäßiges, längliches, an den Winkeln abgerundetes Viereck, das mehr als 800 Schritte im Umfang beträgt und einige Male von Einschnitten unterbrochen ist, jedoch hat er nur eine einzige ordentliche, an der Südwestseite befindliche Einfahrt, welche sich schräg von Norden gegen Süden die Böschung hinanzieht. Der ganze äußere Abhang, vornehmlich an der Nordseite, wie auch größtenteils der obere Gang sind mit Schlehdorn und anderem niedrigem Gesträuch überdeckt, und die höchste Höhe bezeichnete ein wilder Birnbaum. Freier und am niedrigsten ist die Südwestseite gegen den See hin.

Dieser Landsee, welcher von dem Städtchen seinen Namen trägt, aber nicht ihm, sondern einigen benachbarten Landgütern angehört (wiewohl die Stadt im Besitz der Fischerei auf der Schar ist), liegt in einer Niederung südwärts am Wall, dessen Fuß er beinahe bespült. Seine längste Ausdehnung gegen Süden scheint der des Nonnensees nicht gar viel nachzugeben, seine Breite aber ist nur schmal. Die Tradition sagt, daß er in alten Zeiten sich viel weiter erstreckt und durch einen bis zur benachbarten Puddeminer Inwiek fortlaufenden Kanal unmittelbare Kommunikation mit dem Meer gehabt habe und daß damals größere und kleinere Fahrzeuge nach Garz gekommen wären. Von dem See an zieht sich ost- und nordwärts bis zur Stadt ein niedriger Vorwall, der gleichsam ein Außenwerk bildet und ebenfalls mit krausem Gebüsch dicht bewachsen ist.

Der innere Raum des Walls enthält jetzt Getreidefeld. In der Mitte desselben erblickt man einen Anberg, worauf vielleicht ein Gebäude gestanden haben mag, denn der Sage nach lag hier die Burg Charenza, die dem dabei gelegenen Flecken den Namen verliehen haben soll. Aber im Grunde weiß man nicht, wie man damit recht daran ist, denn Saxo der Grammatiker, welcher eine umständliche Geschichte von der Zerstörung des Tempels und dreier unförmiger Götzenbilder zu Charenza erzählt, sagt nichts von einer Burg oder einer Festung, worin der Tempel eingeschlossen gewesen sei.

Andere meinen, daß hier ein ähnliches Schloß der Rügenfürsten wie auf dem Rugard nebst einer Kirche gelegen habe, und machen es wahrscheinlich, daß zu jenen Zeiten die Stadt weiter nichts gewesen sei als ein elender Burgflecken, ungefähr wie damals Bergen. Etwas Bestimmtes läßt sich indessen hier nicht erweisen, soviel auch von der Burg Charenza geschrieben ist. Übrigens hat man vom Wall eine ganz artige Aussicht, besonders nach der gegenüberliegenden Kirche, hinter welcher ein blauer Streif der Granitz hervorragt, auch erblickt man die Kirchen von Schwantow [Swantow], Poseritz, Santens [Samtens] und Stralsund.

Gleich nach Mittag verließ ich Garz. Man fährt von hier immer gegen Süden, das Land umher ist flach, aber ziemlich guter Boden, und zu beiden Seiten zeigen sich Menschenwohnungen in der Ferne. So kommt man nach dem Zudar, einer kleinen, flachen Halbinsel, welche durch zwei tief in das Land eingreifende

Gutshaus in Groß Schoritz, Geburtshaus von Ernst Moritz Arndt

Inwieken gebildet wird und in den Palmer Ort, ein ziemlich steiles Vorgebirge, ausläuft, welches zugleich die äußerste Spitze Rügens nach Süden ist. Auf dem Zudar liegt ein Kirchdorf gleichen Namens nebst verschiedenen anderen Dörfern und Höfen. Eines dieser Landgüter namens Losentitz wird Dich als Holzfreund interessieren. Der Besitzer desselben, ein einsichtsvoller und sehr würdiger Mann, hat dort eine große Plantage von mancherlei ausländischen Bäumen, Stauden und anderen seltenen Gewächsen angelegt, und zwar mit dem glücklichsten Erfolg, ein neuer Beweis, ja, ein Triumph für meine oben geäußerte Meinung wegen der Holzpflanzungen, denn wenn fremde, aus milderen Zonen herübergekommene Bäume hier gedeihen, wieviel mehr müssen es die einheimischen? – Es gibt auch sonst noch etwas Gehölz auf dem Zudar.

Nach und nach wird die Gegend einsamer, und nur selten erblickt man ein Dorf. Der Fahrweg läuft von dem Dorf Puddemin fortwährend an der Buser Inwiek, und zwar unmittelbar am Strand, hin und ist sehr einförmig und ermüdend. In dieser Öde begegnete mir eine Bettlerzunft, die nach Garz wollte und ein würdiges Gegenstück zu der vorhin beschriebenen Rattenfängerfamilie abgab. Es waren sieben Personen mit den Kindern. Eine so starke Gesellschaft von Lazaronen war mir noch nicht vorgekommen, obgleich ich meiner Irrfahrt genug dergleichen schlechte Fürbitter bei Gott einzeln angetroffen, auch vielfältige Klagen der Einwohner vernommen hatte, daß das Land von fremden Bettlern so stark belästigt werde. Diesen Anblick nun, der jene Beschwerden sehr rechtfertigte, leitete meine Gedanken auf das Bettelunwesen, und ich will über diesen Gegenstand meine Herzensmeinung ausschütten.

Den Stadtarmen in Bergen wird es freilich nachgesehen, wenn sie jeden Sonnabend öffentlich in den Häusern herumgehen und um eine Gabe ansprechen, und ich will weder bejahen noch verneinen, ob diese Nachsicht Vorwürfe verdiene, wiewohl sich auch darüber ein Wort reden ließe. Allein, daß ein ganzes Land von Herumstreichern in Kontribution gesetzt werde, scheint mir hart, zumal da ich oft gehört habe, daß das Gesindel größtenteils zudringlich und grob sei und, mit der dargereichten Gabe nicht zufrieden, seinem neuen Anliegen wohl gar Stachelreden und Drohungen hinzufügte. An einer Indulgenz der Polizei liegt die häufige Erscheinung dieser unwillkommenen Gäste sicher nicht, vielmehr gibt es viele sehr strenge Gesetze in dieser Provinz gegen Irus' unverschämten Orden, und zuweilen sollen wirkliche Streifzüge gegen alle Bettler und Vagabunden unternommen werden, indes wird dadurch das Übel nur eine Zeitlang verringert, nicht gehoben.

Den Blick auf die isolierte Lage der Insel gerichtet, finde ich, daß nichts leichter sein müßte, als dieselbe, wenigstens im Sommer, von fremden Lediggängern völlig rein zu halten, wenn nur die Landreiter recht scharf aufpaßten und die Fährleute sie nicht aufnähmen und wenn vollends ein öffentliches Arbeitshaus auf der Insel vorhanden wäre, wohin jeder fremde, der Bettelei überführte Vagabund, wenn er noch irgend fähig zur Arbeit wäre, sogleich gebracht würde, so möchten andere dadurch noch eher zurückgescheucht werden. – Auf der Alten Fähre ist freilich eine Tafel befestigt und in der darauf befindlichen Verordnung den Fährleuten bei namhafter Strafe verboten, Bettler nach Rügen überzusetzen. Allein der lucri bonus odor reizt dennoch. »Wer kann sie erkennen?« ist der beständige Einwurf. Auch gibt es der Fähren mehrere, mancher schlüpft durch und – die Bettelei dauert fort.

Auch die letzte Strecke des Weges ging es am Strande fort längs einer schmalen Erdzunge, auf deren Spitze die Glewitzer Fähre liegt, welche der Stadt Greifswald gehört und, nebst dem ebenfalls auf dem Zudar belegenen Gut Pritzwald, deren einzige Besitzung auf Rügen ist. Glewitz, vom gemeinen Mann »Klehvs« ausgesprochen, ist über eine Meile von Garz entfernt und besteht nur aus dem Fährhaus und einigen Nebengebäuden. Die Gegend ist kahl und einsam und die Küste weder hoch noch sonst malerisch. Mehr Mannigfaltigkeit zeigt das jenseitige pommersche Gestade, und im Hintergrund zur Linken steigen die Kirchtürme von Greifswalde aus dem Wasser empor.

Hier ist nun die Überfahrt nach dem gegenüberliegenden Dorf Stalbrode [Stahlbrode]. Der Fährmann hat kleine und zum Transport von Wagen und Pferden auch große Boote, und beiderlei Fahrzeuge sind nach Umständen für Ruder und Segel eingerichtet. Wir bedienten uns diesmal der letzteren und durchschnitten ziemlich schnell die Meerenge, welche hier nicht völlig so breit ist wie zwischen der Alten Fähre und Stralsund.

Bald erreichten wir den Kontinent, die Segel fielen, sanft glitt das Boot an eine Steinbrücke, und voll Rührung nahm ich Abschied von der Küste des gelobten Landes. Zwar war mir diese Stimmung unbehaglich, aber vergebens suchte ich meine Empfindungen wegzuräsonieren. Meine Wünsche waren erfüllt, ich hatte gesehen, was ich gewollt hatte, aber nun, da das Gesehene mir lieb geworden war, mußte ich mich auf immer davon trennen! Mißmutig bestieg ich einen in Stalbrode gemieteten Wagen, der mich hierher brachte.

Nachwort

Was tun? Kommen da zwei Berliner angereist, verbringen einige Tage auf meiner heimatlichen Ostseeinsel, fahren wieder ab und berichten dann in Büchern über das, was sie gesehen und gehört haben, dürftig und ungenau der eine, ausführlicher und zuverlässiger, wenn auch etwas verklärend, der andere. Bald meldet sich ein Dritter zu Wort, ein Schwarmgeist, gerade 25 Jahre alt und eine Zeitlang Hauslehrer auf Rügen gewesen, nun schon seit Jahren im fernen Stockholm wirkend. Er durchstreifte die Insel ebenfalls nur als Gast. Mögen seine Schilderungen flott hingeschrieben und vergnüglich zu lesen sein, sie tragen mehr den Stempel von jugendlichem Überschwang als von Zuverlässigkeit und Genauigkeit.

Was also tun? Man kennt sich aus, man ist ja hier geboren und mit Rügen vertraut von Kindesbeinen an. Sollte man nicht versuchen, so mag Johann Jacob Grümbke damals überlegt haben, etwas Besseres, zumindest etwas Solideres zu Papier zu bringen? Freilich, ein Reisebuch müßte es schon sein, eine Folge von Reisebriefen, wie sie jetzt in Mode sind, Briefe von unterwegs, immer gleich nach der Fahrt oder Wanderung geschrieben. Sie malen Eindrücke und Erlebnisse in frischen Farben, wie es der beste Bericht später nicht mehr vermag, und sie verfehlen auch nicht die Wirkung auf den Leser, indem sie ihn unmittelbar an den Unternehmungen teilnehmen lassen, ihn auf angenehme Weise unterhaltend belehren und belehrend unterhalten. Zieht man aber seine Kreise durch die engere Heimat, so kann das kaum eine Reise genannt werden. Der wahre Reisende kommt von weiter her – nun gut, legt man eben eine Maske an, wozu gibt es Pseudonyme?

»Indigena« lautet der Deckname, unter dem dieses Buch 1805 bei Johann Friedrich Hammerich in Altona erscheint, ein lateinisches Wort mit der Bedeutung »der Einheimische«, mit Augenzwinkern gewählt und manchem Kundigen ein Hinweis auf die Person des Verfassers. Der Band enthält vier Illustrationen von Grümbke, zwei unsignierte Aquatintablätter und zwei Kupferstiche, diese mit der Angabe von Zeichner und Stecher, und wenigstens hier erscheint, wenn auch mit bloßem Auge kaum erkennbar, Grümbkes Name als der des Zeichners. Im übrigen versteht er, sich mit Konsequenz zu tarnen. Er nähert sich Rügen wie ein normaler Reisender von Stralsund aus mit einer Fähre. Im Vorwort äußert er, sich für seine Schilderungen mehrere Monate auf der Insel aufgehalten zu haben; im Bericht über Bergen heißt es, die Stadt sei acht Wochen lang sein Standquartier gewesen; am Schluß muß er sich bei der Abreise nach Greifswald für immer vom rügenschen Gestade trennen …

Im Dezember 1818 läßt er die Maske eines Reisenden fallen. Viel neues Material hat der unermüdlich Forschende inzwischen gesammelt. Daher ist es »zur gänzlichen Umschmelzung einer im J. 1805 unter dem pseudonymischen Namen Indigena von mir herausgegebenen und ›Streifzüge durch das Rügenland‹ betitelten Reisebeschreibung« gekommen, wie er im Vorwort zu den »Neuen und genauen geographisch-statistisch-historischen Darstellungen von der Insel und dem Fürstenthume Rügen« (Berlin 1819) sagt. Der Umfang hat sich verdoppelt, eine Fülle von Sachinformationen verlangte eine andere Form, das Reisebuch ist zum Sachbuch geworden. Man mag es bedauern: statt lebhafter, begeisterter Briefe mit dem Reiz des draußen soeben Erlebten eine Landschaftsmonografie aus der Gelehrtenstube. Herausgekommen ist dabei allerdings ein Werk, das künftig für jeden, der sich mit der Geschichte und Wirtschaft, Natur und Kultur der Insel Rügen gründlicher beschäftigen will, besonders wertvoll sein wird.

Wer ist nun dieser »Einheimische«, der vorgibt, einer jener Reisenden zu sein, die hier ein lohnendes Ziel entdeckt haben, und der wie sie die Schönheit und Eigenart Rügens in beredten Worten preist? Johann Jacob Grümbke wurde 1771 in Bergen, der Inselhauptstadt, als Sohn eines Arztes geboren, verlor aber schon als Kind seine Eltern und wuchs bei seinem Großvater, einem Seilermeister, in Greifswald auf. 1783 begann für ihn die Schulzeit im Stralsunder Gymnasium. Er wohnte bei dem Konrektor Furchau, zu dem 1787 auch Ernst Moritz Arndt in Pension kam. Damit nahm die lebenslange Freundschaft Grümbkes mit dem späteren patriotischen Dichter, der ebenfalls auf Rügen geboren war (1769 in Groß Schoritz bei Garz), ihren Anfang. Nach dem Abschluß der Schule studierte der Bergener Arztsohn Rechtswissenschaft von 1790 bis 1795 in Göttingen, Erlangen und Greifswald.

Danach kehrt er für immer in seine Vaterstadt zurück, ausgenommen nur die Zeit von 1800 bis 1804, in der er in dem nicht weit entfernten Kirchdorf Patzig als Hauslehrer die drei Kinder einer verwitweten Gutsbesitzerin unterrichtet und auch oft mit ihnen zu eifrigem Botanisieren unterwegs ist.

Ansonsten lebt Johann Jacob Grümbke in Bergen seinen Studien, ohne einen Beruf auszuüben, da ihm ein offenbar ansehnliches Erbe von Eltern und Großeltern seine Existenz bei bescheidenen Ansprüchen sichert. Bereits als Neunzehnjähriger hatte er sein Thema gefunden: die Insel Rügen, seine Heimat. Der handschriftliche Nachlaß, im Archiv der Superintendentur Bergen wohlverwahrt, enthält ein Manuskript von 1790: Geographisch-statistische Übersicht von Schwedisch-Pommern und Rügen. Ein ausführliches Literaturverzeichnis und eine Beschreibung wichtiger Karten von Pommern und Rügen zeigen, daß er schon wissenschaftlich zu arbeiten verstand. Ausgeführt ist ein Textabschnitt »Von der natürlichen Beschaffenheit des Landes«, doch nach 60 Seiten bricht die Arbeit ab.

Wohnhaus und Garten der Eltern Arndts in Löbnitz bei Barth

Nun wird das Thema wieder aufgenommen und auf Rügen begrenzt. Als Historiker und Geograph vertieft Grümbke seine Forschungen, zieht Quellen zur Geschichte und zum Staatsrecht heran, liest ältere Veröffentlichungen mit stets kritischem Blick, untersucht bestehende Verhältnisse im Zusammenhang mit ihren historischen Grundlagen. So erwirbt er sich in jahrelanger gründlicher Beobachtung eine genaue Kenntnis der Insel und sammelt reiches Material. Über Rügen findet er nur wenige grundlegende Arbeiten vor. Zwei lateinische Schriften von 1597 (Paulus Lemnius, Laudes Rugiae) und 1678 (Georgius Lemnius, Disputationes duae de Rugia insula) enthalten nichts Wesentliches. Das erste wertvolle Werk ist Wackenroders »Altes und Neues Rügen« von 1730 mit der Ergänzung von Johann David Fabarius (1737).

In Sagard setzt 1795 der Kurbetrieb für die Gäste des dortigen Gesundbrunnens ein. Mit dem Besucherstrom wächst auch das Interesse für Rügen. Die bereits erwähnten Reisebücher erscheinen und veranlassen Grümbke, selbst zur Feder zu greifen, um sie bei aller Anerkennung zu berichtigen und zu ergänzen. Nur das gibt er, der literarische Debütant, bescheiden als seine Absicht an, aber etwas Eigenes sollen diese »Streifzüge durch das Rügenland« sehr wohl sein und werden es dann auch. Der »Einheimische« übertrifft seine Vorgänger, die Fremden, ganz wesentlich in der Genauigkeit und Vollständigkeit seiner Schilderungen. Auf gut überlegter Route wandert und fährt er durch das Inselland, verbindet die Beschreibung von Natur und Landschaft mit Angaben über die Geschichte und Gegenwart der besuchten Orte, berichtet über Sitten und Bräuche wie die Eigenart der Hiddenseer und der Mönchguter. Dabei erweist er sich als begeisterter Freund der Natur, der nicht müde wird, die Vielfalt ihrer Erscheinungen zu beschreiben, und dessen Malerauge von den vielen Aussichtspunkten aus das immer wechselnde Farbenspiel genießt. Nicht nur das, er hält eine Vielzahl rügenscher Motive in Zeichnungen und Aquarellen fest. Zu Kosegartens »Poesien« und Nernsts »Wanderungen durch Rügen« steuert er je ein Bild und zu seinem eigenen Buch vier Bilder bei.

Von den Rügenbildern Grümbkes, die später in das Stralsunder Museum gelangten, blieb leider nur ein kleiner Teil erhalten. 29 Aquarelle gingen während der Auslagerung im zweiten Weltkrieg verloren. Sie hätten genügt, um diese Ausgabe völlig mit

Bildwerken von seiner Hand auszustatten. So aber werden die erreichbaren Grümbke-Bilder durch Werke anderer Künstler seiner Zeit ergänzt.

Der Rügenwanderer schreibt an einen imaginären Freund. Kurze Briefe wechseln mit längeren, zwischen den Schilderungen von Ausflügen, etwa zur romantischen Insel Pulitz, stehen sachliche Berichte, so über die Landwirtschaft. Bei der Aussicht vom Rugard äußert er ästhetische Gedanken über die Schönheit und den Reichtum der Natur, mit deutlichen Anklängen an Rousseau, der dann auch namentlich genannt wird. Grümbke erzählt vom schwierigen Fährverkehr wie überhaupt von den Freuden und Leiden des Reisens, beispielsweise auf der Fernverkehrsstraße von Altefähr über Gingst nach Wittow, dem »gemeinen Landweg« mit seinen beiden »Wedden«, die Reisenden des öfteren ein kostenloses Fußbad bescheren.

Der weiße Sand am einsamen Strand bietet dem »Einheimischen« wie den Besuchern Rügens noch keinerlei Anreiz zum Baden. Die armselig nackten Dünen – ohne Kiefernwald, ohne irgendwelche Pflanzen – sind eine öde Steppe, und Grümbke ist froh, sie endlich hinter sich zu haben. Dagegen ist die von Sagarder Kurgästen gern aufgesuchte Steilküste der Stubnitz mit weiten Ausblicken übers Meer und auf bizarre Kreidefelsen auch für ihn besonders anziehend.

Immer wieder erregen »Denkmäler der Vorzeit« sein Interesse, die für die Insel Rügen so charakteristischen Hünengräber und Burgwälle. Zwei Gruppen von Grabanlagen herrschen vor: die älteren Großsteingräber (»Großdolmen«) aus der Jungsteinzeit (3000–1800 v. u. Z.) und die jüngeren Hügelgräber aus der Bronzezeit (1800–500 v. u. Z.).

Bei den älteren Anlagen bilden nebeneinander aufgestellte Findlingsblöcke eine rechteckige, fünf Meter lange Grabkammer für Beisetzungen in mehreren Abteilungen oder »Quartieren«, die auch Grümbke feststellt. Die Kammer ist mit drei größeren Decksteinen verschlossen, ein Hügel darüber aufgeschüttet, rund oder rechteckig, eingefaßt mit einem Steinkreis bzw. mit Steinreihen, an deren Anfang zuweilen auffällige »Wächtersteine« stehen, z. B. bei Nobbin und Dwasieden.

Um 1800 gibt es auf Rügen noch über 250 Großsteingräber. Mit rührender Sorgfalt und Gründlichkeit untersucht Grümbke solche Anlagen in einem Gehölz bei Krakow südlich von Bergen (auf das Nernst bereits hingewiesen hat). Wir erfahren auch, was der Besitzer des Hofes Krakow beim Öffnen zweier Gräber vorfindet. Nach 1823 werden hier bei der Rodung des Wäldchens alle Grabanlagen zerstört, wie überhaupt der Wert steinzeitlicher Grabstätten auf der Insel erst erkannt wird, als es beinahe zu spät ist. Drei Viertel sind beseitigt, sie haben Material für den Bau von Straßen und Häusern geliefert. Erhalten geblieben sind 54 Großdolmen, darunter die »Ziegensteine« bei Lancken-Granitz und der Steinberg bei Silvitz, beide von Grümbke erwähnt.

Von den bronzezeitlichen Hügelgräbern sind einzelne Anlagen besonders bekannt, so als größtes Hügelgrab der Dubberworth bei Sagard, ferner der Speckbusch dicht neben der Kirche in Göhren und der Semkors bei Lauterbach. Zwischen Patzig und Woorke liegt ein Gräberfeld mit 13 Hügeln. Östlich der Bahnstrecke Stralsund–Bergen gab es zwischen Rambin und Samtens ein weiteres mit neun Grabhügeln. Zwei davon sind noch vorhanden und, da mit Baumgruppen bestanden, von der Bahn aus gut zu erkennen. Es sind die letzten von Grümbkes »neun Götemitzer Bergen«. Arndt nennt sie »die neun Berge bei Rambin« und weiß in seinen »Märchen und Jugenderinnerungen« von den wunderbaren Abenteuern des Johann Dietrich in diesen Bergen viel zu erzählen, wovon er als Kind von Hinrich Vierk, einem alten Bauern, in Grabitz hörte.

Nach der Völkerwanderung besiedelte gegen Ende des 6. Jahrhunderts u. Z. der slawische Stamm der Ranen die Insel. An Verwaltungszentren, Markt- und Tempelplätzen errichteten sie Burgwälle, von denen heute noch 26 vorhanden sind, darunter die umfangreichen, von Grümbke besuchten Anlagen bei Venz und Garz, auf dem Rugard bei Bergen, die Herthaburg bei Stubbenkammer und vor allem Arkona. Dort wurde Swantewit, der oberste Gott der Rügenslawen, im Jahre 1168 von dänischen Eroberern unter Führung des Bischofs Absalon von Roskilde gestürzt. Daraufhin nahmen die Ranen, voran ihr Fürst, widerstandslos den Christenglauben an.

Im Zuge der deutschen Ostexpansion wurden westfälische und niedersächsische Bauern auf Rügen angesiedelt. Nach dem Aussterben der slawischen Fürsten (1325) fiel die Insel an Pommern. Unsägliches Leid brachte der Dreißigjährige Krieg. 1648 kam Rügen durch den Westfälischen Frieden zu Schweden. Immer mehr zinspflichtige Bauern verloren ihren Besitz und gerieten in die Leibeigenschaft. Sie wurden, wie Inventarstücke oder Vieh, nach Belieben verkauft, vertauscht und verpfändet.

Grümbke hat seinen Reisebriefen, um sie von Sachinformationen zu entlasten, einen hier nicht übernommenen »Grundriß zur allgemeinen Übersicht von Rügen« vorangestellt, wie er sagt, »zu Nutz und Frommen einiger sowie zum Verdruß und zur Langeweile anderer Leser«. Demnach hatte Rügen damals 27426 Einwohner, davon 16733 Leibeigene. Diese sind nach seinen Worten »im allgemeinen gleichgültig gegen alles, was das Interesse ihrer Gebieter betrifft. Man beschuldigt sie auch der Arglist, des Undanks und der Verdrossenheit und Fahrlässigkeit bei ihren Pflichtgeschäften, daher das Sprichwort: Wenn der Bauer nicht muß, so rührt er weder Hand noch Fuß. Oder das Plattdeutsche: De Bur is'n Schelm von Natur. – Ist dieser Vorwurf begründet, so ist er, wie mich dünkt, verzeihlich. Denn der Druck der Knechtschaft macht das Gemüt feige und schlecht, d. h. wenn das Gefühl der Freiheit den Menschen nicht beseelt und das des Eigenwertes ihn nicht veredelt, so muß er niederträchtig werden, weil er nichts hat, was ihm die Mühen des Lebens erleichtern, was ihn trösten und über sein Schicksal erheben kann. – Ich schweige.«

Im Jahre 1806 wird das System formal aufgehoben. Dennoch wahren die adligen Grundbesitzer weiterhin viele Vorteile, Rügen bleibt eine Insel der Schlösser und Katen, noch 1945 sind 67 Prozent des für Land- und Forstwirtschaft genutzten Bodens in der Hand von Großgrundbesitzern.

Der größte Feudalherr der Insel, der Fürst zu Putbus, eröffnet 1818 im Badehaus an der Goor in Lauterbach den Badebetrieb auf Rügen. Um 1860 wird Saßnitz zum Modebad, bis ihm nach zwei Jahrzehnten Badeorte an steinfreiem Sandstrand wie Binz und Göhren den Rang ablaufen.

Heute hat Rügen, die größte Ostseeinsel der Deutschen Demokratischen Republik, rund 90000 Einwohner. Sie ist das Ziel von 700000 Urlaubern im Jahr. Diese Zahl spricht für sich, wenn wir sie mit den 400 Bade- und Kurgästen jährlich in Putbus und den 4000 in Saßnitz vergleichen, die sich im vorigen Jahrhundert dort einfanden. Rügen – das ist auch eine Landschaft mit einer Vielfalt der Formen, die ihresgleichen sucht, mit Flachland und welligem Hügelland, mit Feldern, Wiesen, Seen und Bodden, mit Wäldern, Flach- und Steilküsten, es ist eine Insel mit genossenschaftlichen und volkseigenen Betrieben in Landwirtschaft und Fischerei, mit technisch modernisierten Kreidewerken, mit Fährverbindungen von Saßnitz nach Schweden und von Mukran in die Sowjetunion.

Doch kehren wir zu unserem »Einheimischen« zurück. Als 1819 seine »Darstellungen« erscheinen, hervorgegangen aus den »Streifzügen«, kann er darin berichten, daß 1812 die drückende französische Besatzung und 1815 die schwedische Herrschaft zu Ende gingen, Rügen ist preußisch geworden. Grümbke findet immer neue Gebiete seiner engeren Heimat, deren Bearbeitung ihn reizt. 1830 wird ihm von der Universität Greifswald als Anerkennung für seine gründlichen Forschungen die Würde eines Ehrendoktors der Philosophie verliehen. Er stattet den Dank auf seine Weise ab. 1833 erscheinen in Stralsund »Gesammelte Nachrichten zur Geschichte des ehemaligen Cisterzienser Nonnenklosters Sct. Marien in Bergen auf der Insel Rügen«. Viele ältere Quellen über die Geschichte des 1193 von Fürst Jaromar I. gestifteten Klosters waren bei der Feuersbrunst des Jahres 1445, der fast der ganze Ort zum Opfer fiel, verbrannt – ein Grund mehr für den leidenschaftlichen Forscher, mit Hilfe des wenigen erhaltenen Materials und späterer Quellen im Klosterarchiv hier ein möglichst ausführliches und lebendiges Bild vom klösterlichen Leben im Mittelalter zu zeichnen.

1835 erscheint in Stettin ohne Verfasserangabe ein kleiner Reiseführer »Die Insel Rügen«. Auf 149 Seiten enthält er eine geografische und historische Einführung, Reiserouten, einen Meilenzeiger (Entfernungsangaben) sowie ein Verzeichnis der Ortschaften und Sehenswürdigkeiten, auf engem Raum viel Wesentliches in Stichworten. Da fast auf jeder Seite Angaben, auch ganze Formulierungen mit Grümbkes »Darstellungen« übereinstimmen, als Quellen nur seine Werke genannt sind und er in einem Manuskript auf das »Büchlein Rügen« Bezug nimmt, ist er sicherlich auch der Autor.

Einige weitere Ergebnisse des emsigen Sammelns und Forschens werden nicht mehr gedruckt, sind aber als Handschriften erhalten geblieben. Von dem umfangreichen Werk »Bruchstücke zur Ansicht der mit den Gütern und Dörfern der Insel Rügen von 1232 bis 1836 vorgegangenen Eigenthumsveränderungen und Vernichtungen« existiert eine Abschrift im Staatsarchiv Greifswald (Rep. 40 III 83).

Die folgenden Manuskripte, von Grümbke in zierlicher, sauberer, deutlicher Schrift angefertigt, befinden sich im Archiv der Superintendentur Bergen:

»Abschrift eines alten Gartzer Stadtbuches«, 1819. Grümbke hat die Bedeutung dieses Dokuments als einem hervorragenden historischen Quellenwerk erkannt, es genau kopiert und für die »Darstellungen« benutzt. 1885 wurde es von Gustav von Rosen im Druck herausgegeben und damit allgemein zugänglich. Rosen kannte weder Grümbkes Abschrift noch dessen ausführliche Vorrede, doch kam er in seinem Vorwort bei der Begründung für die Veröffentlichung zu annähernd gleichen Ergebnissen wie Grümbke. Diese Chronik der ältesten Stadt auf Rügen umfaßt den Zeitraum von 1355 bis 1586 und enthält erst lateinische, ab 1516 niederdeutsche Eintragungen.

»Kurze Nachrichten von den vormaligen fürstlichen Landvögten auf Rügen«, 28 druckfertige Folioseiten. Grümbke hat sich vorgenommen, die Persönlichkeit von jedem dieser Stellvertreter des Landesherrn und höchsten Richter darzustellen, doch kann er mangels älterer Quellen nicht einmal alle Namen ermitteln. Das Leben und Wirken einiger Vögte wird aber ausführlich beschrieben.

»Rügianische Adelsschau, oder Stammtafeln von ehemaligen und jetzigen auf der Insel Rügen ansässigen Adelsgeschlechtern«, 125 Stammtafeln und 53 von Grümbke gemalte Adelswappen sind erhalten, etwa 40 Tafeln (in der alphabetischen Folge die Buchstaben O – W) fehlen, doch sind die Tafeln des Hauses Putbus vorhanden, da es vorangestellt ist.

Ein inniges Verhältnis hat Grümbke zeitlebens zum Plattdeutschen. Er achtet auf Ausspracheunterschiede in verschiedenen Gegenden Rügens und nimmt besondere Ausdrücke in seine Werke auf, z. B. zahlreiche Pflanzennamen in die »Darstellungen«, die ebenso wie die »Streifzüge« auch von ihm aufgezeichnete Volkslieder enthalten. Einige schickt er seinem Freund Ernst Moritz Arndt, der sie 1818 an den Liedersammler August von Haxthausen, einen Onkel der Dichterin Annette von Droste-Hülshoff, weiterleitet. Grümbke ist musikalisch, hat eine gute Stimme und singt in einem Bergener Chor mit.

Schließlich dürfen seine Gedichte nicht unerwähnt bleiben, ein Manuskript von 298 Seiten in dem in Bergen aufbewahrten Nachlaß. Ein kunstvoller Schmuck der von 1787 bis 1833 entstandenen Sammlung sind Federzeichnungen: 19 Zier- und Schlußstücke und drei Landschaften.

Schon die Stralsunder Gymnasiasten wollen sich im Verse-schmieden gegenseitig übertreffen. Der 16jährige Grümbke hat Freude daran, in ersten Reimversuchen neckt er Mitschüler oder parodiert ihre lyrischen Erzeugnisse. Als Waise findet er um diese Zeit im Hause von Arndts Eltern in Löbnitz bei Barth eine zweite Heimat und spricht ihnen seine Dankbarkeit in einem Ge-dicht zum Neujahr 1789 aus. Ein Frühlingsgedicht ist an Ernst Moritz Arndt gerichtet, der ihm dann drei seiner Gedichte wid-met, darunter »An Johann Jacob Grümbke aus Florenz« (1799), in dem er ihn »mein trauter Herzensfreund« nennt. Auch in den »Erinnerungen aus dem äußeren Leben« (1840) zählt er Grümbke zu seinen »Getreuen«, mit denen er glückliche Stun-den beim Schlittschuhlaufen und Kegeln, bei Wanderungen auf der Insel Rügen und zu seinen Eltern nach Löbnitz verlebte.

Grümbkes Gedichte geben verschiedene Stimmungen wieder. Frei sagt er in ihnen seine Meinung, sie sind nicht zur Veröffent-lichung bestimmt. Heitere Töne finden sich neben bissigen, ge-fühlvolle Naturgedichte neben leidenschaftlichen Liebesliedern und warmherzigen Worten an Freunde.

Ein kurzes Gedicht entsteht, als er nach Göttingen aufbricht, um das Jurastudium zu beginnen.

Abschied von Rügen. 1790

Heimische Fluren, Täler und Höhen,
Trauernd blickt euer Geliebter euch nach,
Wiesen und Bäche, Felder und Seen,
Weint eine Träne dem Scheidenden nach!

Gereift kehrt er zurück, mit schärferen Augen sieht er die in der Heimat herrschenden Zustände, er ist zornig und verzweifelt.

Beschwichtigung. 1794

Traurig in die tiefsten Schatten hoher Buchen
Hin mich lagernd, will ich zu vergessen suchen,
Daß sonst außer mir noch eine Welt vorhanden ist;
Menschen fliehend, will ich unter diesen Bäumen
Eine beßre Welt als jenes Jammertal mir träumen,

Wo mein Mißgeschick auf ewig ein mich schließt.
Kann ich glücklich werden in dem Abderiten Lande,
Wo man zu der Menschheit Hohn und Schmach und Schande
Nur nach Golde das Verdienst berechnet und ermißt? –
Wo der Mensch – zur Freiheit von Natur geschaffen –
Von dem Heere gieriger Tyrannen noch in Sklaven-
fesseln der Leibeigenschaft geschmiedet ist? –
Muß sich nicht mein Herz empören, wenn ich sehe,
Wie der reiche Dummkopf sich zur höchsten Höhe
Schwingt, oder der, der Lumpen Ahnen zählet?
Wie in tiefem Schlummer alle edlern Kräfte
Liegen, wie man sich bei jeglichem Geschäfte
Streng am Schlendrian und alberner Gewohnheit hält?

Drum wohlan denn! ins Gewand der stillen
Lebensweisheit will ich fürder ein mich hüllen,
Tief mich ziehen in mein eignes Selbst zurück;
Und auf Bergen irrend, und in wilden Gründen
Oder Hainen mich versteckend werd ich endlich finden
Nur im eignen Busen das erträumte Lebensglück.

Zweimal besingt er in Gedichten ein Mädchen, als 19jähriger
eine Aurora, als 27jähriger eine Emilie. Seine Hoffnungen erfüllen sich nicht, so bleibt er allein. Ohne Familie, ohne Beruf lebt er
jahrzehntelang in der stillen Inselstadt, entbehrt manchmal das
Familienglück, findet jedoch einen Ausgleich in Freundschaft,
wissenschaftlicher Arbeit, Malerei und seinen vielen anderen In-
teressengebieten. Er verzichtet auf eine akademische Laufbahn
und widmet sich ganz seinen rügenschen Spezialforschungen,
nimmt aber auch leidenschaftlich Anteil an den großen Bewegungen seiner Zeit.

Die Marseillaise, das Sturmlied der Französischen Revolution, dringt bis nach Rügen, gelangt in Grümbkes Hand. Heute
wird allgemein der Text der »Arbeitermarseillaise« gesungen
(Wohlan, wer Recht und Wahrheit achtet! Zu unsrer Fahn' steht
all zuhauf ...), den Jakob Audorf 1864 aus Anlaß der Totenfeier
für Ferdinand Lassalle zu der bekannten zündenden Melodie
schrieb. Grümbke dichtet um 1800 die acht Strophen der 1792
von Rouget de L'Isle geschaffenen Marseillaise (seit 1870 französische Nationalhymne) nach, von denen die erste lautet:

Auf, auf! ihr Vaterlandes Kinder,
Gekommen ist der Tag des Ruhms!
Das Blutpanier ist von Tyrannen
Euch gegenüber aufgepflanzt!
Vernehmt ihr nicht auf euern Fluren
Dieser grimmigen Krieger Gebrüll?
Sie dringen schon bis zu euch selbst,
Euch mit Kind und Herd zu verderben.
Chor: Auf, Brüder, zieht das Schwert,
Bereitet euch zum Kampf!
Rückt vor, greift an! Der Frevler Blut
Benetze eure Saat!

Zu Grümbkes Freunden gehört Friedrich Arndt (1772–1815).
Der jüngere Bruder des Dichters ist Notar in Bergen, auch einige
Jahre Bürgermeister der Stadt. Er schreibt seinem Bruder im Fe-
bruar 1813, als die Nachricht von Napoleons Flucht aus Ruß-
land im eisigen Winter eingetroffen ist: »Grümbke, den einige
Erzphilister oft einen Philister zu schimpfen wagen, springt vor
Freuden bergehoch. Das gibt mir fast Hoffnung. Er schickt tausend Grüße an dich.« Ein andermal heißt es: »Du weisest mich in
deinem Letzten auf unsern Grümbke hin. ... Vortrefflich, red-
lich, gelehrt – das alles ist der Mann, für Bergen viel zu gelehrt; er
könnte jeden Tag Professor der Botanik oder Physik werden.
Ganz wahr, aber was hilft es ihm hier, wo all seine Vortrefflich-
keit verschimmeln muß? Ja, dein Grümbke ist in jeder Beziehung
ein wackerer Kerl, auch kein Philister: denn ihm gehen Herz,
Augen und Zunge bei jedem Unrecht rechtschaffen über.«

Im Jahre 1818 zieht Grümbke in das Haus der »Neuen Apo-
theke« an der Südseite des Marktes. Dort besucht ihn der
Schriftsteller und Redakteur der Stralsunder Zeitschrift »Sun-
dine«, Friedrich von Suckow, auf einer Rügenwanderung im
September 1835. Suckow berichtet seinen Lesern: »Um 10 Uhr
ging ich zu dem wackern, vielgelehrten Grümbke. Der alte Hahn
... schlief aber noch, weil er ein Nachtvogel sein soll. Ich konnte
also mein Kompliment noch nicht anbringen. ... Es war gegen
Mittag, und ich hoffte nun unsern verdienten Grümbke außer
dem Bette zu treffen. Richtig – aber er hatte die Dunen noch in
den Haaren und zeigte das echte Bild eines achtbaren Stubenge-
lehrten, der an Bett und Sofa angewachsen ist. Er soll indessen

früher jährlich kleine Reisen gemacht haben, und das ist ihm gewiß sehr gesund gewesen. Der Vortreffliche empfing mich so freundlich, wie es seine Stimmung erlaubte, und ich machte ihm über sein Buch das verdiente Kompliment. ... Er führt eine seltene Lebensart und ist ein Nachtvogel: geht um 3 Uhr des Morgens oft erst zu Bett, steht um 10 Uhr auf und schläft nachmittags wieder. Sein Tun und Treiben interessiert gewiß viele, darum führe ich es an. Große Männer, wie beliebte Schriftsteller und Dichter, müssen sich dies gefallen lassen und dürfen drob nicht zürnen, weil selbst ihre Häuslichkeit Interesse erregt. ... Es war hoch Mittag, und ich beurlaubte mich bei Herrn Grümbke. Er war so gütig, daß er mich nach der strengsten Etikette begleitete und ich nur inständigst bitten mußte, daß er sich nicht zu sehr inkommodierte.«

Es wird einsam um den Greis, der sich immer noch seinen Forschungen widmet und bis kurz vor seinem Tod an den Werken über die Landvögte und die Adelsgeschlechter auf Rügen arbeitet. Am 23. März 1849 stirbt er im Alter von 77 Jahren. Auf dem Friedhof an der Billrothstraße ist seine Grabstätte bis heute erhalten. Ein massives Kreuz aus Gußeisen zeigt in künstlerischer Gestaltung über der Inschrift das Auge Gottes, umgeben von Kreuz und Anker, und am Fuß einen trauernden Engel, der die Hände auf einen Pfeiler stützt und auf sie den Kopf legt. Hier ruht der Rügenwanderer inmitten von sechs Mitgliedern der Familie des Apothekers Biel, die ihn freundlich aufgenommen hatte und in deren Haus am Markt er die letzten drei Lebensjahrzehnte verbrachte. Das Fachwerkgebäude zwischen Post und Ratskeller mußte 1966 einem Neubau weichen. Aber die Fäden zwischen Vergangenem und Gegenwärtigem sind nicht abgerissen. Wie in dem modernen Haus die »Rugard-Apotheke« die Tradition der Familie Biel weiterführt, so lebt das Werk ihres Freundes und Hausgenossen Grümbke nun auch in modernem Gewand weiter. Damit geht in Erfüllung, was er sich im Vorwort zu den »Darstellungen von ... Rügen« wünschte und was gleichermaßen für diese »Streifzüge« gilt: Er fühle sich zu der Arbeit bewogen, »teils um den Zeitgenossen nützlich zu sein, teils um auch (wenn anders das Schicksal den Wunsch erfüllt, daß dieses Buch mich lange überleben möge) bei der Nachwelt des Vaterlandes mir ein Denkmal zu stiften, das sie belehren kann, wie Rügen zu der Väter Zeit beschaffen war«.

Die Neuausgabe dient in erster Linie dem Zweck, leicht lesbar zu sein. Daher wurde der Text an einigen Stellen behutsam dem heutigen Sprachgebrauch angeglichen. Orthografie, Interpunktion und Grammatik wurden modernisiert, einige Fußnoten und Zusätze in den Text einbezogen, die meisten jedoch weggelassen. Die von Grümbke am Schluß aufgeführten Textverbesserungen und Fehlerkorrekturen wurden eingearbeitet, weitere Druckfehler korrigiert, abgekürzte Personennamen ausgeschrieben. Nicht aufgenommen wurde der den Briefen vorangestellte »Grundriß zur allgemeinen Übersicht von Rügen« (S. 1–48 der Ausgabe von 1805). Er informierte zwar gemäß dem damaligen Stand der Forschung, ist nun aber in vieler Hinsicht überholt und würde eine gründliche Kommentierung erfordern. Das jedoch entspricht weder der Zielsetzung noch dem Umfang der Bände in dieser Reihe. Die Briefe selbst wurden nur an wenigen Stellen gekürzt, u. a. bei den Ausführungen über die Landwirtschaft, über Klüvers Hypothese vom Herthakult auf Rügen und über die Inneneinrichtung von Schloß Putbus.

Für freundliche Unterstützung bei der Vorbereitung dieser Ausgabe ist besonders Herrn Klaus Ewert, Leiter des Superintendenturarchivs und Kreiskirchlicher Archivpfleger in Bergen, zu danken. Er stellte bereitwillig Grümbkes handschriftlichen Nachlaß zur Verfügung, genehmigte die Aufnahme der Gedichte »Abschied von Rügen«, bisher ungedruckt, und »Beschwichtigung«, bisher nicht vollständig veröffentlicht, und leistete wertvolle Hilfe bei der Klärung von Einzelfragen.

Albert Burkhardt

Anhang

Orts- und Flurnamen: Weichen ältere Formen von heute gebräuchlichen ab, so ist einem Namen bei der ersten Erwähnung die heutige Schreibweise in eckigen Klammern hinzugefügt.

Alte Maße und Gewichte:
Scheffel (Getreide) – 38,9 l
Drömt – 12 Scheffel
Last – 8 Drömt
Zoll – 2,4 cm
Fuß – 12 Zoll
Elle – 2 Fuß
Meile – 7532 m
Quadratmeile – 56,7 km^2
Morgen – 6500 m^2
Hufe – 30 Morgen
Faden – etwa 1,85 m
Klafter – Längenmaß unterschiedlicher Größe; wahrscheinlich ist hier der 2,92 m lange Klafter gemeint.
Metze (Heringe) – 5 Stück
Wall – 16 Metzen

Anmerkungen

Vorrede S. 7
terra incognita – (lat.) unbekanntes Land
Rellstab – Johann Karl Friedrich R. (1759–1813), Besitzer einer Buchdruckerei und Musikalienhandlung in Berlin. »Ausflucht nach der Insel Rügen durch Mecklenburg und Pommern«, Berlin 1797
Zöllner – Johann Friedrich Z. (1753–1804), seit 1788 Oberkonsistorialrat in Berlin, vielseitiger Gelehrter, Mitglied der Akademie der Wissenschaften, Lehrer Alexander von Humboldts. »Reise durch Pommern nach der Insel Rügen und einem Theile des Herzogthums Mecklenburg im Jahre 1795«, Berlin 1797

Nernst – Karl N. (1775–1815), Schüler Kosegartens in Wolgast, Hauslehrer in Schwarbe auf Wittow, später Rektor des deutschen Lyzeums in Stockholm. »Wanderungen durch Rügen«, herausgegeben von Kosegarten, Düsseldorf 1800

Wackenroder – Ernst Heinrich W. (1660–1735), 1689 Pastor in Trent, 1715 Präpositus in Loitz. »Altes und Neues Rügen«, Stralsund 1730; 2., vermehrte Auflage, Stralsund 1732

Schwartz – Albert Georg Sch. (1687–1755), Historiker in Greifswald, verfaßte zahlreiche Schriften über Pommern, u. a. »Versuch einer Pommersch- und Rügianischen Lehn-Historie«, Greifswald 1740; »Diplomatische Geschichte der Pommersch-Rügischen Städte«, Greifswald 1755

Dähnert – Johann Carl D. (1719–1785), Historiker und Bibliothekar in Greifswald. »Sammlung … Pommerscher und Rügenscher Landes-Urkunden«, 7 Bände, Stralsund 1765–1802

Gadebusch – Thomas Heinrich G. (1736–1804), Rechtswissenschaftler in Greifswald und Stockholm. »Schwedisch- Pommersche Staatskunde«, 2 Bände, Stralsund und Greifswald 1786–1788

Pachelbel – Heinrich Christian Friedrich von P. (geb. 1763), Verwaltungsbeamter, ab 1817 Chefpräsident der Regierung in Stralsund. »Beiträge zur näheren Kenntnis der Schwedisch-Pommerschen Staatsverfassung«, Berlin 1802

Kosegarten – Ludwig Theobul K. (1758–1818), dichtender Theologe. Seine gefühlsbetonten Werke lösten einerseits Bewunderung, andererseits lebhafte Kritik aus und trugen damit wesentlich zum Bekanntwerden der landschaftlichen Schönheit der Insel Rügen bei, u. a. »Die Ralunken«, Versdichtung, 1780; »Ewalds Rosenmonde, beschrieben von ihm selber«, Berlin 1791; »Hainings Briefe an Emma«, Leipzig 1791; »Briefe eines Schiffbrüchigen«, in »Rhapsodien«, 2. Band, Leipzig 1794; »Ida von Plessen«, Roman, Dresden 1800; »Jucunde«, ländliche Dichtung, Berlin 1803; »Die Inselfahrt oder Aloysius und Agnes«, ländliche Dichtung, Berlin 1804. K. war 1792–1808 Propst in Altenkirchen, danach Professor in Greifswald

Erster Brief S. 9

ultima Thule – (lat.) die äußerste Thule; Bezeichnung einer weit entfernten Insel (Vergil, Georgica I, 30)

Karte …, entworfen von Professor Mayer – Andreas Mayer: »Pomeraniae anterioris Suedicae et principatus Rugiae tabula nova«, 1763

Homannische Karte – Johann Baptist Homann: »Insulae et principatus Rugiae … nova tabula«, o. J. (Fehlerhafte Nachbildung der Karte von Lubin.)

Lubinische Karte – Eilhard Lubin: Große Karte des Herzogtums Pommern auf 12 Blättern, 1618

Bohnenbäume – Goldregen (Laburnum anagyriodes)

Pröwener – (niederdeutsch) Präbendarier; Insassen eines Heims oder Stifts, die sich eingekauft haben und für die bestimmte Einkünfte (Präbenden, ndrdt. Pröwen) festgesetzt sind

Sacellum – (lat.) Kapelle

alter einheimischer Schriftsteller – Wackenroder (siehe Anmerkung zu Seite 7), »Altes und Neues Rügen«, S. 247

Pläne – ebene Fläche.

Wedde – seichte Stelle einer Bucht zum Passieren durch Fahren oder Reiten, das Wort abgeleitet von »waten«, da sich eine solche Furt auch durchwaten läßt

Jaromar I. – Fürst von Rügen (um 1150–1218), trat nach der dänischen Erobe-
rung Rügens (1168) zum Christentum über

Picht – Johann Gottlieb P. (1736–1810), ab 1769 Präpositus in Gingst, hob 1773
in seiner Parochie die Leibeigenschaft auf

Domanium, Domanialgut – Gut im Besitz des Staates oder des Landesherrn

Drell – (ndrdt.) Drillich

Inwiek – Meeresbucht (ndrdt. Wiek) mit schmaler Verbindung zur offenen
See

Olthof – Adolf Friedrich von O. (1718–1793) erwarb 1762 das Gut Boldevitz

Hackert – Jakob Philipp H. (1737–1802), klassizistischer Landschaftsmaler, be-
freundet mit Goethe, der 1801 seine Biografie schrieb. Rügenaufenthalt 1763–
1765, ab 1768 in Italien ansässig, zeitweise mit seinem jüngeren Bruder Johann
Gottlieb H., der ebenfalls Landschaften malte. Rügenlandschaften in Stralsund,
Kulturhistorisches Museum, und Berlin, Nationalgalerie und Kupferstichkabinett

Maschenholz – Kirchdorf 5 km westlich von Bergen, 1318 erstmals genannt, Kirche um 1600 abgebrochen, bestand als Siedlung noch bis um 1800

Zweiter Brief S. 26

alter Stein, … Kruzifix – sog. Mordwange; zum Gedenken an einen Ermordeten
aufgestelltes Steinkreuz

epistolarische Dezenz – die in einem Brief gebotene Zurückhaltung

Leilach – Leinentuch

Seedorn – Sanddorn (Hippophaë rhamnoides)

Rosenpappeln – Stockrosen (Alcea rosea), hier als verwilderte Kulturpflanzen

akkordiert – vereinbart

Meernadel – Seenadel

Dornbusch – in neuerer Zeit nur der hügelige Nordteil der Insel

Gellen … Kirche – An die Kirche erinnert der Karkensee (Kirchensee), eine Bucht
an der Boddenseite, 4 km von der Südspitze entfernt. Im Jahre 1954 kamen bei
extremem Niedrigwasser in der Nähe des Außenstrandes Fundamentreste der
Gellenkirche zutage

Kloster, Mauer mit … einem Tor ähnlichen Eingang – Der erhalten gebliebene, erst vor
einigen Jahren abgetragene Torbogen wurde früher für das Klostertor gehalten.
Wie sich bei Ausgrabungen 1959–1961 ergab, stand er jedoch nicht auf den
Fundamenten des Klosters und stammte daher aus späterer Zeit. Vermutlich
handelte es sich um das in antikisierendem Stil errichtete Westportal der großzü-
gigen Anlage mit dem um 1775 errichteten Herrenhaus des Stralsunder Kauf-
manns und Fayencefabrikanten Joachim Ulrich Giese

Seeflammen – Ohrenquallen (Aurelia aurita Lam.)

Fucus vesiculosus – Blasentang

Giftsalat – Giftlattich

Schar – flacher Meeresteil

Schwarz – Theodor Sch. (1777–1850), ab 1815 Pastor in Wiek, verfaßte Romane, Novellen und theologische Werke, beschäftigte sich auch mit Malerei

Hagemeister – Johann Gottfried H. (1762–1807), Lehrer, schrieb historische Dra-
men und Erzählungen

Matthieu – Georg David M. (1737–1778), Maler und Kupferstecher, seit 1764
Hofmaler in Schwerin, einer der besten Bildnismaler des deutschen Rokokos

Arndt – Karl A. (1768–1842), Domänenpächter, ältester Bruder des Dichters Ernst Moritz Arndt

Wallhügel – Wall der »Jaromarsburg«

Seekohl – Meerkohl

Mannestreu – Stranddistel, auch Seemannstreu genannt

Salzkraut – Kalisalzkraut

Dritter Brief S. 49

Promenade – hier: Spaziergang

Friedrich – Caspar David F. (1774–1840), bedeutendster deutscher Landschaftsmaler der Romantik. Mehrere Aufenthalte auf Rügen, u. a. »Königsstuhl«, Federzeichnung, 1801; »Stubbenkammer«, Federzeichnung, 1801/02; »Landschaft mit Regenbogen« (mit der Insel Vilm), Öl, um 1809; »Kreidefelsen auf Rügen«, Öl, 1818

Camera clara und obscura – (lat.) heller und dunkler Guckkasten

Bild ... im zweiten Band seiner Gedichte – Grümbke weist hier auf seine eigene Zeichnung »Die Wohnung des Dichters« hin, die, gestochen von C. Schulc, im 2. Band von Kosegartens »Poesieen«, Leipzig 1798, enthalten ist und in den vorliegenden Band aufgenommen wurde (S. 51)

Memoriae aeviternae sacrum – (lat.) ein Heiligtum ewig dauernden Gedenkens

Steinplatte ... Götzenbild – Der in der Südvorhalle des Kirchenschiffs auf der Seite liegend eingemauerte Stein könnte der Rest einer hier vermuteten slawischen Begräbnisstätte sein

Platz ... Uferpredigten – 1806 ließ Kosegarten hier eine achteckige Kapelle als Schlechtwetterzuflucht bei Strandgottesdiensten errichten

Schwalbenwurz – Weiße Schwalbenwurz (Cynanchum vincetoxicum)

Tüder – Kette oder Seil zum Anbinden weidender Tiere

Ceres – römische Göttin des Ackerbaus

Sylvan – Silvanus, römischer Gott der Wälder und Felder

Dryaden, Hamadryaden – in der griechischen Sage Naturgöttinnen, die in den Bäumen wohnten

Wittow – Der Name der Halbinsel hängt wahrscheinlich mit der Kurzform »Vit« eines slawischen Personennamens zusammen und würde demnach »Land des Vit« bedeuten

Ackerzwiebel – im Volksmund Milchstern oder Vogelmilch genannt

Susemihl – Joachim S. (1756–1797) war 1786–1796 Pastor in Patzig

Ossian – legendärer keltischer Barde

Vierter Brief S. 68

Willich – Dr. med. Moritz Ulrich von W. (1750–1810)

Borchow – »belaubte Hügelkette«

Lawenitzer Quelle – vgl. S. 196 (»Labenitz, eine liebliche, sehr klare ... Quelle«). Als Labenitz wird heute nicht mehr eine einzelne Quelle, sondern eine sumpfige Niederung mit mehreren Quellen nördlich von Bergen, auf halbem Wege zwischen dem Rugard und dem Hof Prißvitz, bezeichnet

Hasengeil – Besenginster (Sarothamnus scoparius)

Seedak – feuchter Nebel

Fünfter Brief S. 74

Pulitz – um 1895 durch einen Damm bei Stedar, nordöstlich von Bergen, an den Hauptteil Rügens angeschlossen, heute Naturschutzgebiet (unzugänglich)

Petersinsel – Insel im Bieler See (Schweiz). Jean Jacques Rousseau hielt sich 1765 in dieser Gegend auf. Er wurde wegen kritischer Briefe gegen die reformierte Orthodoxie in Genf (veröffentlicht 1764) von aufgebrachten Anhängern dieser Richtung aus seinem Wohnort Motirs-Travers vertrieben und fand Zuflucht auf der Petersinsel. Hier im Sinne von »Zufluchtsort« verwendet

Uranioneneiland – Nach der griechischen Mythologie ist Uranos der Ahnherr des Göttergeschlechts und gleichbedeutend mit »Himmel«. Uranionen, die Bezeichnung für seine Nachkommen, ist auch Sammelbegriff für »die Himmlischen« Sechster Brief S. 78

Baukasten – Steuerinstanz der Kirche in Bergen zur Finanzierung kirchlicher Bauleistungen

Rauchhühner – Abgabe der Untertanen: ein Huhn jährlich für jede Feuerstelle

Sellholz – (ndrdt.) Bauholz

die alte germanische Grenzenwächterin Arkona – Arkona ist eine slawische Burganlage

Fährboot, Fährhaken – Die Lietzower Fähre bestand bis zur Aufschüttung des Damms 1868. Seitdem ist hier der Hauptteil Rügens mit der Halbinsel Jasmund durch eine Straße verbunden

Charon – Fährmann in der griechischen Sage

Bischofskorn – auch »Bischofsroggen«; diese Abgabe wurde erst 1894, sieben Jahrhunderte nach ihrer Einführung, endgültig aufgehoben. Das in Ralswiek dafür benutzte Meßgefäß, der im folgende erwähnte kupferne Scheffel, blieb erhalten und befindet sich im Ernst-Moritz-Arndt-Museum in Garz

Breen – kleiner Ort 2,5 km nordöstlich von Gingst am alten Landweg, 1318 erstmals genannt, um 1800 eingegangen

Carl Gustav Wrangel ... auf dem von ihm erbauten Schloß Spiecker – Bereits gegen Ende des 16. Jahrhunderts ließ sich die Familie von Jasmund hier ein festes Haus mit den vier Türmen bauen, das Wrangel ab 1650 um- und ausbauen ließ

prästiert – entrichtet, abgeliefert

Clericus Clericum non decimat – (lat.) Ein Geistlicher erhebt den Zehnten nicht von einem Geistlichen

Curia principalis – (lat.) herrschaftlicher Hof; Sitz der Verwaltung des Bischofs von Roskilde auf Rügen. Das alte Propsteigebäude wurde 1890 abgerissen

Schloon – kleiner Ort etwa 300 m nordöstlich von Klementelvitz, dessen letzte Häuser 1876 abgebrochen wurden

Krahn – Gemeint ist Mukran, auf dessen Gemarkung sich Krahns Holz, ein kleiner Eichenwald, befand

das Hünengrab ... mächtige Steine – »Bautastein« (oder »Fürstengrab«) bei Dwasieden

Krampas – 1906 nach Saßnitz eingemeindet

Strophium – Mieder

Fadenholz – 1 Faden (Klafter) = 3,46 m³, Scheitlänge 3 Fuß

Peerd – das heutige Nordperd bei Göhren (im Gegensatz zum Südperd bei Thießow)

Donnerpfeile – in neuerer Zeit »Donnerkeile« genannt. Grümbke gibt hier gleich vier volkstümliche Bezeichnungen für Belemniten, die verkieselten inneren Abdrücke der hinteren Skeletteile von tintenfischartigen Kopffüßern, die in der Kreidezeit massenweise im Meer lebten

Gebirgskette ... verschlungen und zertrümmert – Diese Annahme ist durch die Eiszeittheorie überholt. Im Zusammenhang mit den »Granitwacken« (Wacke – Gesteinsblock) zeugt aber der Hinweis auf Schweden von genauer Beobachtung, denn von dort stammen tatsächlich die von Gletschern mitgeführten Granitblöcke

Löhn (Acer platanoides) – Spitzahorn

Stubbenkammer – Der Name ist slawischen Ursprungs (stobnica – »Waldung mit Bienenkellern«)

kanneliert – mit senkrechten Rillen versehen

Königsstuhl – König Karl XII. von Schweden (1682–1718) soll hier nach volkstümlicher Überlieferung im Jahre 1715 eine Seeschlacht zwischen Schweden und Dänen beobachtet haben, doch kann das nicht der Anlaß für die Bezeichnung des markanten Kreidefelsens gewesen sein, da der Name »Königsstuhl« bereits in einem Reisebericht von 1584 vorkommt

Willich – Christoph von W. (1759–1827), ab 1783 Pastor in Sagard, eröffnete 1795 die dortige Brunnenanstalt (»Gesundbrunnen«, bestand bis etwa 1807) und, vor allem für die Kurgäste, 1801 die Köhlerhütte auf Stubbenkammer. Er ließ am Steilufer hinab zum Strand einen Weg mit etwa 600 eingehauenen Stufen anlegen

Ressort – hier: Besuchs- oder Reiseziel

Lithologe – Fachmann für Gesteine

Serapias longifolia montana … rubra … alba – Wahrscheinlich sind das Rote und das Schmalblättrige Waldvöglein (Cephalantera rubra bzw. longifolia) gemeint

Campanula – Glockenblume

Nymphaea lutea – Weiße Seerose (Nymphaea alba)

der heilige Wagen – Anfang des 17. Jahrhunderts glaubte der Geograf Philipp Klüver auf einer Rügenreise in dem »Borgsee« und dem »Borgwall« die Örtlichkeiten zu erkennen, wo die vom römischen Geschichtsschreiber Tacitus (um 55 – nach 115 u. Z.) in seinem Bericht über die Germanen beschriebene Verehrung der Göttin Hertha (eigentlich Nerthus) stattgefunden hatte. Klüver äußerte die Vermutung 1616 in Band III seines Werkes über das alte Germanien. Obwohl diese Hypothese nicht auf Fakten beruht, wurde sie allgemein aufgegriffen und führte auch zur Namengebung für den »Herthasee« und die »Herthaburg«. Grümbke setzt sich mit Klüvers Lokalisierung des Herthakults in einem hier durch Textkürzung entfallenen Abschnitt kritisch auseinander. Bei diesem Kult spielte der von Kühen gezogene Wagen der Göttin eine Rolle. Er wurde nach ihrem Besuch bei den Menschen in einem See bei der Burg gewaschen

Kenz – Dorf südlich von Barth mit einer bereits im 18. Jahrhundert für Heilzwecke genutzten Quelle

Gard – eine Burg mit ihrem Verwaltungs- und Gerichtsbezirk (Gardevogtei) unter der Aufsicht eines Vogtes (Garderichters)

Jasmund – Dem Namen dieser rügenschen Halbinsel liegt wahrscheinlich ein wikingischer Personenname Äsmundr mit westslawischem j-Vorschlag zugrunde

Tromper Wiek – Der Ursprung des Namens, auch in der älteren Form »Trumper Wiek«, ist nicht geklärt. Anzunehmen wäre eine bei Tromp bzw. Trump gelegene Wiek (wie die Prorer Wiek bei der Prora, einem Höhenzug im Südwesten der Schmalen Heide), doch ließ sich bisher kein entsprechender Orts- oder Flurname ermitteln

Lieper Hörn – Vorsprung des Steilufers östlich von Ranzow, zwischen Stubbenkammer und Lohme

tromper – (frz.) täuschen, betrügen

trompeuse – (frz.) Betrügerin

Geogonie, Geognosie – ältere Bezeichnungen für Geologie

antediluvial – vor dem Diluvium (soviel wie »Sintflut«, da früher die Spuren des
Eiszeitalters für die Folgen einer Überflutung gehalten wurden), neuere Bezeichnung »Pleistozän«

Wrangel ... Erbauer des Schlosses Spiecker – siehe Anmerkung zu S. 124

Siebenter Brief S. 127

Etesien – trockene, milde Nordwestwinde, bedingt durch Ausläufer eines Azoren-
hochs

Kameralist – Vertreter der Finanz-, Wirtschafts- und Verwaltungslehre des klein-
staatlichen deutschen Feudalabsolutismus des 17. und 18. Jahrhunderts

Achter Brief S. 132

Aalbeck – Das Anwesen dieses Namens ist um 1870 in der Ortschaft Binz aufge-
gangen

Jagdhaus – 1723 unter Graf Moritz Ulrich I. von Putbus erbaut. Hinzu kam 1730
ein Aussichtspavillon (der »Tempel« auf dem 106 m hohen »Tempelberg«) an
der Stelle des heutigen Jagdschlosses Granitz, das 1837 entstand und dem 1844
der Aussichtsturm eingefügt wurde

Aszension – Besteigung

Kappfenster – Dachluke, gebildet von einem Kaffziegel (großer Hohlstein mit
halbkreisförmiger Öffnung). Die Bezeichnung hängt wahrscheinlich mit dem
veralteten Verb kapfen (gaffen, schauen) zusammen

Belvedere – (frz.) Gebäude mit schöner Aussicht

anachoretisch – einsam

Geranium sanguineum – Blutroter Storchschnabel

Buskam – (altslawisch) bogis kamien – Gottesstein; mit einem Volumen von
600 m³ bei weitem der größte Geschiebeblock in der Deutschen Demokratischen
Republik

Agaricus campestris – Wiesenegerling oder Wiesenchampignon (Psalliota campestris)

Isthmus – Landenge

1309 – vielmehr 1304

Normanns Rügianischer Landgebrauch – »Matthaeus von Normanns Wendisch-Rü-
gianischer Landgebrauch«. Aus verschiedenen Handschriften berichtigt und
herausgegeben von Thomas Heinrich Gadebusch, Stralsund und Leipzig 1777.
(Sammlung der auf Rügen geltenden Rechtsbestimmungen.) Normann war Pfarrer in Patzig und starb dort 1556

prononcieren – aussprechen

Idiotikon – Mundartwörterbuch

Kamisol – Unterjacke

Rasch – leichtes Wollgewebe aus gröberem Kammgarn, benannt nach der französischen Stadt Arras

kommunizieren – am christlichen Abendmahl teilnehmen

Kollation – Erfrischung

Kumme – Schüssel

Dapifer – (lat.) Koch

jus primae noctis – (lat.) Recht der ersten Nacht; das Recht des Gutsherrn auf die Brautnacht bei der Verheiratung eines Leibeigenen (im Feudalismus)

Siegsteine – neuere Bezeichnung: Ziegensteine

Posewald ... des dortigen Pächters – Hinrich Arndt (1726–1811), Ernst Moritz Arndts Onkel (ältester Bruder seines Vaters), dem er in seinen »Erinnerungen aus dem äußeren Leben« (1840) eine ausführliche, warmherzige Darstellung widmet

Environs – (frz.) Umgebung

Neu-Initiierter – jemand, der in etwas eingeweiht wird

Ille mihi praeter omnes angulus insulae ridet! – (lat.) Jener Winkel der Insel lächelt mir vor allen anderen zu! – Nach Horaz (65–8 v. u. Z.), Oden, 2. Buch, Nr. 6, Z. 13 f.

Schloß Putbus – Grümbke sah noch das ältere Schloß, das zuletzt 1772 ausgebaut worden war. 1832 wurde es umgebaut und erweitert, brannte 1865 fast vollständig ab und wurde 1872 wiederhergestellt. Diese Schloßanlage wurde 1962 wegen erheblicher Bauschäden abgerissen

Ameublement – (frz.) Möbel, Zimmereinrichtung

Anlagen ... der altfranzösische Geschmack – Im Jahre 1810 begann die hier bereits angedeutete Veränderung des Parks, in deren Verlauf er seine heutige Form erhielt

Digression – Abschweifung

Pertinenzen – zu Siedlungen gehörende Anlagen

Holländerei – Gehöft mit Milchwirtschaft. In der im folgenden erwähnten Holländerei auf der Insel Vilm wurden im 18. Jahrhundert bis zu 45 Kühe gehalten

Vilm – jetzt Naturschutzgebiet (unzugänglich)

Schnakenschwartel – neuere Bezeichnung: Schnakenwerder

Vale – (lat.) Lebe wohl!

Neunter Brief S. 172

Siegwartische Manier – kleinbürgerlich-rührseliger Gefühlsüberschwang, der in dem damals berühmten, Goethes »Werther« nachgeahmten Roman »Siegwart, eine Klostergeschichte« (1776) von Johann Martin Miller seinen Höhepunkt fand

Roter See – südwestlich von Bergen. Heute existiert in einem Wiesengelände noch ein kleiner Rest des einstigen Sees, nach dem das Neubauviertel Rotensee im Westen der Kreisstadt benannt ist

Grabscheit – Spaten

Oblongum – Rechteck

aere perennius – (lat.) dauernder als Erz; Horaz, Oden, 3. Buch, Nr. 30, Z. 1: Exegi monumentum aere perennius – Ein Denkmal, dauernder als Erz, habe ich mir errichtet

quae caliginosa nocte Deus premit – (lat.) die Gott in dunkler Nacht festhält

Zehnter Brief S. 178

Mariä Verkündigung – 25. März

Jakobi alten Stils – 4. August

Elfter Brief S. 187

mit Fleiß – mit Absicht, absichtlich

Michaelis – 29. September

Session – Sitzung

Scharren – Gebäude mit Verkaufsständen für Lebensmittel. Der Berger Scharren wurde 1863 abgerissen

Fräuleinkloster – Die erhalten gebliebenen Gebäude (Billrothstraße 20) werden seit 1945 für Wohnzwecke genutzt

Priorissa claustri sanctimonialium – (lat.) Oberin des Nonnenklosters

Domina – (lat.) Vorsteherin

Emolumente – Nebeneinkünfte

Exspektantin – Anwärterin

Permissionsgeld – Gebühr für eine Genehmigung

Scholarchat – Schulaufsicht

Profoß – Gerichtsverwalter

Quodlibet – buntes Durcheinander

Pfuhl – Der Marktpfuhl wurde 1891 zugeschüttet

Afterlehen – Unter frühfeudalen Verhältnissen übertrug ein Machthaber (Lehnsherr) Grundbesitz an verarmte Adlige, die damit seine Lehnsleute (Vasallen) wurden und als solche für ihn staatliche Funktionen ausübten. Sie konnten ihr Lehen weiter vergeben, womit es zum Afterlehen wurde

Urbarium – Grundbuch

Camerarien – Kämmerer, verwalteten u. a. die Stadtkasse

urban – gebildet, fein

Majorennität – Volljährigkeit, Mündigkeit

Wittum – der überlebenden Ehefrau gewidmetes Gut

Leibgedinge – Leibrente, lebenslängliche Versorgung

Zimmermann – Johann Georg Ritter von Z. (1728–1795), Arzt und Schriftsteller. »Betrachtungen über die Einsamkeit«, 1756; »Vom Nationalstolze«, 1758

Knigge – Adolph Freiherr von K. (1752–1796), satirischer, politisch-pädagogischer Schriftsteller der späten deutschen Aufklärung, schrieb Romane und Traktate, am bekanntesten »Über den Umgang mit Menschen«, 1788

Eleonore von Platen – (1734–1799). Insassin im Fräuleinstift, veröffentlichte »Gedichte«, Stralsund 1767

Karausche – Karpfenfisch

Zwölfter Brief S. 202

Leviathan – in der Bibel ein Meeresungeheuer (Krokodil), das als Naturgewalt den Menschen beherrschte

Pfarrkirche ... auf einem Berg, der ... zu Wendorf gehört – Diese Angabe trifft nicht zu. Wendorf, das frühere Wendisch-Garz, war immer ein Ortsteil der Stadt und liegt ebenso wie der Kirchenhügel auf Garzer Gebiet (vgl. Ernst Wiedemann, Kirchengeschichte der Insel Rügen, Stettin 1933, S. 55–56)

Anberg – Anhöhe

Saxo der Grammatiker – Saxo Grammaticus (um 1150–1216), dänischer Historiograph, nahm 1168 als Geheimschreiber des Bischofs Absalon von Roskilde am Kriegszug der Dänen nach Rügen teil, schilderte in seiner »Historia Danica« die Einnahme der Jaromarsburg auf Arkona und die Ergebung der 6000 Mann starken Besatzung von »Karentina« (Garz)

Losentitz ... Besitzer – Generalmajor Moritz Ulrich von Dycke (1737–1822), hob als einer der wenigen einsichtigen rügenschen Gutsbesitzer 1802 auf seinem Besitz die Leibeigenschaft auf

Buser Inwiek – nach dem kleinen Ort Buse, neuere Bezeichnung »Puddeminer Wiek«

Lazaronen – nach Lazarus, in der Bibel ein bemitleidenswerter Kranker

Indulgenz – Nachsicht

Irus – (griech.) Iros, Bettler im Palast des Odysseus (18. Gesang der Odyssee)

lucri bonus odor – Lucri bonus est odor ex re qualibet – (lat.) Der Geruch des Gewinns ist gut, ganz gleich, woher er stammt. Sentenz des römischen Satirendichters Juvenal nach der bekannten Wortprägung »non olet« (Geld stinkt nicht) bei Cicero und Vespasian

Quellenverzeichnis der Abbildungen

Frontispiz: Aus: Küstenfahrten an der Nord- und Ostsee. Herausgegeben von Edmund Hoefer u. a. Stuttgart 1887

Seite 10: Deutsche Staatsbibliothek Berlin

Seite 14: Aus: Ernst Willkomm, Wanderung an der Ostsee. Leipzig 1850

Seite 19: Lithographie von Albert Grell, um 1840. Kulturhistorisches Museum Stralsund

Seite 23: Aus: Alexander Dunker, Die ländlichen Wohnsitze, Schlösser und Residenzen des ritterschaftlichen Grundbesitzes in der preußischen Monarchie. Berlin 1857–1884

Seite 24: Radierung von Jakob Philipp Hackert, um 1763. Staatliche Museen zu Berlin, Kupferstichkabinett

Seite 25: Radierung von Jakob Philipp Hackert, 1764. Staatliche Museen zu Berlin, Kupferstichkabinett

Seite 26: Radierung von Jakob Philipp Hackert, um 1763. Staatliche Museen zu Berlin, Kupferstichkabinett

Seite 27: Radierung von Jakob Philipp Hackert, 1763. Staatliche Museen zu Berlin, Kupferstichkabinett

Seite 30: Zeichnung von Jakob Philipp Hackert, 1764. Nationalgalerie Berlin, Sammlung der Zeichnungen

Seite 36: Aus: Küstenfahrten an der Nord- und Ostsee. Herausgegeben von Edmund Hoefer u. a. Stuttgart 1887

Seite 38: Aus: Gustav Rasch, Ein Ausflug nach Rügen. Leipzig 1856

Seite 39: Aus: Indigena (Grümbke), Streifzüge durch das Rügenland. Altona 1805

Seite 47: Aus: Indigena (Grümbke), Streifzüge durch das Rügenland. Altona 1805

Seite 51: Kupferstich nach Zeichnung von J. J. Grümbke. Aus: Ludwig Gotthard Kosegarten, Poesieen, Bd. 2. Leipzig 1798

Seite 54: Aus: Küstenfahrten an der Nord- und Ostsee. Herausgegeben von Edmund Hoefer, Stuttgart 1887

Seite 55: Aquarellierte Federzeichnung von Theodor Schwarz, um 1810. Kulturhistorisches Museum Stralsund